HOLANDÊS

VOCABULÁRIO

PORTUGUÊS HOLANDÊS

Para alargar o seu léxico e apurar
as suas competências linguísticas

9000 palavras

Vocabulário Português-Holandês - 9000 palavras

Por Andrey Taranov

Os vocabulários da T&P Books destinam-se a ajudar a aprender, a memorizar, e a rever palavras estrangeiras. O dicionário é dividido em temas, cobrindo todas as principais esferas de atividades quotidianas, negócios, ciência, cultura, etc.

O processo de aprendizagem, utilizando os dicionários baseados em temáticas da T&P Books dá-lhe as seguintes vantagens:

• Informação de origem corretamente agrupada predetermina o sucesso em fases subsequentes da memorização de palavras
• Disponibilização de palavras derivadas da mesma raiz, o que permite a memorização de unidades de texto (em vez de palavras separadas)
• Pequenas unidades de palavras facilitam o processo de estabelecimento de vínculos associativos necessários para a consolidação do vocabulário
• O nível de conhecimento da língua pode ser estimado pelo número de palavras aprendidas

T&P Books Publishing
www.tpbooks.com

ISBN: 978-1-78400-848-2

Este livro também está disponível em formato E-book.
Por favor visite www.tpbooks.com ou as principais livrarias on-line.

VOCABULÁRIO HOLANDÊS
palavras mais úteis

Os vocabulários da T&P Books destinam-se a ajudar a aprender, a memorizar, e a rever palavras estrangeiras. O vocabulário contém mais de 9000 palavras de uso comum organizadas tematicamente.

O vocabulário contém as palavras mais comummente usadas
Recomendado como adicional para qualquer curso de línguas
Satisfaz as necessidades dos iniciados e dos alunos avançados de línguas estrangeiras
Conveniente para o uso diário, sessões de revisão e atividades de auto-teste
Permite avaliar o seu vocabulário

Características especias do vocabulário

*   As palavras estão organizadas de acordo com o seu significado, e não por ordem alfabética
*   As palavras são apresentadas em três colunas para facilitar os processos de revisão e auto-teste
*   As palavras compostas são divididas em pequenos blocos para facilitar o processo de aprendizagem
*   O vocabulário oferece uma transcrição simples e adequada de cada palavra estrangeira

O vocabulário contém 256 tópicos incluindo:

Conceitos básicos, Números, Cores, Meses, Estações do ano, Unidades de medida, Roupas & Acessórios, Alimentos & Nutrição, Restaurante, Membros da Família, Parentes, Caráter, Sentimentos, Emoções, Doenças, Cidade, Passeios, Compras, Dinheiro, Casa, Lar, Escritório, Trabalho no Escritório, Importação & Exportação, Marketing, Pesquisa de Emprego, Desportos, Educação, Computador, Internet, Ferramentas, Natureza, Países, Nacionalidades e muito mais ...

TABELA DE CONTEÚDOS

9

GUIA DE PRONUNCIAÇÃO

Alfabeto fonético T&P	Exemplo Holandês	Exemplo Português
[a]	plasje	chamar
[ã]	kraag	rapaz
[o], [ɔ]	zondag	noite
[o]	geografie	lobo
[ō]	oorlog	albatroz
[e]	nemen	metal
[ē]	wreed	plateia
[ɛ]	ketterij	mesquita
[ɛ:]	crème	plateia
[ə]	tachtig	milagre
[i]	alpinist	sinónimo
[ī]	referee	cair
[Y]	stadhuis	questionar
[œ]	druif	orgulhoso
[ø]	treurig	orgulhoso
[u]	schroef	bonita
[ʉ]	zuchten	nacional
[ū]	minuut	trabalho
[b]	oktober	barril
[d]	diepte	dentista
[f]	fierheid	safári
[g]	golfclub	gosto
[h]	horizon	[h] aspirada
[j]	jaar	géiser
[k]	klooster	kiwi
[l]	politiek	libra
[m]	melodie	magnólia
[n]	netwerk	natureza
[p]	peper	presente
[r]	rechter	riscar
[s]	smaak	sanita
[t]	telefoon	tulipa
[v]	vijftien	fava
[w]	waaier	página web
[z]	zacht	sésamo
[ʤ]	manager	adjetivo
[ʃ]	architect	mês

Alfabeto fonético T&P   Exemplo Holandês   Exemplo Português

[ŋ]	behang	alcançar
[ʧ]	beertje	Tchau!
[ʒ]	bougie	talvez
[x]	acht, gaan	arte

ABREVIATURAS
usadas no vocabulário

Abreviaturas do Português

adj	-	adjetivo
adv	-	advérbio
anim.	-	animado
conj.	-	conjunção
desp.	-	desporto
etc.	-	etecetra
ex.	-	por exemplo
f	-	nome feminino
f pl	-	feminino plural
fem.	-	feminino
inanim.	-	inanimado
m	-	nome masculino
m pl	-	masculino plural
m, f	-	masculino, feminino
masc.	-	masculino
mat.	-	matemática
mil.	-	militar
pl	-	plural
prep.	-	preposição
pron.	-	pronome
sb.	-	sobre
sing.	-	singular
v aux	-	verbo auxiliar
vi	-	verbo intransitivo
vi, vt	-	verbo intransitivo, transitivo
vr	-	verbo reflexivo
vt	-	verbo transitivo

Abreviaturas do Holandês

mv.	-	plural

Artigos do Holandês

de	-	género comum
de/het	-	neutro, género comum
het	-	neutro

CONCEITOS BÁSICOS

Conceitos básicos. Parte 1

1. Pronomes

eu	ik	[ik]
tu	jij, je	[jɛj], [jə]
ele	hij	[hɛj]
ela	zij, ze	[zɛj], [zə]
ele, ela (neutro)	het	[ət]
nós	wij, we	[wɛj], [wə]
vocês	jullie	['juli]
eles, elas	zij, ze	[zɛj], [zə]

2. Cumprimentos. Saudações. Despedidas

Olá!	Hallo! Dag!	[ha'lɔ dax]
Bom dia! (formal)	Hallo!	[ha'lɔ]
Bom dia! (de manhã)	Goedemorgen!	['xudə·'mɔrxən]
Boa tarde!	Goedemiddag!	['xudə·'midax]
Boa noite!	Goedenavond!	['xudən·'avɔnt]
cumprimentar (vt)	gedag zeggen	[xe'dax 'zexən]
Olá!	Hoi!	[hɔj]
saudação (f)	groeten (het)	['xrutən]
saudar (vt)	verwelkomen	[vər'wɛlkɔmən]
Como vai?	Hoe gaat het?	[hu xāt ət]
O que há de novo?	Is er nog nieuws?	[is ɛr nɔx 'nius]
Adeus! (formal)	Tot ziens!	[tɔt 'tsins]
Até à vista! (informal)	Doei!	['dui]
Até breve!	Tot snel!	[tɔt snɛl]
Adeus!	Vaarwel!	[vār'wɛl]
despedir-se (vr)	afscheid nemen	['afsxɛjt 'nemən]
Até logo!	Tot kijk!	[tɔt kɛjk]
Obrigado! -a!	Dank u!	[dank ju]
Muito obrigado! -a!	Dank u wel!	[dank ju wɛl]
De nada	Graag gedaan	[xrāx xə'dān]
Não tem de quê	Geen dank!	[xēn dank]
De nada	Geen moeite.	[xēn 'mujtə]
Desculpa! -pe!	Excuseer me, ...	[ɛkskʉ'zēr mə]
desculpar (vt)	excuseren	[ɛkskʉ'zerən]

desculpar-se (vr)	zich verontschuldigen	[zih vərɔnt'sxʉldəxən]
As minhas desculpas	Mijn excuses	[mɛjn ɛks'kʉzəs]
Desculpe!	Het spijt me!	[ət spɛjt mə]
perdoar (vt)	vergeven	[vər'xevən]
Não faz mal	Maakt niet uit!	[māk nit œyt]
por favor	alsjeblieft	[alstʉ'blift]
Não se esqueça!	Vergeet het niet!	[vər'xēt ət nit]
Certamente! Claro!	Natuurlijk!	[na'tūrlək]
Claro que não!	Natuurlijk niet!	[na'tūrlək nit]
Está bem! De acordo!	Akkoord!	[a'kōrt]
Basta!	Zo is het genoeg!	[zɔ is ət xə'nux]

3. Como se dirigir a alguém

Desculpe (para chamar a atenção)	Excuseer me, …	[ɛkskʉ'zēr mə]
senhor	meneer	[mə'nēr]
senhora	mevrouw	[məv'rau]
rapariga	juffrouw	[ju'frau]
rapaz	jongeman	[joŋə'man]
menino	jongen	['joŋən]
menina	meisje	['mɛjɕə]

4. Números cardinais. Parte 1

zero	nul	[nʉl]
um	een	[en]
dois	twee	[twē]
três	drie	[dri]
quatro	vier	[vir]
cinco	vijf	[vɛjf]
seis	zes	[zɛs]
sete	zeven	['zevən]
oito	acht	[axt]
nove	negen	['nexən]
dez	tien	[tin]
onze	elf	[ɛlf]
doze	twaalf	[twālf]
treze	dertien	['dɛrtin]
catorze	veertien	['vērtin]
quinze	vijftien	['vɛjftin]
dezasseis	zestien	['zɛstin]
dezassete	zeventien	['zevəntin]
dezoito	achttien	['axtin]
dezanove	negentien	['nexəntin]
vinte	twintig	['twintəx]
vinte e um	eenentwintig	['ēnən·'twintəx]

| vinte e dois | tweeëntwintig | ['twɛɛn·'twintəx] |
| vinte e três | drieëntwintig | ['driɛn·'twintəx] |

trinta	dertig	['dɛrtəx]
trinta e um	eenendertig	['ēnən·'dɛrtəx]
trinta e dois	tweeëndertig	['twɛɛn·'dɛrtəx]
trinta e três	drieëndertig	['driɛn·'dɛrtəx]

quarenta	veertig	['vērtəx]
quarenta e um	eenenveertig	['ēnən·'vertəx]
quarenta e dois	tweeënveertig	['twɛɛn·'vertəx]
quarenta e três	drieënveertig	['driɛn·'vērtəx]

cinquenta	vijftig	['vɛjftəx]
cinquenta e um	eenenvijftig	['ēnən·'vɛjftəx]
cinquenta e dois	tweeënvijftig	['twɛɛn·'vɛjftəx]
cinquenta e três	drieënvijftig	['driɛn·'vɛjftəx]

sessenta	zestig	['zɛstəx]
sessenta e um	eenenzestig	['ēnən·'zɛstəx]
sessenta e dois	tweeënzestig	['twɛɛn·'zɛstəx]
sessenta e três	drieënzestig	['driɛn·'zɛstəx]

setenta	zeventig	['zevəntəx]
setenta e um	eenenzeventig	['ēnən·'zevəntəx]
setenta e dois	tweeënzeventig	['twɛɛn·'zevəntəx]
setenta e três	drieënzeventig	['driɛn·'zevəntəx]

oitenta	tachtig	['tahtəx]
oitenta e um	eenentachtig	['ēnən·'tahtəx]
oitenta e dois	tweeëntachtig	['twɛɛn·'tahtəx]
oitenta e três	drieëntachtig	['driɛn·'taxtəx]

noventa	negentig	['nexəntəx]
noventa e um	eenennegentig	['ēnən·'nexəntəx]
noventa e dois	tweeënnegentig	['twɛɛn·'nexəntəx]
noventa e três	drieënnegentig	['driɛn·'nexəntəx]

5. Números cardinais. Parte 2

cem	honderd	['hɔndərt]
duzentos	tweehonderd	[twē·'hɔndərt]
trezentos	driehonderd	[dri·'hɔndərt]
quatrocentos	vierhonderd	[vir·'hɔndərt]
quinhentos	vijfhonderd	[vɛjf·'hɔndərt]

seiscentos	zeshonderd	[zɛs·'hɔndərt]
setecentos	zevenhonderd	['zevən·'hɔndərt]
oitocentos	achthonderd	[axt·'hɔndərt]
novecentos	negenhonderd	['nexən·'hɔndərt]

mil	duizend	['dœyzənt]
dois mil	tweeduizend	[twē·'dœyzənt]
De quem são ...?	drieduizend	[dri·'dœyzənt]

dez mil	tienduizend	[tin·'dœʏzənt]
cem mil	honderdduizend	['hɔndərt·'dœʏzənt]
um milhão	miljoen (het)	[mi'ljun]
mil milhões	miljard (het)	[mi'ljart]

6. Números ordinais

primeiro	eerste	['ɛ̄rstə]
segundo	tweede	['twɛ̄də]
terceiro	derde	['dɛrdə]
quarto	vierde	['virdə]
quinto	vijfde	['vɛjfdə]

sexto	zesde	['zɛsdə]
sétimo	zevende	['zevəndə]
oitavo	achtste	['axtstə]
nono	negende	['nexəndə]
décimo	tiende	['tində]

7. Números. Frações

fração (f)	breukgetal (het)	['brøkxə'tal]
um meio	half	[half]
um terço	een derde	[ən 'dɛrdə]
um quarto	kwart	['kwart]

um oitavo	een achtste	[ən 'axtstə]
um décimo	een tiende	[ən 'tində]
dois terços	twee derde	[twɛ̄ 'dɛrdə]
três quartos	driekwart	['drikwart]

8. Números. Operações básicas

subtração (f)	aftrekking (de)	['aftrɛkiŋ]
subtrair (vi, vt)	aftrekken	['aftrɛkən]
divisão (f)	deling (de)	['deliŋ]
dividir (vt)	delen	['delən]

adição (f)	optelling (de)	['ɔptɛliŋ]
somar (vt)	erbij optellen	[ɛr'bɛj 'ɔptɛlən]
adicionar (vt)	optellen	['ɔptɛlən]
multiplicação (f)	vermenigvuldiging (de)	[vər'menix·'vʉldixiŋ]
multiplicar (vt)	vermenigvuldigen	[vər'menix·'vʉldixən]

9. Números. Diversos

| algarismo, dígito (m) | cijfer (het) | ['sɛjfər] |
| número (m) | nummer (het) | ['nʉmər] |

numeral (m)	telwoord (het)	[tɛl'wõrt]
menos (m)	minteken (het)	['min·tekən]
mais (m)	plusteken (het)	['plʉs·tekən]
fórmula (f)	formule (de)	[fɔr'mʉlə]

cálculo (m)	berekening (de)	[bə'rekəniŋ]
contar (vt)	tellen	['tɛlən]
calcular (vt)	bijrekenen	[bɛj'rekənən]
comparar (vt)	vergelijken	[vɛrxə'lɛjkən]

Quanto, -os, -as?	Hoeveel?	[hu'vēl]
soma (f)	som (de), totaal (het)	[sɔm], [tɔ'tāl]
resultado (m)	uitkomst (de)	['œʏtkɔmst]
resto (m)	rest (de)	[rɛst]

alguns, algumas ...	enkele	['ɛnkələ]
um pouco de ...	weinig	['wɛjnəx]
um pouco (~ de vinho)	een beetje	[en 'bētʃə]
resto (m)	restant (het)	[rɛs'tant]
um e meio	anderhalf	[andər'half]
dúzia (f)	dozijn (het)	[dɔ'zɛjn]

ao meio	middendoor	[midən'dõr]
em partes iguais	even	['ɛvən]
metade (f)	helft (de)	[hɛlft]
vez (f)	keer (de)	[kēr]

10. Os verbos mais importantes. Parte 1

abrir (vt)	openen	['ɔpənən]
acabar, terminar (vt)	beëindigen	[be'ɛjndəxən]
aconselhar (vt)	adviseren	[atvi'zirən]
adivinhar (vt)	goed raden	[xut 'radən]
advertir (vt)	waarschuwen	['wārsxjuvən]

ajudar (vt)	helpen	['hɛlpən]
almoçar (vi)	lunchen	['lʉnʃən]
alugar (~ um apartamento)	huren	['hʉrən]
amar (vt)	liefhebben	['lifhɛbən]
ameaçar (vt)	bedreigen	[bə'drɛjxən]

anotar (escrever)	opschrijven	['ɔpsxrɛjvən]
apanhar (vt)	vangen	['vaŋən]
apressar-se (vr)	zich haasten	[zix 'hāstən]
arrepender-se (vr)	betreuren	[bə'trørən]
assinar (vt)	ondertekenen	['ondər'tekənən]

atirar, disparar (vi)	schieten	['sxitən]
brincar (vi)	grappen maken	['xrapən 'makən]
brincar, jogar (crianças)	spelen	['spelən]
buscar (vt)	zoeken	['zukən]
caçar (vi)	jagen	['jaxən]
cair (vi)	vallen	['valən]
cavar (vt)	graven	['xravən]

cessar (vt)	ophouden	['ɔphaudən]
chamar (~ por socorro)	roepen	['rupən]
chegar (vi)	aankomen	['ānkɔmən]
chorar (vi)	huilen	['hœγlən]

comparar (vt)	vergelijken	[vɛrxə'lɛjkən]
compreender (vt)	begrijpen	[bə'xrɛjpən]
concordar (vi)	instemmen	['instɛmən]
confiar (vt)	vertrouwen	[vər'trauwən]

confundir (equivocar-se)	verwarren	[vər'warən]
conhecer (vt)	kennen	['kɛnən]
contar (fazer contas)	tellen	['tɛlən]
contar com (esperar)	rekenen op ...	['rekənən ɔp]
continuar (vt)	vervolgen	[vər'vɔlxən]

controlar (vt)	controleren	[kɔntrɔ'lerən]
convidar (vt)	uitnodigen	['œγtnɔdixən]
correr (vi)	rennen	['renən]
criar (vt)	creëren	[kre'jerən]
custar (vt)	kosten	['kɔstən]

11. Os verbos mais importantes. Parte 2

dar (vt)	geven	['xevən]
dar uma dica	een hint geven	[en hint 'xevən]
decorar (enfeitar)	versieren	[vər'sirən]
defender (vt)	verdedigen	[vər'dedixən]
deixar cair (vt)	laten vallen	['latən 'valən]

descer (para baixo)	afdalen	['afdalən]
desculpar (vt)	excuseren	[ɛkskʉ'zerən]
desculpar-se (vr)	zich verontschuldigen	[zih vərɔnt'sxʉldəxən]
dirigir (~ uma empresa)	beheren	[bə'herən]
discutir (notícias, etc.)	bespreken	[bə'sprekən]
dizer (vt)	zeggen	['zexən]

duvidar (vt)	twijfelen	['twɛjfelən]
encontrar (achar)	vinden	['vindən]
enganar (vt)	bedriegen	[bə'drixən]
entrar (na sala, etc.)	binnengaan	['binənxān]
enviar (uma carta)	sturen	['stʉrən]

errar (equivocar-se)	zich vergissen	[zih vər'xisən]
escolher (vt)	kiezen	['kizən]
esconder (vt)	verbergen	[vər'bɛrxən]
escrever (vt)	schrijven	['sxrɛjvən]
esperar (o autocarro, etc.)	wachten	['waxtən]
esperar (ter esperança)	hopen	['hɔpən]
esquecer (vt)	vergeten	[vər'xetən]
estudar (vt)	studeren	[stʉ'derən]
exigir (vt)	eisen	['ɛjsən]
existir (vi)	existeren	[ɛksis'tɛrən]
explicar (vt)	verklaren	[vər'klarən]

falar (vi)	spreken	['sprekən]
faltar (clases, etc.)	verzuimen	[vər'zœymən]
fazer (vt)	doen	[dun]
ficar em silêncio	zwijgen	['zwɛjxən]
gabar-se, jactar-se (vr)	opscheppen	['ɔpsxepən]
gostar (apreciar)	bevallen	[bə'valən]
gritar (vi)	schreeuwen	['sxrẽwən]
guardar (cartas, etc.)	bewaren	[bə'warən]
informar (vt)	informeren	[infɔr'merən]
insistir (vi)	aandringen	['āndriŋən]
insultar (vt)	beledigen	[bə'ledəxən]
interessar-se (vr)	zich interesseren voor ...	[zix interə'serən võr]
ir (a pé)	gaan	[xān]
ir nadar	gaan zwemmen	[xān 'zwɛmən]
jantar (vi)	souperen	[su'perən]

12. Os verbos mais importantes. Parte 3

ler (vt)	lezen	['lezən]
libertar (cidade, etc.)	bevrijden	[bə'vrɛjdən]
matar (vt)	doden	['dodən]
mencionar (vt)	vermelden	[vər'mɛldən]
mostrar (vt)	tonen	['tɔnən]
mudar (modificar)	veranderen	[və'randərən]
nadar (vi)	zwemmen	['zwɛmən]
negar-se a ...	weigeren	['wɛjxerən]
objetar (vt)	weerspreken	[wẽr'sprekən]
observar (vt)	waarnemen	['wārnemən]
ordenar (mil.)	bevelen	[bə'velən]
ouvir (vt)	horen	['hɔrən]
pagar (vt)	betalen	[bə'talən]
parar (vi)	stoppen	['stɔpən]
participar (vi)	deelnemen	['dēlnemən]
pedir (comida)	bestellen	[bə'stɛlən]
pedir (um favor, etc.)	verzoeken	[vər'zukən]
pegar (tomar)	nemen	['nemən]
pensar (vt)	denken	['dɛnkən]
perceber (ver)	opmerken	['ɔpmɛrkən]
perdoar (vt)	vergeven	[vər'xevən]
perguntar (vt)	vragen	['vraxən]
permitir (vt)	toestaan	['tustān]
pertencer a ...	toebehoren aan ...	['tubəhɔrən ān]
planear (vt)	plannen	['planən]
poder (vi)	kunnen	['kʉnən]
possuir (vt)	bezitten	[bə'zitən]
preferir (vt)	prefereren	[prəfe'rerən]
preparar (vt)	bereiden	[bə'rɛjdən]

prever (vt)	voorzien	[võr'zin]
prometer (vt)	beloven	[bə'lɔvən]
pronunciar (vt)	uitspreken	['œytsprekən]
propor (vt)	voorstellen	['võrstɛlən]
punir (castigar)	bestraffen	[bə'strafən]

13. Os verbos mais importantes. Parte 4

quebrar (vt)	breken	['brekən]
queixar-se (vr)	klagen	['klaxən]
querer (desejar)	willen	['wilən]
recomendar (vt)	aanbevelen	['ãmbəvelən]
repetir (dizer outra vez)	herhalen	[hɛr'halən]

repreender (vt)	uitvaren tegen	['œytvarən 'texən]
reservar (~ um quarto)	reserveren	[rezɛr'verən]
responder (vt)	antwoorden	['antwõrdən]
rezar, orar (vi)	bidden	['bidən]
rir (vi)	lachen	['laxən]

roubar (vt)	stelen	['stelən]
saber (vt)	weten	['wetən]
sair (~ de casa)	uitgaan	['œytxãn]
salvar (vt)	redden	['rɛdən]
seguir ...	volgen	['vɔlxən]

sentar-se (vr)	gaan zitten	[xãn 'zitən]
ser necessário	nodig zijn	['nɔdəx zɛjn]
ser, estar	zijn	[zɛjn]
significar (vt)	betekenen	[bə'tekənən]

| sorrir (vi) | glimlachen | ['xlimlahən] |
| subestimar (vt) | onderschatten | ['ɔndər'sxatən] |

| surpreender-se (vr) | verbaasd zijn | [vər'bãst zɛjn] |
| tentar (vt) | proberen | [prɔ'berən] |

| ter (vt) | hebben | ['hɛbən] |
| ter fome | honger hebben | ['hɔŋər 'hɛbən] |

| ter medo | bang zijn | ['baŋ zɛjn] |
| ter sede | dorst hebben | [dɔrst 'hɛbən] |

tocar (com as mãos)	aanraken	['ãnrakən]
tomar o pequeno-almoço	ontbijten	[ɔn'bɛjtən]
trabalhar (vi)	werken	['wɛrkən]

| traduzir (vt) | vertalen | [vər'talən] |
| unir (vt) | verenigen | [və'rɛnixən] |

vender (vt)	verkopen	[vɛr'kɔpən]
ver (vt)	zien	[zin]
virar (ex. ~ à direita)	afslaan	['afslãn]
voar (vi)	vliegen	['vlixən]

14. Cores

cor (f)	kleur (de)	['klør]
matiz (m)	tint (de)	[tint]
tom (m)	kleurnuance (de)	['klør·nʉ'waŋsə]
arco-íris (m)	regenboog (de)	['rexən·bōx]

branco	wit	[wit]
preto	zwart	[zwart]
cinzento	grijs	[xrɛjs]

verde	groen	[xrun]
amarelo	geel	[xēl]
vermelho	rood	[rōt]

azul	blauw	['blau]
azul claro	lichtblauw	['lixt·blau]
rosa	roze	['rozə]
laranja	oranje	[ɔ'ranjə]
violeta	violet	[viɔ'lɛt]
castanho	bruin	['brœʏn]

| dourado | goud | ['xaut] |
| prateado | zilverkleurig | ['zilvər·'klørəx] |

bege	beige	['bɛːʒ]
creme	roomkleurig	['rōm·'klørix]
turquesa	turkoois	[tʉrk'was]
vermelho cereja	kersrood	['kɛrs·rōt]
lilás	lila	['lila]
carmesim	karmijnrood	['karmɛjn·'rōt]

claro	licht	[lixt]
escuro	donker	['dɔnkər]
vivo	fel	[fel]

de cor	kleur-, kleurig	['klør], ['klørəx]
a cores	kleuren-	['klørən]
preto e branco	zwart-wit	[zwart-wit]
unicolor	eenkleurig	[ēn'klørəx]
multicor	veelkleurig	[vēl'klørəx]

15. Questões

Quem?	Wie?	[wi]
Que?	Wat?	[wat]
Onde?	Waar?	[wār]
Para onde?	Waarheen?	[wār'hēn]
De onde?	Waarvandaan?	[ʋār·van'dān]
Quando?	Wanneer?	[wa'nēr]
Para quê?	Waarom?	[wār'ɔm]
Porquê?	Waarom?	[wār'ɔm]
Para quê?	Waarvoor dan ook?	[wār'vōr dan 'ōk]

Como?	Hoe?	[hu]
Qual?	Wat voor ...?	[wat vɔr]
Qual? (entre dois ou mais)	Welk?	[wɛlk]

A quem?	Aan wie?	[ãn wi]
Sobre quem?	Over wie?	['ɔvər wi]
Do quê?	Waarover?	[wãr'ɔvər]
Com quem?	Met wie?	[mɛt 'wi]

Quanto, -os, -as?	Hoeveel?	[hu'vēl]
De quem? (masc.)	Van wie?	[van 'wi]

16. Preposições

com (prep.)	met	[mɛt]
sem (prep.)	zonder	['zɔndər]
a, para (exprime lugar)	naar	[nãr]
sobre (ex. falar ~)	over	['ɔvər]
antes de ...	voor	[võr]
diante de ...	voor	[võr]

sob (debaixo de)	onder	['ɔndər]
sobre (em cima de)	boven	['bɔvən]
sobre (~ a mesa)	op	[ɔp]
de (vir ~ Lisboa)	van	[van]
de (feito ~ pedra)	van	[van]

dentro de (~ dez minutos)	over	['ɔvər]
por cima de ...	over	['ɔvər]

17. Palavras funcionais. Advérbios. Parte 1

Onde?	Waar?	[wãr]
aqui	hier	[hir]
lá, ali	daar	[dãr]

em algum lugar	ergens	['ɛrxəns]
em lugar nenhum	nergens	['nɛrxəns]

ao pé de ...	bij ...	[bɛj]
ao pé da janela	bij het raam	[bɛj het 'rãm]

Para onde?	Waarheen?	[wãr'hēn]
para cá	hierheen	[hir'hēn]
para lá	daarheen	[dãr'hēn]
daqui	hiervandaan	[hirvan'dãn]
de lá, dali	daarvandaan	[darvan'dãn]

perto	dichtbij	[dix'bɛj]
longe	ver	[vɛr]
perto de ...	in de buurt	[in də būrt]
ao lado de	dichtbij	[dix'bɛj]

perto, não fica longe	niet ver	[nit vɛr]
esquerdo	linker	['linkər]
à esquerda	links	[links]
para esquerda	linksaf, naar links	['linksaf], [nãr 'links]

direito	rechter	['rɛxtər]
à direita	rechts	[rɛxts]
para direita	rechtsaf, naar rechts	['rɛxtsaf], [nãr 'rɛxts]

à frente	vooraan	[võ'rãn]
da frente	voorste	['võrstə]
em frente (para a frente)	vooruit	[võr'œʏt]

atrás de ...	achter	['axtər]
por detrás (vir ~)	van achteren	[van 'axtərən]
para trás	achteruit	['axtərœʏt]

| meio (m), metade (f) | midden (het) | ['midən] |
| no meio | in het midden | [in ət 'midən] |

de lado	opzij	[ɔp'sɛj]
em todo lugar	overal	[ɔvə'ral]
ao redor (olhar ~)	omheen	[ɔm'hẽn]

de dentro	binnenuit	['binənœʏt]
para algum lugar	naar ergens	[nãr 'ɛrxəns]
diretamente	rechtdoor	[rɛx'dõr]
de volta	terug	[te'rʉx]

| de algum lugar | ergens vandaan | ['ɛrxəns van'dãn] |
| de um lugar | ergens vandaan | ['ɛrxəns van'dãn] |

em primeiro lugar	ten eerste	[tən 'ẽrstə]
em segundo lugar	ten tweede	[tən 'twẽdə]
em terceiro lugar	ten derde	[tən 'dɛrdə]

de repente	plotseling	['plɔtseliŋ]
no início	in het begin	[in ət bə'xin]
pela primeira vez	voor de eerste keer	[võr də 'ẽrstə kẽr]
muito antes de ...	lang voor ...	[laŋ võr]
de novo, novamente	opnieuw	[ɔp'niu]
para sempre	voor eeuwig	[võr 'ẽwəx]

nunca	nooit	[nõjt]
de novo	weer	[wẽr]
agora	nu	[nʉ]
frequentemente	vaak	[vãk]
então	toen	[tun]
urgentemente	urgent	[jurxənt]
usualmente	meestal	['mẽstal]

a propósito, ...	trouwens, ...	['trauwəns]
é possível	mogelijk	['mɔxələk]
provavelmente	waarschijnlijk	[wãr'sxɛjnlək]
talvez	misschien	[mis'xin]
além disso, ...	trouwens	['trauwəns]

25

por isso ...	daarom ...	[dā'rɔm]
apesar de ...	in weerwil van ...	[in 'wērwil van]
graças a ...	dankzij ...	[dank'zɛj]

que (pron.)	wat	[wat]
que (conj.)	dat	[dat]
algo	iets	[its]
alguma coisa	iets	[its]
nada	niets	[nits]

quem	wie	[wi]
alguém (~ teve uma ideia ...)	iemand	['imant]
alguém	iemand	['imant]

ninguém	niemand	['nimant]
para lugar nenhum	nergens	['nɛrxəns]
de ninguém	niemands	['nimants]
de alguém	iemands	['imants]

tão	zo	[zɔ]
também (gostaria ~ de ...)	ook	[ōk]
também (~ eu)	alsook	[al'sōk]

18. Palavras funcionais. Advérbios. Parte 2

Porquê?	Waarom?	[wār'ɔm]
por alguma razão	om een bepaalde reden	[ɔm en be'pālde 'redən]
porque ...	omdat ...	[ɔm'dat]
por qualquer razão	voor een bepaald doel	[vōr en be'pālt dul]

e (tu ~ eu)	en	[en]
ou (ser ~ não ser)	of	[ɔf]
mas (porém)	maar	[mār]
para (~ a minha mãe)	voor	[vōr]

demasiado, muito	te	[te]
só, somente	alleen	[a'lēn]
exatamente	precies	[prə'sis]
cerca de (~ 10 kg)	ongeveer	[ɔnxə'vēr]

aproximadamente	ongeveer	[ɔnxə'vēr]
aproximado	bij benadering	[bɛj bə'nadəriŋ]
quase	bijna	['bɛjna]
resto (m)	rest (de)	[rɛst]

o outro (segundo)	de andere	[də 'andərə]
outro	ander	['andər]
cada	elk	[ɛlk]
qualquer	om het even welk	[ɔm ət ɛvən wɛlk]
muito	veel	[vēl]
muitas pessoas	veel mensen	[vēl 'mɛnsən]
todos	iedereen	[idə'rēn]
em troca de ...	in ruil voor ...	[in 'rœyl vōr]
em troca	in ruil	[in 'rœyl]

| à mão | met de hand | [mɛt də 'hant] |
| pouco provável | onwaarschijnlijk | [ɔnwãr'sxɛjnlək] |

provavelmente	waarschijnlijk	[wãr'sxɛjnlək]
de propósito	met opzet	[mɛt 'ɔpzət]
por acidente	toevallig	[tu'valəx]

muito	zeer	[zēr]
por exemplo	bijvoorbeeld	[bɛj'võrbēlt]
entre	tussen	['tʉsən]
entre (no meio de)	tussen	['tʉsən]
tanto	zoveel	[zɔ'vēl]
especialmente	vooral	[võ'ral]

Conceitos básicos. Parte 2

19. Opostos

rico	rijk	[rɛjk]
pobre	arm	[arm]
doente	ziek	[zik]
são	gezond	[xə'zɔnt]
grande	groot	[xrõt]
pequeno	klein	[klɛjn]
rapidamente	snel	[snɛl]
lentamente	langzaam	['laŋzãm]
rápido	snel	[snɛl]
lento	langzaam	['laŋzãm]
alegre	vrolijk	['vrɔlək]
triste	treurig	['trørəx]
juntos	samen	['samən]
separadamente	apart	[a'part]
em voz alta (ler ~)	hardop	['hartɔp]
para si (em silêncio)	stil	[stil]
alto	hoog	[hõx]
baixo	laag	[lãx]
profundo	diep	[dip]
pouco fundo	ondiep	[ɔn'dip]
sim	ja	[ja]
não	nee	[nẽ]
distante (no espaço)	ver	[vɛr]
próximo	dicht	[dixt]
longe	ver	[vɛr]
perto	dichtbij	[dix'bɛj]
longo	lang	[laŋ]
curto	kort	[kɔrt]
bom, bondoso	vriendelijk	['vrindələk]
mau	kwaad	['kwãt]
casado	gehuwd	[xə'hʉwt]

solteiro	ongehuwd	[ɔnhə'hʉwt]
proibir (vt)	verbieden	[vər'bidən]
permitir (vt)	toestaan	['tustān]
fim (m)	einde (het)	['ɛjndə]
começo (m)	begin (het)	[bə'xin]
esquerdo	linker	['linkər]
direito	rechter	['rɛxtər]
primeiro	eerste	['ērstə]
último	laatste	['lātstə]
crime (m)	misdaad (de)	['misdāt]
castigo (m)	bestraffing (de)	[bə'strafiŋ]
ordenar (vt)	bevelen	[bə'velən]
obedecer (vt)	gehoorzamen	[xə'hōrzamən]
reto	recht	[rɛxt]
curvo	krom	[krɔm]
paraíso (m)	paradijs (het)	[para'dajs]
inferno (m)	hel (de)	[hɛl]
nascer (vi)	geboren worden	[xə'bɔrən 'wɔrdən]
morrer (vi)	sterven	['stɛrvən]
forte	sterk	[stɛrk]
fraco, débil	zwak	[zwak]
idoso	oud	['aut]
jovem	jong	[joŋ]
velho	oud	['aut]
novo	nieuw	[niu]
duro	hard	[hart]
mole	zacht	[zaxt]
tépido	warm	[warm]
frio	koud	['kaut]
gordo	dik	[dik]
magro	dun	[dʉn]
estreito	smal	[smal]
largo	breed	[brēt]
bom	goed	[xut]
mau	slecht	[slɛxt]
valente	moedig	['mudəx]
cobarde	laf	[laf]

20. Dias da semana

segunda-feira (f)	maandag (de)	['māndax]
terça-feira (f)	dinsdag (de)	['dinsdax]
quarta-feira (f)	woensdag (de)	['wunsdax]
quinta-feira (f)	donderdag (de)	['donderdax]
sexta-feira (f)	vrijdag (de)	['vrɛjdax]
sábado (m)	zaterdag (de)	['zaterdax]
domingo (m)	zondag (de)	['zondax]

hoje	vandaag	[van'dāx]
amanhã	morgen	['morxən]
depois de amanhã	overmorgen	[over'morxən]
ontem	gisteren	['xisterən]
anteontem	eergisteren	[ēr'xisterən]

dia (m)	dag (de)	[dax]
dia (m) de trabalho	werkdag (de)	['wɛrk·dax]
feriado (m)	feestdag (de)	['fēst·dax]
dia (m) de folga	verlofdag (de)	[ver'lofdax]
fim (m) de semana	weekend (het)	['wikənt]

o dia todo	de hele dag	[də 'helə dah]
no dia seguinte	de volgende dag	[də 'volxəndə dax]
há dois dias	twee dagen geleden	[twē 'daxən xə'ledən]
na véspera	aan de vooravond	[ān də võ'ravont]
diário	dag-, dagelijks	[dax], ['daxələks]
todos os dias	elke dag	['ɛlkə dax]

semana (f)	week (de)	[wēk]
na semana passada	vorige week	['vorixə wēk]
na próxima semana	volgende week	['volxəndə wēk]
semanal	wekelijks	['wekələks]
cada semana	elke week	['ɛlkə wēk]
duas vezes por semana	twee keer per week	[twē ker pər vēk]
cada terça-feira	elke dinsdag	['ɛlkə 'dinsdax]

21. Horas. Dia e noite

manhã (f)	morgen (de)	['morxən]
de manhã	's morgens	[s 'morxəns]
meio-dia (m)	middag (de)	['midax]
à tarde	's middags	[s 'midax]

noite (f)	avond (de)	['avont]
à noite (noitinha)	's avonds	[s 'avonts]
noite (f)	nacht (de)	[naxt]
à noite	's nachts	[s naxts]
meia-noite (f)	middernacht (de)	['midər·naxt]

segundo (m)	seconde (de)	[se'kondə]
minuto (m)	minuut (de)	[mi'nūt]
hora (f)	uur (het)	[ūr]

meia hora (f)	halfuur (het)	[half 'ūr]
quarto (m) de hora	kwartier (het)	['kwar'tir]
quinze minutos	vijftien minuten	['vɛjftin mi'nʉtən]
vinte e quatro horas	etmaal (het)	['ɛtmãl]
nascer (m) do sol	zonsopgang (de)	[zɔns'ɔpxaŋ]
amanhecer (m)	dageraad (de)	['daxərãt]
madrugada (f)	vroege morgen (de)	['vruxə 'mɔrxən]
pôr do sol (m)	zonsondergang (de)	[zɔns'ɔndərxaŋ]
de madrugada	's morgens vroeg	[s 'mɔrxəns vrux]
hoje de manhã	vanmorgen	[van'mɔrxən]
amanhã de manhã	morgenochtend	['mɔrxən·'ɔhtənt]
hoje à tarde	vanmiddag	[van'midax]
à tarde	's middags	[s 'midax]
amanhã à tarde	morgenmiddag	['mɔrxən·'midax]
hoje à noite	vanavond	[va'navɔnt]
amanhã à noite	morgenavond	['mɔrxən·'avɔnt]
às três horas em ponto	klokslag drie uur	['klɔkslax dri ūr]
por volta das quatro	ongeveer vier uur	[ɔnxə'vēr vir ūr]
às doze	tegen twaalf uur	['texən twãlf ūr]
dentro de vinte minutos	over twintig minuten	['ɔvər 'twintix mi'nʉtən]
dentro duma hora	over een uur	['ɔvər en ūr]
a tempo	op tijd	[ɔp tɛjt]
menos um quarto	kwart voor ...	['kwart vōr]
durante uma hora	binnen een uur	['binən en ūr]
a cada quinze minutos	elk kwartier	['ɛlk kwar'tir]
as vinte e quatro horas	de klok rond	[də klɔk rɔnt]

22. Meses. Estações

janeiro (m)	januari (de)	[janʉ'ari]
fevereiro (m)	februari (de)	[febrʉ'ari]
março (m)	maart (de)	[mãrt]
abril (m)	april (de)	[ap'ril]
maio (m)	mei (de)	[mɛj]
junho (m)	juni (de)	['juni]
julho (m)	juli (de)	['juli]
agosto (m)	augustus (de)	[au'xʉstʉs]
setembro (m)	september (de)	[sɛp'tɛmbər]
outubro (m)	oktober (de)	[ɔk'tɔbər]
novembro (m)	november (de)	[nɔ'vɛmbər]
dezembro (m)	december (de)	[de'sɛmbər]
primavera (f)	lente (de)	['lɛntə]
na primavera	in de lente	[in də 'lɛntə]
primaveril	lente-	['lɛntə]
verão (m)	zomer (de)	['zɔmər]

| no verão | in de zomer | [in də 'zɔmər] |
| de verão | zomer-, zomers | ['zɔmər], ['zɔmərs] |

outono (m)	herfst (de)	[hɛrfst]
no outono	in de herfst	[in də hɛrfst]
outonal	herfst-	[hɛrfst]

inverno (m)	winter (de)	['wintər]
no inverno	in de winter	[in də 'wintər]
de inverno	winter-	['wintər]
mês (m)	maand (de)	[mānt]
este mês	deze maand	['dezə mānt]
no próximo mês	volgende maand	['vɔlxəndə mānt]
no mês passado	vorige maand	['vɔrixə mānt]

há um mês	een maand geleden	[en mānt xə'ledən]
dentro de um mês	over een maand	['ɔvər en mānt]
dentro de dois meses	over twee maanden	['ɔvər twē 'māndən]
todo o mês	de hele maand	[də 'helə mānt]
um mês inteiro	een volle maand	[en 'vɔlə mānt]

mensal	maand-, maandelijks	[mānt], ['māndələks]
mensalmente	maandelijks	['māndələks]
cada mês	elke maand	['ɛlkə mānt]
duas vezes por mês	twee keer per maand	[twē ker per mānt]

ano (m)	jaar (het)	[jār]
este ano	dit jaar	[dit jār]
no próximo ano	volgend jaar	['vɔlxənt jār]
no ano passado	vorig jaar	['vɔrəx jār]
há um ano	een jaar geleden	[en jār xə'ledən]
dentro dum ano	over een jaar	['ɔvər en jār]
dentro de 2 anos	over twee jaar	['ɔvər twē jār]
todo o ano	het hele jaar	[ət 'helə jār]
um ano inteiro	een vol jaar	[en vɔl jār]

cada ano	elk jaar	[ɛlk jār]
anual	jaar-, jaarlijks	[jār], ['jārləks]
anualmente	jaarlijks	['jārləks]
quatro vezes por ano	4 keer per jaar	[vir kēr per 'jār]

data (~ de hoje)	datum (de)	['datʉm]
data (ex. ~ de nascimento)	datum (de)	['datʉm]
calendário (m)	kalender (de)	[ka'lɛndər]

meio ano	een half jaar	[en half jār]
seis meses	zes maanden	[zɛs 'māndən]
estação (f)	seizoen (het)	[sɛj'zun]
século (m)	eeuw (de)	[ēw]

23. Tempo. Diversos

| tempo (m) | tijd (de) | [tɛjt] |
| momento (m) | ogenblik (het) | ['ɔxənblik] |

instante (m)	moment (het)	[mɔ'mɛnt]
instantâneo	ogenblikkelijk	['ɔxən'blikələk]
lapso (m) de tempo	tijdsbestek (het)	['tɛjts·bɛstək]
vida (f)	leven (het)	['levən]
eternidade (f)	eeuwigheid (de)	['ēwəxhɛjt]

época (f)	epoche (de), tijdperk (het)	[ɛ'pɔxə], ['tɛjtpɛrk]
era (f)	era (de), tijdperk (het)	['ɛra], ['tɛjtpɛrk]
ciclo (m)	cyclus (de)	['siklʉs]
período (m)	periode (de)	[peri'ɔdə]
prazo (m)	termijn (de)	[tɛr'mɛjn]

futuro (m)	toekomst (de)	['tukɔmst]
futuro	toekomstig	[tu'kɔmstəx]
da próxima vez	de volgende keer	[də 'vɔlxəndə kēr]
passado (m)	verleden (het)	[vər'ledən]
passado	vorig	['vɔrəx]
na vez passada	de vorige keer	[də 'vɔrixə kēr]
mais tarde	later	['latər]
depois	na	[na]
atualmente	tegenwoordig	['texən·'wōrdəx]
agora	nu	[nʉ]
imediatamente	onmiddellijk	[ɔn'midələk]
em breve, brevemente	snel	[snɛl]
de antemão	bij voorbaat	[bɛj vōr'bāt]

há muito tempo	lang geleden	[laŋ xə'ledən]
há pouco tempo	kort geleden	[kɔrt xə'ledən]
destino (m)	noodlot (het)	['nōtlɔt]
recordações (f pl)	herinneringen	[hɛ'rinəriŋ]
arquivo (m)	archief (het)	[ar'xif]
durante ...	tijdens ...	['tɛjdəns]
durante muito tempo	lang	[laŋ]
pouco tempo	niet lang	[nit laŋ]
cedo (levantar-se ~)	vroeg	[vrux]
tarde (deitar-se ~)	laat	[lāt]

para sempre	voor altijd	[vōr al'tɛjt]
começar (vt)	beginnen	[bə'xinən]
adiar (vt)	uitstellen	['œytstɛlən]

simultaneamente	tegelijkertijd	[təxəlɛjkər'tɛjt]
permanentemente	voortdurend	[vōr'dʉrənt]
constante (ruído, etc.)	voortdurend	[vōr'dʉrənt]
temporário	tijdelijk	['tɛjdələk]

às vezes	soms	[sɔms]
raramente	zelden	['zɛldən]
frequentemente	vaak	[vāk]

24. Linhas e formas

| quadrado (m) | vierkant (het) | ['virkant] |
| quadrado | vierkant | ['virkant] |

círculo (m)	cirkel (de)	['sirkəl]
redondo	rond	[rɔnt]
triângulo (m)	driehoek (de)	['drihuk]
triangular	driehoekig	[dri'hukəx]

oval (f)	ovaal (het)	[ɔ'vāl]
oval	ovaal	[ɔ'vāl]
retângulo (m)	rechthoek (de)	['rɛxthuk]
retangular	rechthoekig	[rɛht'hukəx]

pirâmide (f)	piramide (de)	[pira'midə]
rombo, losango (m)	ruit (de)	['rœʏt]
trapézio (m)	trapezium (het)	[tra'pezijum]
cubo (m)	kubus (de)	['kʉbʉs]
prisma (m)	prisma (het)	['prizma]

circunferência (f)	omtrek (de)	['ɔmtrɛk]
esfera (f)	bol, sfeer (de)	[bɔl], [sfēr]
globo (m)	bal (de)	[bal]
diâmetro (m)	diameter (de)	['diametər]
raio (m)	straal (de)	[strāl]
perímetro (m)	omtrek (de)	['ɔmtrɛk]
centro (m)	middelpunt (het)	['midəl·pʉnt]

horizontal	horizontaal	[hɔrizɔn'tāl]
vertical	verticaal	[vərti'kāl]
paralela (f)	parallel (de)	[para'lɛl]
paralelo	parallel	[para'lɛl]

linha (f)	lijn (de)	[lɛjn]
traço (m)	streep (de)	[strēp]
reta (f)	rechte lijn (de)	['rɛxtə lɛjn]
curva (f)	kromme (de)	['krɔmə]
fino (linha ~a)	dun	[dʉn]
contorno (m)	omlijning (de)	[ɔm'lɛjniŋ]

interseção (f)	snijpunt (het)	['snɛj·punt]
ângulo (m) reto	rechte hoek (de)	['rɛxtə huk]
segmento (m)	segment (het)	[sɛx'mɛnt]
setor (m)	sector (de)	['sɛktɔr]
lado (de um triângulo, etc.)	zijde (de)	['zɛjdə]
ângulo (m)	hoek (de)	[huk]

25. Unidades de medida

peso (m)	gewicht (het)	[xə'wixt]
comprimento (m)	lengte (de)	['lɛŋtə]
largura (f)	breedte (de)	['brētə]
altura (f)	hoogte (de)	['hōxtə]
profundidade (f)	diepte (de)	['diptə]
volume (m)	volume (het)	[vɔ'lʉmə]
área (f)	oppervlakte (de)	['ɔpərvlaktə]
grama (m)	gram (het)	[xram]
miligrama (m)	milligram (het)	['milixram]

quilograma (m)	kilogram (het)	[kilɔxram]
tonelada (f)	ton (de)	[tɔn]
libra (453,6 gramas)	pond (het)	[pɔnt]
onça (f)	ons (het)	[ɔns]

metro (m)	meter (de)	['metər]
milímetro (m)	millimeter (de)	['milimetər]
centímetro (m)	centimeter (de)	['sɛnti'metər]
quilómetro (m)	kilometer (de)	[kilɔmetər]
milha (f)	mijl (de)	[mɛjl]

polegada (f)	duim (de)	['dœɥm]
pé (304,74 mm)	voet (de)	[vut]
jarda (914,383 mm)	yard (de)	[jart]

| metro (m) quadrado | vierkante meter (de) | ['virkantə 'metər] |
| hectare (m) | hectare (de) | [hɛk'tarə] |

litro (m)	liter (de)	['litər]
grau (m)	graad (de)	[xrãt]
volt (m)	volt (de)	[vɔlt]
ampere (m)	ampère (de)	[am'pɛrə]
cavalo-vapor (m)	paardenkracht (de)	['pãrdən·kraxt]

quantidade (f)	hoeveelheid (de)	[hu'vēlhɛjt]
um pouco de …	een beetje …	[en 'bētʃə]
metade (f)	helft (de)	[hɛlft]
dúzia (f)	dozijn (het)	[dɔ'zɛjn]
peça (f)	stuk (het)	[stʉk]

| dimensão (f) | afmeting (de) | ['afmetiŋ] |
| escala (f) | schaal (de) | [sxãl] |

mínimo	minimaal	[mini'mãl]
menor, mais pequeno	minste	['minstə]
médio	medium	['medijum]
máximo	maximaal	[maksi'mãl]
maior, mais grande	grootste	['xrõtstə]

26. Recipientes

boião (m) de vidro	glazen pot (de)	['xlazən pɔt]
lata (~ de cerveja)	blik (het)	[blik]
balde (m)	emmer (de)	['ɛmər]
barril (m)	ton (de)	[tɔn]

bacia (~ de plástico)	ronde waterbak (de)	['watər·bak]
tanque (m)	tank (de)	[tank]
cantil (m) de bolso	heupfles (de)	['høp·flɛs]
bidão (m) de gasolina	jerrycan (de)	['dʒɛrikən]
cisterna (f)	tank (de)	[tank]

| caneca (f) | beker (de) | ['bekər] |
| chávena (f) | kopje (het) | ['kɔpjə] |

pires (m)	schoteltje (het)	['sxɔteltʃə]
copo (m)	glas (het)	[xlas]
taça (f) de vinho	wijnglas (het)	['wɛjn·xlas]
panela, caçarola (f)	pan (de)	[pan]
garrafa (f)	fles (de)	[fles]
gargalo (m)	flessenhals (de)	['flesən·hals]
jarro, garrafa (f)	karaf (de)	[ka'raf]
jarro (m) de barro	kruik (de)	['krœɣk]
recipiente (m)	vat (het)	[vat]
pote (m)	pot (de)	[pɔt]
vaso (m)	vaas (de)	[vãs]
frasco (~ de perfume)	flacon (de)	[fla'kɔn]
frasquinho (ex. ~ de iodo)	flesje (het)	['fleçə]
tubo (~ de pasta dentífrica)	tube (de)	['tʉbə]
saca (ex. ~ de açúcar)	zak (de)	[zak]
saco (~ de plástico)	tasje (het)	['taçə]
maço (m)	pakje (het)	['pakjə]
caixa (~ de sapatos, etc.)	doos (de)	[dõs]
caixa (~ de madeira)	kist (de)	[kist]
cesta (f)	mand (de)	[mant]

27. Materiais

material (m)	materiaal (het)	[materi'ãl]
madeira (f)	hout (het)	['haut]
de madeira	houten	['hautən]
vidro (m)	glas (het)	[xlas]
de vidro	glazen	['xlazən]
pedra (f)	steen (de)	[stẽn]
de pedra	stenen	['stenən]
plástico (m)	plastic (het)	['plastik]
de plástico	plastic	['plastik]
borracha (f)	rubber (het)	['rʉbər]
de borracha	rubber-, rubberen	['rʉbər], ['rʉberən]
tecido, pano (m)	stof (de)	[stɔf]
de tecido	van stof	[van 'stɔf]
papel (m)	papier (het)	[pa'pir]
de papel	papieren	[pa'pirən]
cartão (m)	karton (het)	[kar'tɔn]
de cartão	kartonnen	[kar'tɔnən]
polietileno (m)	polyethyleen (het)	[pɔlieti'lẽn]
celofane (m)	cellofaan (het)	[sɛlɔ'fãn]

contraplacado (m)	multiplex (het)	['mʉltiplɛks]
porcelana (f)	porselein (het)	[pɔrsə'lɛjn]
de porcelana	porseleinen	[pɔrsə'lɛjnən]
barro (f)	klei (de)	[klɛj]
de barro	klei-, van klei	[klɛj], [van klɛj]
cerâmica (f)	keramiek (de)	[kera'mik]
de cerâmica	keramieken	[ke'ramikən]

28. Metais

metal (m)	metaal (het)	[me'tāl]
metálico	metalen	[me'talən]
liga (f)	legering (de)	[le'xɛriŋ]

ouro (m)	goud (het)	['xaut]
de ouro	gouden	['xaudən]
prata (f)	zilver (het)	['zilvər]
de prata	zilveren	['zilvərən]

ferro (m)	ijzer (het)	['ɛjzər]
de ferro	ijzeren	['ɛjzərən]
aço (m)	staal (het)	[stāl]
de aço	stalen	['stalən]
cobre (m)	koper (het)	['kɔpər]
de cobre	koperen	['kɔpərən]

alumínio (m)	aluminium (het)	[alʉ'minijum]
de alumínio	aluminium	[alʉ'minijum]
bronze (m)	brons (het)	[brɔns]
de bronze	bronzen	['brɔnzən], [van brɔns]

latão (m)	messing (het)	['mesiŋ]
níquel (m)	nikkel (het)	['nikəl]
platina (f)	platina (het)	['platina]
mercúrio (m)	kwik (het)	['kwik]
estanho (m)	tin (het)	[tin]
chumbo (m)	lood (het)	[lōt]
zinco (m)	zink (het)	[zink]

O SER HUMANO

O ser humano. O corpo

29. Humanos. Conceitos básicos

ser (m) humano	mens (de)	[mɛns]
homem (m)	man (de)	[man]
mulher (f)	vrouw (de)	['vrau]
criança (f)	kind (het)	[kint]
menina (f)	meisje (het)	['mɛjɕə]
menino (m)	jongen (de)	['jɔŋən]
adolescente (m)	tiener, adolescent (de)	['tinər], [adɔlɛ'sɛnt]
velho (m)	oude man (de)	['audə man]
velha, anciã (f)	oude vrouw (de)	['audə 'vrau]

30. Anatomia humana

organismo (m)	organisme (het)	[ɔrxa'nismə]
coração (m)	hart (het)	[hart]
sangue (m)	bloed (het)	[blut]
artéria (f)	slagader (de)	['slaxadər]
veia (f)	ader (de)	['adər]
cérebro (m)	hersenen	['hɛrsənən]
nervo (m)	zenuw (de)	['zenɵw]
nervos (m pl)	zenuwen	['zenɵwən]
vértebra (f)	wervel (de)	['wɛrvəl]
coluna (f) vertebral	ruggengraat (de)	['rɵxə·xrãt]
estômago (m)	maag (de)	[mãx]
intestinos (m pl)	darmen	['darmən]
intestino (m)	darm (de)	[darm]
fígado (m)	lever (de)	['levər]
rim (m)	nier (de)	[nir]
osso (m)	been (het)	[bẽn]
esqueleto (m)	skelet (het)	[ske'lɛt]
costela (f)	rib (de)	[rib]
crânio (m)	schedel (de)	['sxedəl]
músculo (m)	spier (de)	[spir]
bíceps (m)	biceps (de)	['bisɛps]
tríceps (m)	triceps (de)	['trisɛps]
tendão (m)	pees (de)	[pẽs]
articulação (f)	gewricht (het)	[xə'wriht]

pulmões (m pl)	longen	['lɔŋən]
órgãos (m pl) genitais	geslachtsorganen	[xə'slahts·ɔr'xanən]
pele (f)	huid (de)	['hœʏt]

31. Cabeça

cabeça (f)	hoofd (het)	[hōft]
cara (f)	gezicht (het)	[xə'ziht]
nariz (m)	neus (de)	['nøs]
boca (f)	mond (de)	[mɔnt]

olho (m)	oog (het)	[ōx]
olhos (m pl)	ogen	['ɔxən]
pupila (f)	pupil (de)	[pʉ'pil]
sobrancelha (f)	wenkbrauw (de)	['wɛnk·brau]
pestana (f)	wimper (de)	['wimpər]
pálpebra (f)	ooglid (het)	['ōx·lit]

língua (f)	tong (de)	[tɔŋ]
dente (m)	tand (de)	[tant]
lábios (m pl)	lippen	['lipən]
maçãs (f pl) do rosto	jukbeenderen	[juk'·bēndərən]
gengiva (f)	tandvlees (het)	['tand·vlēs]
palato (m)	gehemelte (het)	[xə'heməltə]

narinas (f pl)	neusgaten	['nøsxatən]
queixo (m)	kin (de)	[kin]
mandíbula (f)	kaak (de)	[kāk]
bochecha (f)	wang (de)	[waŋ]

testa (f)	voorhoofd (het)	['vōrhōft]
têmpora (f)	slaap (de)	[slāp]
orelha (f)	oor (het)	[ōr]
nuca (f)	achterhoofd (het)	['axtər·hōft]
pescoço (m)	hals (de)	[hals]
garganta (f)	keel (de)	[kēl]

cabelos (m pl)	haren	['harən]
penteado (m)	kapsel (het)	['kapsəl]
corte (m) de cabelo	haarsnit (de)	['hārsnit]
peruca (f)	pruik (de)	['prœʏk]

bigode (m)	snor (de)	[snɔr]
barba (f)	baard (de)	[bārt]
usar, ter (~ barba, etc.)	dragen	['draxən]
trança (f)	vlecht (de)	[vlɛxt]
suíças (f pl)	bakkebaarden	[bakə'bārtən]

ruivo	ros	[rɔs]
grisalho	grijs	[xrɛjs]
calvo	kaal	[kāl]
calva (f)	kale plek (de)	['kalə plɛk]
rabo-de-cavalo (m)	paardenstaart (de)	['pārdən·stārt]
franja (f)	pony (de)	['pɔni]

32. Corpo humano

mão (f)	hand (de)	[hant]
braço (m)	arm (de)	[arm]
dedo (m)	vinger (de)	['viŋər]
dedo (m) do pé	teen (de)	[tēn]
polegar (m)	duim (de)	['dœʏm]
dedo (m) mindinho	pink (de)	[pink]
unha (f)	nagel (de)	['naxəl]
punho (m)	vuist (de)	['vœʏst]
palma (f) da mão	handpalm (de)	['hantpalm]
pulso (m)	pols (de)	[pɔls]
antebraço (m)	voorarm (de)	['võrarm]
cotovelo (m)	elleboog (de)	['ɛləbōx]
ombro (m)	schouder (de)	['sxaudər]
perna (f)	been (het)	[bēn]
pé (m)	voet (de)	[vut]
joelho (m)	knie (de)	[kni]
barriga (f) da perna	kuit (de)	['kœʏt]
anca (f)	heup (de)	['høp]
calcanhar (m)	hiel (de)	[hil]
corpo (m)	lichaam (het)	['lixãm]
barriga (f)	buik (de)	['bœʏk]
peito (m)	borst (de)	[bɔrst]
seio (m)	borst (de)	[bɔrst]
lado (m)	zijde (de)	['zɛjdə]
costas (f pl)	rug (de)	[rʉx]
região (f) lombar	lage rug (de)	[laxə rʉx]
cintura (f)	taille (de)	['tajə]
umbigo (m)	navel (de)	['navəl]
nádegas (f pl)	billen	['bilən]
traseiro (m)	achterwerk (het)	['axtərwɛrk]
sinal (m)	huidvlek (de)	['hœʏt·vlɛk]
sinal (m) de nascença	moedervlek (de)	['mudər·vlɛk]
tatuagem (f)	tatoeage (de)	[tatu'aʒə]
cicatriz (f)	litteken (het)	['litekən]

Vestuário & Acessórios

33. Roupa exterior. Casacos

roupa (f)	kleren (mv.)	['klerən]
roupa (f) exterior	bovenkleding (de)	['bovən-'klediŋ]
roupa (f) de inverno	winterkleding (de)	['wintər-'klediŋ]
sobretudo (m)	jas (de)	[jas]
casaco (m) de peles	bontjas (de)	[bont jas]
casaco curto (m) de peles	bontjasje (het)	[bont 'jaɕə]
casaco (m) acolchoado	donzen jas (de)	['donzən jas]
casaco, blusão (m)	jasje (het)	['jaɕə]
impermeável (m)	regenjas (de)	['rexən jas]
impermeável	waterdicht	['watərdixt]

34. Vestuário de homem & mulher

camisa (f)	overhemd (het)	['ovərhɛmt]
calças (f pl)	broek (de)	[bruk]
calças (f pl) de ganga	jeans (de)	[dʒins]
casaco (m) de fato	colbert (de)	['kolbər]
fato (m)	kostuum (het)	[kɔs'tūm]
vestido (ex. ~ vermelho)	jurk (de)	[jurk]
saia (f)	rok (de)	[rok]
blusa (f)	blouse (de)	['blus]
casaco (m) de malha	wollen vest (de)	['wolən vɛst]
casaco, blazer (m)	blazer (de)	['blezər]
T-shirt, camiseta (f)	T-shirt (het)	['tiʃøt]
calções (Bermudas, etc.)	shorts	[ʃorts]
fato (m) de treino	trainingspak (het)	['trɛjniŋs·pak]
roupão (m) de banho	badjas (de)	['batjas]
pijama (m)	pyjama (de)	[pi'jama]
suéter (m)	sweater (de)	['swetər]
pulôver (m)	pullover (de)	[pʉ'lovər]
colete (m)	gilet (het)	[ʒi'lɛt]
fraque (m)	rokkostuum (het)	[rok·kɔs'tūm]
smoking (m)	smoking (de)	['smokiŋ]
uniforme (m)	uniform (het)	['juniform]
roupa (f) de trabalho	werkkleding (de)	['wɛrk·'klediŋ]
fato-macaco (m)	overall (de)	[ovə'ral]
bata (~ branca, etc.)	doktersjas (de)	['doktərs jas]

35. Vestuário. Roupa interior

roupa (f) interior	ondergoed (het)	['ɔndərxut]
cuecas boxer (f pl)	herenslip (de)	['herən·slip]
cuecas (f pl)	slipjes	['slipjes]
camisola (f) interior	onderhemd (het)	['ɔndərhɛmt]
peúgas (f pl)	sokken	['sɔkən]
camisa (f) de noite	nachthemd (het)	['naxthɛmt]
sutiã (m)	beha (de)	[be'ha]
meias longas (f pl)	kniekousen	[kni·'kausən]
meia-calça (f)	panty (de)	['pɛnti]
meias (f pl)	nylonkousen	['nɛjlɔn·'kausən]
fato (m) de banho	badpak (het)	['bad·pak]

36. Adereços de cabeça

chapéu (m)	hoed (de)	[hut]
chapéu (m) de feltro	deukhoed (de)	['døkhut]
boné (m) de beisebol	honkbalpet (de)	['hɔnkbal·'pɛt]
boné (m)	kleppet (de)	['klɛpɛt]
boina (f)	baret (de)	[ba'rɛt]
capuz (m)	kap (de)	[kap]
panamá (m)	panamahoed (de)	[pa'nama·hut]
gorro (m) de malha	gebreide muts (de)	[xəb'rɛjdə mʉts]
lenço (m)	hoofddoek (de)	['hõftduk]
chapéu (m) de mulher	dameshoed (de)	['daməs·hut]
capacete (m) de proteção	veiligheidshelm (de)	['vɛjləxhɛjts·hɛlm]
bibico (m)	veldmuts (de)	['vɛlt·mʉts]
capacete (m)	helm, valhelm (de)	[hɛlm], ['valhɛlm]
chapéu-coco (m)	bolhoed (de)	['bɔlhut]
chapéu (m) alto	hoge hoed (de)	['hɔxə hut]

37. Calçado

calçado (m)	schoeisel (het)	['sxuisəl]
botinas (f pl)	schoenen	['sxunən]
sapatos (de salto alto, etc.)	vrouwenschoenen	['vrauwən·'sxunən]
botas (f pl)	laarzen	['lãrzən]
pantufas (f pl)	pantoffels	[pan'tɔfəls]
ténis (m pl)	sportschoenen	['spɔrt·'sxunən]
sapatilhas (f pl)	sneakers	['snikərs]
sandálias (f pl)	sandalen	[san'dalən]
sapateiro (m)	schoenlapper (de)	['sxun·'lapər]
salto (m)	hiel (de)	[hil]

par (m)	paar (het)	[pãr]
atacador (m)	veter (de)	['vetər]
apertar os atacadores	rijgen	['rɛjxən]
calçadeira (f)	schoenlepel (de)	['sxun·'lepəl]
graxa (f) para calçado	schoensmeer (de/het)	['sxun·smēr]

38. Têxtil. Tecidos

algodão (m)	katoen (de/het)	[ka'tun]
de algodão	katoenen	[ka'tunən]
linho (m)	vlas (het)	[vlɑs]
de linho	vlas-, van vlas	[vlɑs], [van vlɑs]

seda (f)	zijde (de)	['zɛjdə]
de seda	zijden	['zɛjdən]
lã (f)	wol (de)	[wɔl]
de lã	wollen	['wɔlən]

veludo (m)	fluweel (het)	[flʉ'wēl]
camurça (f)	suède (de)	['svɛdə]
bombazina (f)	ribfluweel (het)	['rib·flʉ'wēl]

náilon (m)	nylon (de/het)	['nɛjlɔn]
de náilon	nylon-, van nylon	['nɛjlɔn], [van 'nɛjlɔn]
poliéster (m)	polyester (het)	[pɔli'ɛstər]
de poliéster	polyester-	[pɔli'ɛstər]

couro (m)	leer (het)	[lēr]
de couro	leren	['lerən]
pele (f)	bont (het)	[bɔnt]
de peles, de pele	bont-	[bɔnt]

39. Acessórios pessoais

luvas (f pl)	handschoenen	['xand 'sxunən]
mitenes (f pl)	wanten	['wantən]
cachecol (m)	sjaal (de)	[ɕãl]

óculos (m pl)	bril (de)	[bril]
armação (f) de óculos	brilmontuur (het)	[bril·mɔn'tūr]
guarda-chuva (m)	paraplu (de)	[parap'lʉ]
bengala (f)	wandelstok (de)	['wandəl·stɔk]
escova (f) para o cabelo	haarborstel (de)	[hār·'bɔrstəl]
leque (m)	waaier (de)	['wājər]

gravata (f)	das (de)	[das]
gravata-borboleta (f)	strikje (het)	['strikjə]
suspensórios (m pl)	bretels	[brə'tɛls]
lenço (m)	zakdoek (de)	['zagduk]

pente (m)	kam (de)	[kam]
travessão (m)	haarspeldje (het)	[hār·'spɛldjə]

gancho (m) de cabelo	schuifspeldje (het)	['sxœʏf·'spɛldjə]
fivela (f)	gesp (de)	[xɛsp]
cinto (m)	broekriem (de)	['bruk·rim]
correia (f)	draagriem (de)	['drãx·rim]
mala (f)	handtas (de)	['hand·tas]
mala (f) de senhora	damestas (de)	['daməs·tas]
mochila (f)	rugzak (de)	['rʉxzak]

40. Vestuário. Diversos

moda (f)	mode (de)	['mɔdə]
na moda	de mode	[də 'mɔdə]
estilista (m)	kledingstilist (de)	['klediŋ·sti'list]
colarinho (m), gola (f)	kraag (de)	[krãx]
bolso (m)	zak (de)	[zak]
de bolso	zak-	[zak]
manga (f)	mouw (de)	['mau]
alcinha (f)	lusje (het)	['lʉɕə]
braguilha (f)	gulp (de)	[xjulp]
fecho (m) de correr	rits (de)	[rits]
fecho (m), colchete (m)	sluiting (de)	['slœʏtiŋ]
botão (m)	knoop (de)	[knõp]
casa (f) de botão	knoopsgat (het)	['knõps·xat]
soltar-se (vr)	losraken	[lɔs'rakən]
coser, costurar (vi)	naaien	['nãjən]
bordar (vt)	borduren	[bɔr'dʉrən]
bordado (m)	borduursel (het)	[bɔr'dʉrsəl]
agulha (f)	naald (de)	[nãlt]
fio (m)	draad (de)	[drãt]
costura (f)	naad (de)	[nãt]
sujar-se (vr)	vies worden	[vis 'wɔrdən]
mancha (f)	vlek (de)	[vlɛk]
engelhar-se (vr)	gekreukt raken	[xə'krøkt 'rakən]
rasgar (vt)	scheuren	['sxørən]
traça (f)	mot (de)	[mɔt]

41. Cuidados pessoais. Cosméticos

pasta (f) de dentes	tandpasta (de)	['tand·pasta]
escova (f) de dentes	tandenborstel (de)	['tandən·'bɔrstəl]
escovar os dentes	tanden poetsen	['tandən 'putsən]
máquina (f) de barbear	scheermes (het)	['sxēr·mɛs]
creme (m) de barbear	scheerschuim (het)	[sxēr·sxœʏm]
barbear-se (vr)	zich scheren	[zix 'sxerən]
sabonete (m)	zeep (de)	[zēp]

champô (m)	shampoo (de)	['ʃʌmpō]
tesoura (f)	schaar (de)	[sxār]
lima (f) de unhas	nagelvijl (de)	['naxəl·vɛjl]
corta-unhas (m)	nagelknipper (de)	['naxəl·'knipər]
pinça (f)	pincet (het)	[pin'sɛt]

cosméticos (m pl)	cosmetica (mv.)	[kɔs'metika]
máscara (f) facial	masker (het)	['maskər]
manicura (f)	manicure (de)	[mani'kʉrə]
fazer a manicura	manicure doen	[mani'kʉrə dun]
pedicure (f)	pedicure (de)	[pedi'kʉrə]

mala (f) de maquilhagem	cosmetica tasje (het)	[kɔs'metika 'taçə]
pó (m)	poeder (de/het)	['pudər]
caixa (f) de pó	poederdoos (de)	['pudər·dōs]
blush (m)	rouge (de)	['ruʒə]

perfume (m)	parfum (de/het)	[par'fʉm]
água (f) de toilette	eau de toilet (de)	[ɔ də tua'lɛt]
loção (f)	lotion (de)	[lot'ʃɔn]
água-de-colónia (f)	eau de cologne (de)	[ɔ də kɔ'lɔnjə]

sombra (f) de olhos	oogschaduw (de)	['ōx·sxadʉw]
lápis (m) delineador	oogpotlood (het)	['ōx·'potlɔt]
máscara (f), rímel (m)	mascara (de)	[mas'kara]

batom (m)	lippenstift (de)	['lipən·stift]
verniz (m) de unhas	nagellak (de)	['naxəl·lak]
laca (f) para cabelos	haarlak (de)	['hār·lak]
desodorizante (m)	deodorant (de)	[deodɔ'rant]

creme (m)	crème (de)	[krɛ:m]
creme (m) de rosto	gezichtscrème (de)	[xə'zihts·krɛ:m]
creme (m) de mãos	handcrème (de)	[hant·krɛ:m]
creme (m) antirrugas	antirimpelcrème (de)	[anti'rimpəl·krɛ:m]
creme (m) de dia	dagcrème (de)	['dax·krɛ:m]
creme (m) de noite	nachtcrème (de)	['naxt·krɛ:m]
de dia	dag-	[dax]
da noite	nacht-	[naxt]

tampão (m)	tampon (de)	[tam'pɔn]
papel (m) higiénico	toiletpapier (het)	[tua'lɛt·pa'pir]
secador (m) elétrico	föhn (de)	['føn]

42. Joalheria

joias (f pl)	sieraden	['siradən]
precioso	edel	['edɛl]
marca (f) de contraste	keurmerk (het)	['kørmɛrk]

anel (m)	ring (de)	[riŋ]
aliança (f)	trouwring (de)	['trauwriŋ]
pulseira (f)	armband (de)	['armbant]
brincos (m pl)	oorringen	['ōr·riŋən]

colar (m)	halssnoer (het)	['hals·snur]
coroa (f)	kroon (de)	[krōn]
colar (m) de contas	kralen snoer (het)	['kralən 'snur]

diamante (m)	diamant (de)	[dia'mant]
esmeralda (f)	smaragd (de)	[sma'raxt]
rubi (m)	robijn (de)	[rɔ'bɛjn]
safira (f)	saffier (de)	[sa'fir]
pérola (f)	parel (de)	['parəl]
âmbar (m)	barnsteen (de)	['barn·stēn]

43. Relógios de pulso. Relógios

relógio (m) de pulso	polshorloge (het)	['pɔls·hɔr'lɔʒə]
mostrador (m)	wijzerplaat (de)	['wɛjzər·plāt]
ponteiro (m)	wijzer (de)	['wɛjzər]
bracelete (f) em aço	metalen horlogeband (de)	[me'talən hɔr'lɔʒə·bant]
bracelete (f) em couro	horlogebandje (het)	[hɔr'lɔʒə·'bandjə]

pilha (f)	batterij (de)	[batə'rɛj]
descarregar-se	leeg zijn	[lēx zɛjn]
trocar a pilha	batterij vervangen	[batə'rɛj vər'vaŋən]
estar adiantado	voorlopen	['vōrlɔpən]
estar atrasado	achterlopen	['axtərlɔpən]

relógio (m) de parede	wandklok (de)	['want·klɔk]
ampulheta (f)	zandloper (de)	['zant·lɔpər]
relógio (m) de sol	zonnewijzer (de)	['zɔnə·wɛjzər]
despertador (m)	wekker (de)	['wɛkər]
relojoeiro (m)	horlogemaker (de)	[hɔr'lɔʒə·'makər]
reparar (vt)	repareren	[repa'rerən]

Alimentação. Nutrição

44. Comida

carne (f)	vlees (het)	[vlēs]
galinha (f)	kip (de)	[kip]
frango (m)	kuiken (het)	['kœʏkən]
pato (m)	eend (de)	[ēnt]
ganso (m)	gans (de)	[xans]
caça (f)	wild (het)	[wilt]
peru (m)	kalkoen (de)	[kal'kun]
carne (f) de porco	varkensvlees (het)	['varkəns·vlēs]
carne (f) de vitela	kalfsvlees (het)	['kalfs·vlēs]
carne (f) de carneiro	schapenvlees (het)	['sxapən·vlēs]
carne (f) de vaca	rundvlees (het)	['rʉnt·vlēs]
carne (f) de coelho	konijnenvlees (het)	[kɔ'nɛjnən·vlēs]
chouriço, salsichão (m)	worst (de)	[wɔrst]
salsicha (f)	saucijs (de)	['sɔsɛjs]
bacon (m)	spek (het)	[spɛk]
fiambre (f)	ham (de)	[ham]
presunto (m)	gerookte achterham (de)	[xə'rōktə 'ahtərham]
patê (m)	paté (de)	[pa'tɛ]
fígado (m)	lever (de)	['levər]
carne (f) moída	gehakt (het)	[xə'hakt]
língua (f)	tong (de)	[tɔŋ]
ovo (m)	ei (het)	[ɛj]
ovos (m pl)	eieren	['ɛjerən]
clara (f) do ovo	eiwit (het)	['ɛjwit]
gema (f) do ovo	eigeel (het)	['ɛjxēl]
peixe (m)	vis (de)	[vis]
mariscos (m pl)	zeevruchten	[zē·'vrʉxtən]
crustáceos (m pl)	schaaldieren	['sxal·dīrən]
caviar (m)	kaviaar (de)	[ka'vjār]
caranguejo (m)	krab (de)	[krab]
camarão (m)	garnaal (de)	[xar'nāl]
ostra (f)	oester (de)	['ustər]
lagosta (f)	langoest (de)	[lan'xust]
polvo (m)	octopus (de)	['ɔktɔpʉs]
lula (f)	inktvis (de)	['inktvis]
esturjão (m)	steur (de)	['stør]
salmão (m)	zalm (de)	[zalm]
halibute (m)	heilbot (de)	['hɛjlbɔt]
bacalhau (m)	kabeljauw (de)	[kabə'ljau]

cavala, sarda (f)	**makreel (de)**	[ma'krēl]
atum (m)	**tonijn (de)**	[tɔ'nɛjn]
enguia (f)	**paling (de)**	[pa'liŋ]

truta (f)	**forel (de)**	[fɔ'rɛl]
sardinha (f)	**sardine (de)**	[sar'dinə]
lúcio (m)	**snoek (de)**	[snuk]
arenque (m)	**haring (de)**	['hariŋ]

pão (m)	**brood (het)**	[brōt]
queijo (m)	**kaas (de)**	[kās]
açúcar (m)	**suiker (de)**	[sœʏkər]
sal (m)	**zout (het)**	['zaut]

arroz (m)	**rijst (de)**	[rɛjst]
massas (f pl)	**pasta (de)**	['pasta]
talharim (m)	**noedels**	['nudɛls]

manteiga (f)	**boter (de)**	['botər]
óleo (m) vegetal	**plantaardige olie (de)**	[plant'ārdixə 'ɔli]
óleo (m) de girassol	**zonnebloemolie (de)**	['zɔnəblum·'ɔli]
margarina (f)	**margarine (de)**	[marxa'rinə]

azeitonas (f pl)	**olijven**	[ɔ'lɛjvən]
azeite (m)	**olijfolie (de)**	[ɔ'lɛjf·'ɔli]

leite (m)	**melk (de)**	[mɛlk]
leite (m) condensado	**gecondenseerde melk (de)**	[xəkɔnsən'sērdə mɛlk]
iogurte (m)	**yoghurt (de)**	['jogʉrt]
nata (f) azeda	**zure room (de)**	['zʉrə rōm]
nata (f) do leite	**room (de)**	[rōm]

maionese (f)	**mayonaise (de)**	[majo'nɛzə]
creme (m)	**crème (de)**	[krɛ:m]

grãos (m pl) de cereais	**graan (het)**	[xrān]
farinha (f)	**meel (het), bloem (de)**	[mēl], [blum]
enlatados (m pl)	**conserven**	[kɔn'sɛrvən]

flocos (m pl) de milho	**maïsvlokken**	[majs·'vlɔkən]
mel (m)	**honing (de)**	['hɔniŋ]
doce (m)	**jam (de)**	[ʃɛm]
pastilha (f) elástica	**kauwgom (de)**	['kauxɔm]

45. Bebidas

água (f)	**water (het)**	['watər]
água (f) potável	**drinkwater (het)**	['drink·'watər]
água (f) mineral	**mineraalwater (het)**	[minə'rāl·'watər]

sem gás	**zonder gas**	['zɔndər xas]
gaseificada	**koolzuurhoudend**	[kōlzūr·'haudənt]
com gás	**bruisend**	['brœʏsənt]
gelo (m)	**ijs (het)**	[ɛjs]

com gelo	met ijs	[mɛt ɛjs]
sem álcool	alcohol vrij	['alkɔhɔl vrɛj]
bebida (f) sem álcool	alcohol vrije drank (de)	['alkɔhɔl 'vrɛjə drank]
refresco (m)	frisdrank (de)	['fris·drank]
limonada (f)	limonade (de)	[limɔ'nadə]

bebidas (f pl) alcoólicas	alcoholische dranken	[alkɔ'hɔlisə 'drankən]
vinho (m)	wijn (de)	[wɛjn]
vinho (m) branco	witte wijn (de)	['witə wɛjn]
vinho (m) tinto	rode wijn (de)	['rɔdə wɛjn]

licor (m)	likeur (de)	[li'kør]
champanhe (m)	champagne (de)	[ʃʌm'panjə]
vermute (m)	vermout (de)	['vɛrmut]

uísque (m)	whisky (de)	['wiski]
vodka (f)	wodka (de)	['wɔdka]
gim (m)	gin (de)	[dʒin]
conhaque (m)	cognac (de)	[kɔ'njak]
rum (m)	rum (de)	[rʉm]

café (m)	koffie (de)	['kɔfi]
café (m) puro	zwarte koffie (de)	['zwartə 'kɔfi]
café (m) com leite	koffie (de) met melk	['kɔfi mɛt mɛlk]
cappuccino (m)	cappuccino (de)	[kapu'tʃinɔ]
café (m) solúvel	oploskoffie (de)	['ɔplɔs·'kɔfi]

leite (m)	melk (de)	[mɛlk]
coquetel (m)	cocktail (de)	['kɔktəl]
batido (m) de leite	milkshake (de)	['milk·ʃɛjk]

sumo (m)	sap (het)	[sap]
sumo (m) de tomate	tomatensap (het)	[tɔ'matən·sap]
sumo (m) de laranja	sinaasappelsap (het)	['sināsapəl·sap]
sumo (m) fresco	vers geperst sap (het)	[vɛrs xə'pɛrst sap]

cerveja (f)	bier (het)	[bir]
cerveja (f) clara	licht bier (het)	[lixt bir]
cerveja (f) preta	donker bier (het)	['dɔnkər bir]

chá (m)	thee (de)	[tē]
chá (m) preto	zwarte thee (de)	['zwartə tē]
chá (m) verde	groene thee (de)	['xrunə tē]

46. Vegetais

| legumes (m pl) | groenten | ['xruntən] |
| verduras (f pl) | verse kruiden | ['vɛrsə 'krœɣdən] |

tomate (m)	tomaat (de)	[tɔ'māt]
pepino (m)	augurk (de)	[au'xʉrk]
cenoura (f)	wortel (de)	['wɔrtəl]
batata (f)	aardappel (de)	['ārd·apəl]
cebola (f)	ui (de)	['œɣ]

alho (m)	knoflook (de)	['knõflɔk]
couve (f)	kool (de)	[kõl]
couve-flor (f)	bloemkool (de)	['blum·kõl]
couve-de-bruxelas (f)	spruitkool (de)	['sprœyt·kõl]
brócolos (m pl)	broccoli (de)	['brɔkɔli]

beterraba (f)	rode biet (de)	['rodə bit]
beringela (f)	aubergine (de)	[ɔbɛr'ʒinə]
curgete (f)	courgette (de)	[kur'ʒɛt]
abóbora (f)	pompoen (de)	[pɔm'pun]
nabo (m)	raap (de)	[rãp]

salsa (f)	peterselie (de)	[petər'sɛli]
funcho, endro (m)	dille (de)	['dilə]
alface (f)	sla (de)	[sla]
aipo (m)	selderij (de)	['sɛldɛrɛj]
espargo (m)	asperge (de)	[as'pɛrʒə]
espinafre (m)	spinazie (de)	[spi'nazi]

ervilha (f)	erwt (de)	[ɛrt]
fava (f)	bonen	['bɔnən]
milho (m)	maïs (de)	[majs]
feijão (m)	nierboon (de)	['nir·bõn]

pimentão (m)	peper (de)	['pepər]
rabanete (m)	radijs (de)	[ra'dɛjs]
alcachofra (f)	artisjok (de)	[arti'çɔk]

47. Frutos. Nozes

fruta (f)	vrucht (de)	[vrʉxt]
maçã (f)	appel (de)	['apəl]
pera (f)	peer (de)	[pẽr]
limão (m)	citroen (de)	[si'trun]
laranja (f)	sinaasappel (de)	['sinãsapəl]
morango (m)	aardbei (de)	['ãrd·bɛj]

tangerina (f)	mandarijn (de)	[manda'rɛjn]
ameixa (f)	pruim (de)	['prœʏm]
pêssego (m)	perzik (de)	['pɛrzik]
damasco (m)	abrikoos (de)	[abri'kõs]
framboesa (f)	framboos (de)	[fram'bõs]
ananás (m)	ananas (de)	['ananas]

banana (f)	banaan (de)	[ba'nãn]
melancia (f)	watermeloen (de)	['watərmɛ'lun]
uva (f)	druif (de)	[drœʏf]
ginja (f)	zure kers (de)	['zʉrə kɛrs]
cereja (f)	zoete kers (de)	['zutə kɛrs]
meloa (f)	meloen (de)	[mə'lun]

toranja (f)	grapefruit (de)	['grepfrut]
abacate (m)	avocado (de)	[avɔ'kadɔ]
papaia (f)	papaja (de)	[pa'paja]

| manga (f) | mango (de) | ['mangɔ] |
| romã (f) | granaatappel (de) | [xra'nāt·'apəl] |

groselha (f) vermelha	rode bes (de)	['rɔdə bɛs]
groselha (f) preta	zwarte bes (de)	['zwartə bɛs]
groselha (f) espinhosa	kruisbes (de)	['krœʏsbɛs]
mirtilo (m)	blauwe bosbes (de)	['blauə 'bɔsbɛs]
amora silvestre (f)	braambes (de)	['brāmbɛs]

uvas (f pl) passas	rozijn (de)	[rɔ'zɛjn]
figo (m)	vijg (de)	[vɛjx]
tâmara (f)	dadel (de)	['dadəl]

amendoim (m)	pinda (de)	['pinda]
amêndoa (f)	amandel (de)	[a'mandəl]
noz (f)	walnoot (de)	['walnõt]
avelã (f)	hazelnoot (de)	['hazəl·nõt]
coco (m)	kokosnoot (de)	['kɔkɔs·nõt]
pistáchios (m pl)	pistaches	[pi'staʃəs]

48. Pão. Bolaria

pastelaria (f)	suikerbakkerij (de)	[sœʏkər bakə'rɛj]
pão (m)	brood (het)	[brõt]
bolacha (f)	koekje (het)	['kukjə]

chocolate (m)	chocolade (de)	[ʃɔkɔ'ladə]
de chocolate	chocolade-	[ʃɔkɔ'ladə]
rebuçado (m)	snoepje (het)	['snupjə]
bolo (cupcake, etc.)	cakeje (het)	['kejkjə]
bolo (m) de aniversário	taart (de)	[tārt]

| tarte (~ de maçã) | pastei (de) | [pas'tɛj] |
| recheio (m) | vulling (de) | ['vʉliŋ] |

doce (m)	confituur (de)	[kɔnfi'tūr]
geleia (f) de frutas	marmelade (de)	[marmə'ladə]
waffle (m)	wafel (de)	['wafəl]
gelado (m)	ijsje (het)	['ɛisjə], ['ɛiʃə]
pudim (m)	pudding (de)	['pʉdiŋ]

49. Pratos cozinhados

prato (m)	gerecht (het)	[xe'rɛht]
cozinha (~ portuguesa)	keuken (de)	['køkən]
receita (f)	recept (het)	[re'sɛpt]
porção (f)	portie (de)	['pɔrsi]

salada (f)	salade (de)	[sa'ladə]
sopa (f)	soep (de)	[sup]
caldo (m)	bouillon (de)	[bu'jon]
sandes (f)	boterham (de)	['bɔtərham]

ovos (m pl) estrelados	spiegelei (het)	['spixəl·ɛj]
hambúrguer (m)	hamburger (de)	['hambʉrxər]
bife (m)	biefstuk (de)	['bifstʉk]

conduto (m)	garnering (de)	[xar'neriŋ]
espaguete (m)	spaghetti (de)	[spa'xeti]
puré (m) de batata	aardappelpuree (de)	['ārdapəl·pʉ'rē]
pizza (f)	pizza (de)	['pitsa]
papa (f)	pap (de)	[pap]
omelete (f)	omelet (de)	[ɔmə'lɛt]

cozido em água	gekookt	[xə'kōkt]
fumado	gerookt	[xə'rōkt]
frito	gebakken	[xə'bakən]
seco	gedroogd	[xə'drōxt]
congelado	diepvries	['dip·vris]
em conserva	gemarineerd	[xəmari'nērt]

doce (açucarado)	zoet	[zut]
salgado	gezouten	[xə'zautən]
frio	koud	['kaut]
quente	heet	[hēt]
amargo	bitter	['bitər]
gostoso	lekker	['lɛkər]

cozinhar (em água a ferver)	koken	['kɔkən]
fazer, preparar (vt)	bereiden	[bə'rɛjdən]
fritar (vt)	bakken	['bakən]
aquecer (vt)	opwarmen	['ɔpwarmən]

salgar (vt)	zouten	['zautən]
apimentar (vt)	peperen	['pepərən]
ralar (vt)	raspen	['raspən]
casca (f)	schil (de)	[sxil]
descascar (vt)	schillen	['sxilən]

50. Especiarias

sal (m)	zout (het)	['zaut]
salgado	gezouten	[xə'zautən]
salgar (vt)	zouten	['zautən]

pimenta (f) preta	zwarte peper (de)	['zwartə 'pepər]
pimenta (f) vermelha	rode peper (de)	['rɔdə 'pepər]
mostarda (f)	mosterd (de)	['mɔstərt]
raiz-forte (f)	mierikswortel (de)	['miriks·'wortəl]

condimento (m)	condiment (het)	[kɔndi'mɛnt]
especiaria (f)	specerij , kruiderij (de)	[spesə'rɛj], [krœʏdə'rɛj]
molho (m)	saus (de)	['saus]
vinagre (m)	azijn (de)	[a'zɛjn]

| anis (m) | anijs (de) | [a'nɛjs] |
| manjericão (m) | basilicum (de) | [ba'silikəm] |

cravo (m)	kruidnagel (de)	['krœɣtnaxəl]
gengibre (m)	gember (de)	['xɛmbər]
coentro (m)	koriander (de)	[kɔri'andər]
canela (f)	kaneel (de/het)	[ka'nēl]

sésamo (m)	sesamzaad (het)	['sɛzam·zāt]
folhas (f pl) de louro	laurierblad (het)	[lau'rir·blat]
páprica (f)	paprika (de)	['paprika]
cominho (m)	komijn (de)	[kɔ'mɛjn]
açafrão (m)	saffraan (de)	[saf'rān]

51. Refeições

comida (f)	eten (het)	['etən]
comer (vt)	eten	['etən]

pequeno-almoço (m)	ontbijt (het)	[ɔn'bɛjt]
tomar o pequeno-almoço	ontbijten	[ɔn'bɛjtən]
almoço (m)	lunch (de)	['lʉnʃ]
almoçar (vi)	lunchen	['lʉnʃən]
jantar (m)	avondeten (het)	['avɔntetən]
jantar (vi)	souperen	[su'perən]

apetite (m)	eetlust (de)	['ētlʉst]
Bom apetite!	Eet smakelijk!	[ēt 'smakələk]

abrir (~ uma lata, etc.)	openen	['ɔpənən]
derramar (vt)	morsen	['mɔrsən]
derramar-se (vr)	zijn gemorst	[zɛjn xɛ'mɔrst]

ferver (vi)	koken	['kɔkən]
ferver (vt)	koken	['kɔkən]
fervido	gekookt	[xə'kōkt]

arrefecer (vt)	afkoelen	['afkulən]
arrefecer-se (vr)	afkoelen	['afkulən]

sabor, gosto (m)	smaak (de)	[smāk]
gostinho (m)	nasmaak (de)	['nasmāk]

fazer dieta	volgen een dieet	['vɔlxə en di'ēt]
dieta (f)	dieet (het)	[di'ēt]
vitamina (f)	vitamine (de)	[vita'minə]
caloria (f)	calorie (de)	[kalɔ'ri]

vegetariano (m)	vegetariër (de)	[vəxɛ'tarier]
vegetariano	vegetarisch	[vəxɛ'taris]

gorduras (f pl)	vetten	['vɛtən]
proteínas (f pl)	eiwitten	['ɛjwitən]
carboidratos (m pl)	koolhydraten	[kōlhi'dratən]
fatia (~ de limão, etc.)	snede (de)	['snedə]
pedaço (~ de bolo)	stuk (het)	[stʉk]
migalha (f)	kruimel (de)	['krœɣməl]

52. Por a mesa

colher (f)	lepel (de)	['lepəl]
faca (f)	mes (het)	[mɛs]
garfo (m)	vork (de)	[vɔrk]

chávena (f)	kopje (het)	['kɔpjə]
prato (m)	bord (het)	[bɔrt]
pires (m)	schoteltje (het)	['sxɔteltʃə]
guardanapo (m)	servet (het)	[sɛr'vɛt]
palito (m)	tandenstoker (de)	['tandən·'stɔkər]

53. Restaurante

restaurante (m)	restaurant (het)	[rɛstɔ'rant]
café (m)	koffiehuis (het)	['kɔfi·hœys]
bar (m), cervejaria (f)	bar (de)	[bar]
salão (m) de chá	tearoom (de)	['ti·rõm]

empregado (m) de mesa	kelner, ober (de)	['kɛlnər], ['ɔbər]
empregada (f) de mesa	serveerster (de)	[sɛr'vẽrstər]
barman (m)	barman (de)	['barman]

ementa (f)	menu (het)	[me'nʉ]
lista (f) de vinhos	wijnkaart (de)	['wɛjn·kãrt]
reservar uma mesa	een tafel reserveren	[en 'tafəl rezər'verən]

prato (m)	gerecht (het)	[xe'rɛht]
pedir (vt)	bestellen	[bə'stɛlən]
fazer o pedido	een bestelling maken	[en bə'stɛliŋ 'makən]

aperitivo (m)	aperitief (de/het)	[aperi'tif]
entrada (f)	voorgerecht (het)	['võrxərɛht]
sobremesa (f)	dessert (het)	[dɛ'sɛːr]

conta (f)	rekening (de)	['rekəniŋ]
pagar a conta	de rekening betalen	[də 'rekəniŋ bə'talən]
dar o troco	wisselgeld teruggeven	['wisəl·xɛlt tɛ'rʉxevən]
gorjeta (f)	fooi (de)	[fõj]

Família, parentes e amigos

54. Informação pessoal. Formulários

nome (m)	naam (de)	[nãm]
apelido (m)	achternaam (de)	['axtər·nãm]
data (f) de nascimento	geboortedatum (de)	[xə'bōrtə·datʉm]
local (m) de nascimento	geboorteplaats (de)	[xə'bōrtə·plãts]
nacionalidade (f)	nationaliteit (de)	[natsjɔnali'tɛjt]
lugar (m) de residência	woonplaats (de)	['wōm·plãts]
país (m)	land (het)	[lant]
profissão (f)	beroep (het)	[bə'rup]
sexo (m)	geslacht (het)	[xə'slaht]
estatura (f)	lengte (de)	['lɛŋtə]
peso (m)	gewicht (het)	[xə'wixt]

55. Membros da família. Parentes

mãe (f)	moeder (de)	['mudər]
pai (m)	vader (de)	['vadər]
filho (m)	zoon (de)	[zōn]
filha (f)	dochter (de)	['dɔxtər]
filha (f) mais nova	jongste dochter (de)	['jɔŋstə 'dɔxtər]
filho (m) mais novo	jongste zoon (de)	['jɔŋstə zōn]
filha (f) mais velha	oudste dochter (de)	['audstə 'dɔxtər]
filho (m) mais velho	oudste zoon (de)	['audstə zōn]
irmão (m)	broer (de)	[brur]
irmão (m) mais velho	oudere broer (de)	['audərə brur]
irmão (m) mais novo	jongere broer (de)	['jɔŋərə brur]
irmã (f)	zuster (de)	['zʉstər]
irmã (f) mais velha	oudere zuster (de)	['audərə 'zʉstər]
irmã (f) mais nova	jongere zuster (de)	['jɔŋərə 'zʉstər]
primo (m)	neef (de)	[nēf]
prima (f)	nicht (de)	[nixt]
mamã (f)	mama (de)	['mama]
papá (m)	papa (de)	['papa]
pais (pl)	ouders	['audərs]
criança (f)	kind (het)	[kint]
crianças (f pl)	kinderen	['kindərən]
avó (f)	oma (de)	['ɔma]
avô (m)	opa (de)	['ɔpa]
neto (m)	kleinzoon (de)	[klɛjn·zōn]

| neta (f) | kleindochter (de) | [klɛjn·'dɔxtər] |
| netos (pl) | kleinkinderen | [klɛjn·'kinderən] |

tio (m)	oom (de)	[õm]
tia (f)	tante (de)	['tantə]
sobrinho (m)	neef (de)	[nẽf]
sobrinha (f)	nicht (de)	[nixt]

sogra (f)	schoonmoeder (de)	['sxõn·mudər]
sogro (m)	schoonvader (de)	['sxõn·vadər]
genro (m)	schoonzoon (de)	['sxõn·zõn]
madrasta (f)	stiefmoeder (de)	['stif·mudər]
padrasto (m)	stiefvader (de)	['stif·vadər]

criança (f) de colo	zuigeling (de)	['zœɣxəliŋ]
bebé (m)	wiegenkind (het)	['wixən·kint]
menino (m)	kleuter (de)	['kløtər]

mulher (f)	vrouw (de)	['vrau]
marido (m)	man (de)	[man]
esposo (m)	echtgenoot (de)	['ɛhtxənõt]
esposa (f)	echtgenote (de)	['ɛhtxənɔtə]

casado	gehuwd	[xə'hʉwt]
casada	gehuwd	[xə'hʉwt]
solteiro	ongehuwd	[ɔnhə'hʉwt]
solteirão (m)	vrijgezel (de)	[vrɛjxə'zɛl]
divorciado	gescheiden	[xə'sxɛjdən]
viúva (f)	weduwe (de)	['wedʉwə]
viúvo (m)	weduwnaar (de)	['wedʉwnãr]

parente (m)	familielid (het)	[fa'mililit]
parente (m) próximo	dichte familielid (het)	['dixtə fa'mililit]
parente (m) distante	verre familielid (het)	['vɛrə fa'mililit]
parentes (m pl)	familieleden	[fa'mili'ledən]

órfão (m), órfã (f)	wees (de), weeskind (het)	[wẽs], ['wẽskint]
tutor (m)	voogd (de)	[võxt]
adotar (um filho)	adopteren	[adɔp'terən]
adotar (uma filha)	adopteren	[adɔp'terən]

56. Amigos. Colegas de trabalho

amigo (m)	vriend (de)	[vrint]
amiga (f)	vriendin (de)	[vrin'din]
amizade (f)	vriendschap (de)	['vrintsxap]
ser amigos	bevriend zijn	[bə'vrint zɛjn]

amigo (m)	makker (de)	['makər]
amiga (f)	vriendin (de)	[vrin'din]
parceiro (m)	partner (de)	['partnər]

| chefe (m) | chef (de) | [ʃɛf] |
| superior (m) | baas (de) | [bãs] |

proprietário (m)	eigenaar (de)	['ɛjxənãr]
subordinado (m)	ondergeschikte (de)	['ɔndərxə'sxiktə]
colega (m)	collega (de)	[kɔ'lexa]

conhecido (m)	kennis (de)	['kɛnis]
companheiro (m) de viagem	medereiziger (de)	['medə·'rɛjzixər]
colega (m) de classe	klasgenoot (de)	['klas·xənõt]

vizinho (m)	buurman (de)	['būrman]
vizinha (f)	buurvrouw (de)	['būrvrau]
vizinhos (pl)	buren	['bʉrən]

57. Homem. Mulher

mulher (f)	vrouw (de)	['vrau]
rapariga (f)	meisje (het)	['mɛjɕə]
noiva (f)	bruid (de)	['brœɤd]

bonita	mooi, mooie	[mõj], ['mõjə]
alta	groot, grote	[xrõt], ['xrɔtə]
esbelta	slank, slanke	[slaŋk], ['slaŋkə]
de estatura média	korte, kleine	['kɔrtə], ['klɛjnə]

| loura (f) | blondine (de) | [blɔn'dinə] |
| morena (f) | brunette (de) | [brʉ'netə] |

de senhora	dames-	['daməs]
virgem (f)	maagd (de)	[mãxt]
grávida	zwanger	['zwaŋər]

homem (m)	man (de)	[man]
louro (m)	blonde man (de)	['blɔndə man]
moreno (m)	bruinharige man (de)	['brœɤn 'harixə man]
alto	groot	[xrõt]
de estatura média	klein	[klɛjn]

rude	onbeleefd	[ɔnbə'lēft]
atarracado	gedrongen	[xə'drɔŋə]
robusto	robuust	[rɔ'būst]
forte	sterk	[stɛrk]
força (f)	sterkte (de)	['stɛrktə]

gordo	mollig	['mɔləx]
moreno	getaand	[xə'tãnt]
esbelto	slank	[slaŋk]
elegante	elegant	[ɛle'xant]

58. Idade

idade (f)	leeftijd (de)	['lēftɛjt]
juventude (f)	jeugd (de)	[øxt]
jovem	jong	[joŋ]

| mais novo | jonger | ['joŋər] |
| mais velho | ouder | ['audər] |

jovem (m)	jongen (de)	['joŋən]
adolescente (m)	tiener, adolescent (de)	['tinər], [adɔlɛ'sɛnt]
rapaz (m)	kerel (de)	['kerɛl]

| velho (m) | oude man (de) | ['audə man] |
| velhota (f) | oude vrouw (de) | ['audə 'vrau] |

adulto	volwassen	[vɔl'wasən]
de meia-idade	van middelbare leeftijd	[van 'midəlbarə 'lēftɛjt]
idoso, de idade	bejaard	[bɛ'jārt]
velho	oud	['aut]

reforma (f)	pensioen (het)	[pɛn'ʃun]
reformar-se (vr)	met pensioen gaan	[mɛt pɛn'ʃun xān]
reformado (m)	gepensioneerde (de)	[xəpɛnʃə'nērdə]

59. Crianças

criança (f)	kind (het)	[kint]
crianças (f pl)	kinderen	['kindərən]
gémeos (m pl)	tweeling (de)	['twēliŋ]

berço (m)	wieg (de)	[wix]
guizo (m)	rammelaar (de)	['ramɛlār]
fralda (f)	luier (de)	['lœɣər]

chupeta (f)	speen (de)	[spēn]
carrinho (m) de bebé	kinderwagen (de)	['kindər·'waxən]
jardim (m) de infância	kleuterschool (de)	['kløtər·sxōl]
babysitter (f)	babysitter (de)	['bɛjbisitər]

infância (f)	kindertijd (de)	['kindər·tɛjt]
boneca (f)	pop (de)	[pɔp]
brinquedo (m)	speelgoed (het)	['spēl·xut]
jogo (m) de armar	bouwspeelgoed (het)	['bau·'spēlxut]

bem-educado	welopgevoed	[wɛl'ɔpxəvut]
mal-educado	onopgevoed	[ɔn'ɔpxəvut]
mimado	verwend	[vər'wɛnt]

ser travesso	stout zijn	['staut zɛjn]
travesso, traquinas	stout	['staut]
travessura (f)	stoutheid (de)	['stauthɛjt]
criança (f) travessa	stouterd (de)	['stautərt]

| obediente | gehoorzaam | [xə'hōrzām] |
| desobediente | ongehoorzaam | [ɔnxə'hōrzām] |

dócil	braaf	[brāf]
inteligente	slim	[slim]
menino (m) prodígio	wonderkind (het)	['wɔndərkint]

60. Casais. Vida de família

beijar (vt)	kussen	['kʉsən]
beijar-se (vr)	elkaar kussen	[ɛl'kãr 'kʉsən]
família (f)	gezin (het)	[xə'zin]
familiar	gezins-	[xə'zins]
casal (m)	paar (het)	[pãr]
matrimónio (m)	huwelijk (het)	['hʉwələk]
lar (m)	thuis (het)	['tœʏs]
dinastia (f)	dynastie (de)	[dinas'ti]

encontro (m)	date (de)	[dɛt]
beijo (m)	zoen (de)	[zun]

amor (m)	liefde (de)	['lifdə]
amar (vt)	liefhebben	['lifhɛbən]
amado, querido	geliefde	[xə'lifdə]

ternura (f)	tederheid (de)	['tedərhɛjt]
terno, afetuoso	teder	['tedər]
fidelidade (f)	trouw (de)	['trau]
fiel	trouw	['trau]
cuidado (m)	zorg (de)	[zɔrx]
carinhoso	zorgzaam	['zɔrxzãm]

recém-casados (m pl)	jonggehuwden	[jɔŋhə·'hʉwdən]
lua de mel (f)	wittebroodsweken	['witəbrõts·'wekən]
casar-se (com um homem)	trouwen	['trauən]
casar-se (com uma mulher)	trouwen	['trauən]

boda (f)	bruiloft (de)	['brœʏlɔft]
bodas (f pl) de ouro	gouden bruiloft (de)	['xaudən 'brœʏlɔft]
aniversário (m)	verjaardag (de)	[vər'jãr·dax]

amante (m)	minnaar (de)	['minãr]
amante (f)	minnares (de)	['minarɛs]

ciumento	jaloers	[ja'lurs]
ser ciumento	jaloers zijn	[ja'lurs zɛjn]
divórcio (m)	echtscheiding (de)	['ɛxtsxɛjdiŋ]
divorciar-se (vr)	scheiden	['sxɛjdən]

brigar (discutir)	ruzie hebben	['rʉzi 'hɛbən]
fazer as pazes	vrede sluiten	['vredə 'slœʏtən]
juntos	samen	['samən]
sexo (m)	seks (de)	[sɛks]

felicidade (f)	geluk (het)	[xə'lʉk]
feliz	gelukkig	[xə'lʉkəx]
infelicidade (f)	ongeluk (het)	['ɔnxəlʉk]
infeliz	ongelukkig	[ɔnxə'lʉkəx]

Caráter. Sentimentos. Emoções

61. Sentimentos. Emoções

sentimento (m)	gevoel (het)	[xə'vul]
sentimentos (m pl)	gevoelens	[xə'vuləns]
sentir (vt)	voelen	['vulən]
fome (f)	honger (de)	['hɔŋər]
ter fome	honger hebben	['hɔŋər 'hɛbən]
sede (f)	dorst (de)	[dɔrst]
ter sede	dorst hebben	[dɔrst 'hɛbən]
sonolência (f)	slaperigheid (de)	['slapərəxhɛjt]
estar sonolento	willen slapen	['wilən 'slapən]
cansaço (m)	moeheid (de)	['muhɛjt]
cansado	moe	[mu]
ficar cansado	vermoeid raken	[vər'mujt 'rakən]
humor (m)	stemming (de)	['stɛmiŋ]
tédio (m)	verveling (de)	[vər'veliŋ]
aborrecer-se (vr)	zich vervelen	[zix vər'velən]
isolamento (m)	afzondering (de)	['afsɔndəriŋ]
isolar-se	zich afzonderen	[zix 'afsɔnderən]
preocupar (vt)	bezorgd maken	[bə'zɔrxt 'makən]
preocupar-se (vr)	bezorgd zijn	[bə'zɔrxt zɛjn]
preocupação (f)	zorg (de)	[zɔrx]
ansiedade (f)	ongerustheid (de)	[ɔnxə'rusthɛjt]
preocupado	ongerust	[ɔnxə'rust]
estar nervoso	zenuwachtig zijn	['zenʉw·ahtəx zɛjn]
entrar em pânico	in paniek raken	[in pa'nik 'rakən]
esperança (f)	hoop (de)	[hōp]
esperar (vt)	hopen	['hɔpən]
certeza (f)	zekerheid (de)	['zekərhɛjt]
certo	zeker	['zekər]
indecisão (f)	onzekerheid (de)	[ɔn'zekərhɛjt]
indeciso	onzeker	[ɔn'zekər]
ébrio, bêbado	dronken	['drɔnkən]
sóbrio	nuchter	['nʉxtər]
fraco	zwak	[zwak]
feliz	gelukkig	[xə'lʉkəx]
assustar (vt)	doen schrikken	[dun 'sxrikən]
fúria (f)	toorn (de)	[tōrn]
ira, raiva (f)	woede (de)	['wudə]
depressão (f)	depressie (de)	[dep'rɛsi]
desconforto (m)	ongemak (het)	[ɔnxə'mak]

conforto (m)	gemak, comfort (het)	[xə'mak], [kɔm'fɔr]
arrepender-se (vr)	spijt hebben	[spɛjt 'hɛbən]
arrependimento (m)	spijt (de)	[spɛjt]
azar (m), má sorte (f)	pech (de)	[pɛx]
tristeza (f)	bedroefdheid (de)	[bə'druft hɛjt]

vergonha (f)	schaamte (de)	['sxāmtə]
alegria (f)	pret (de), plezier (het)	[prɛt], [plə'zir]
entusiasmo (m)	enthousiasme (het)	[ɛntusi'asmə]
entusiasta (m)	enthousiasteling (de)	[ɛntusi'astəliŋ]
mostrar entusiasmo	enthousiasme vertonen	[ɛntusi'asmə vər'tɔnən]

62. Caráter. Personalidade

caráter (m)	karakter (het)	[ka'raktər]
falha (f) de caráter	karakterfout (de)	[ka'raktər·'faut]
mente (f)	verstand (het)	[vər'stant]
razão (f)	rede (de)	['redə]

consciência (f)	geweten (het)	[xə'wetən]
hábito (m)	gewoonte (de)	[xə'wōntə]
habilidade (f)	bekwaamheid (de)	[bək'wāmhɛjt]
saber (~ nadar, etc.)	kunnen	['kunən]

paciente	geduldig	[xə'duldəx]
impaciente	ongeduldig	[ɔnxə'duldəx]
curioso	nieuwsgierig	[niu'sxirəx]
curiosidade (f)	nieuwsgierigheid (de)	[niu'sxirəxɛjt]

modéstia (f)	bescheidenheid (de)	[bə'sxɛjdənhɛjt]
modesto	bescheiden	[bə'sxɛjdən]
imodesto	onbescheiden	[ɔnbə'sxɛjdən]

preguiça (f)	luiheid (de)	['lœɣhɛjt]
preguiçoso	lui	['lœɣ]
preguiçoso (m)	luiwammes (de)	['lœɣwaməs]

astúcia (f)	sluwheid (de)	['sluwhɛjt]
astuto	sluw	[sluw]
desconfiança (f)	wantrouwen (het)	['wantrauvən]
desconfiado	wantrouwig	['wantrauvəx]

generosidade (f)	gulheid (de)	['xulhɛjt]
generoso	gul	[xjul]
talentoso	talentrijk	[ta'lɛntrɛjk]
talento (m)	talent (het)	[ta'lɛnt]

corajoso	moedig	['mudəx]
coragem (f)	moed (de)	[mut]
honesto	eerlijk	['ērlək]
honestidade (f)	eerlijkheid (de)	['ērləkhɛjt]

| prudente | voorzichtig | [võr'zihtəx] |
| valente | manhaftig | [man'xaftəh] |

| sério | ernstig | ['ɛrnstəx] |
| severo | streng | [strɛŋ] |

decidido	resoluut	[rezɔ'lũt]
indeciso	onzeker, irresoluut	[ɔn'zekər], [irezɔ'lũt]
tímido	schuchter	['sxʉxtər]
timidez (f)	schuchterheid (de)	['sxʉxtərxɛjt]

confiança (f)	vertrouwen (het)	[vər'trauwən]
confiar (vt)	vertrouwen	[vər'trauwən]
crédulo	goedgelovig	[xutxə'lovəx]

sinceramente	oprecht	[ɔp'rɛxt]
sincero	oprecht	[ɔp'rɛxt]
sinceridade (f)	oprechtheid (de)	[ɔp'rɛxtxɛjt]
aberto	open	['ɔpən]

calmo	rustig	['rʉstəx]
franco	openhartig	[ɔpən'hartəx]
ingénuo	naïef	[na'if]
distraído	verstrooid	[vər'strõjt]
engraçado	leuk, grappig	['løk], ['xrapəx]

ganância (f)	gierigheid (de)	['xirəxhɛjt]
ganancioso	gierig	['xirəx]
avarento	inhalig	[in'haləx]
mau	kwaad	['kwãt]
teimoso	koppig	['kɔpəx]
desagradável	onaangenaam	[ɔ'nãnxənãm]

egoísta (m)	egoïst (de)	[ɛxɔ'ist]
egoísta	egoïstisch	[ɛxɔ'istis]
cobarde (m)	lafaard (de)	['lafãrt]
cobarde	laf	[laf]

63. O sono. Sonhos

dormir (vi)	slapen	['slapən]
sono (m)	slaap (de)	[slãp]
sonho (m)	droom (de)	[drõm]
sonhar (vi)	dromen	['drɔmən]
sonolento	slaperig	['slapərəx]

cama (f)	bed (het)	[bɛt]
colchão (m)	matras (de)	[ma'tras]
cobertor (m)	deken (de)	['dekən]
almofada (f)	kussen (het)	['kʉsən]
lençol (m)	laken (het)	['lakən]

insónia (f)	slapeloosheid (de)	['slapəlõshɛjt]
insone	slapeloos	['slapəlõs]
sonífero (m)	slaapmiddel (het)	['slãp·midəl]
tomar um sonífero	slaapmiddel innemen	['slãpmidəl 'innemən]
estar sonolento	willen slapen	['wilən 'slapən]

bocejar (vi)	geeuwen	['xɛuwən]
ir para a cama	gaan slapen	[xān 'slapən]
fazer a cama	het bed opmaken	[ət bɛt 'ɔpmakən]
adormecer (vi)	inslapen	['inslapən]

pesadelo (m)	nachtmerrie (de)	['naxtmɛri]
ronco (m)	gesnurk (het)	[xə'snurk]
roncar (vi)	snurken	['snurkən]

despertador (m)	wekker (de)	['wɛkər]
acordar, despertar (vt)	wekken	['wɛkən]
acordar (vi)	wakker worden	['wakər 'vɔrdən]
levantar-se (vr)	opstaan	['ɔpstān]
lavar-se (vr)	zich wassen	[zix 'wasən]

64. Humor. Riso. Alegria

humor (m)	humor (de)	['hʉmɔr]
sentido (m) de humor	gevoel (het) voor humor	[xə'vul vōr 'hʉmɔr]
divertir-se (vr)	plezier hebben	[plɛ'zir 'hɛbən]
alegre	vrolijk	['vrɔlək]
alegria (f)	pret (de), plezier (het)	[prɛt], [plə'zir]

sorriso (m)	glimlach (de)	['xlimlah]
sorrir (vi)	glimlachen	['xlimlahən]
começar a rir	beginnen te lachen	[bə'xinən tə 'lahən]
rir (vi)	lachen	['laxən]
riso (m)	lach (de)	[lax]

anedota (f)	mop (de)	[mɔp]
engraçado	grappig	['xrapəx]
ridículo	grappig	['xrapəx]

brincar, fazer piadas	grappen maken	['xrapən 'makən]
piada (f)	grap (de)	[xrap]
alegria (f)	blijheid (de)	['blɛjhɛjt]
regozijar-se (vr)	blij zijn	[blɛj zɛjn]
alegre	blij	[blɛj]

65. Discussão, conversação. Parte 1

| comunicação (f) | communicatie (de) | [kɔmʉni'katsi] |
| comunicar-se (vr) | communiceren | [kɔmʉni'serən] |

conversa (f)	conversatie (de)	[kɔnvər'satsi]
diálogo (m)	dialoog (de)	[dia'lōx]
discussão (f)	discussie (de)	[dis'kʉsi]
debate (m)	debat (het)	[de'bat]
debater (vt)	debatteren, twisten	[deba'terən], ['twistən]

| interlocutor (m) | gesprekspartner (de) | [xə'sprɛks·'partnər] |
| tema (m) | thema (het) | ['tema] |

ponto (m) de vista	standpunt (het)	['stant·punt]
opinião (f)	mening (de)	['meniŋ]
discurso (m)	toespraak (de)	['tusprāk]

discussão (f)	bespreking (de)	[bə'sprekiŋ]
discutir (vt)	bespreken	[bə'sprekən]
conversa (f)	gesprek (het)	[xə'sprɛk]
conversar (vi)	spreken	['sprekən]
encontro (m)	ontmoeting (de)	[ɔnt'mutiŋ]
encontrar-se (vr)	ontmoeten	[ɔnt'mutən]

provérbio (m)	spreekwoord (het)	['sprēk·wōrt]
ditado (m)	gezegde (het)	[xə'zɛxdə]
adivinha (f)	raadsel (het)	['rātsəl]
dizer uma adivinha	een raadsel opgeven	[en 'rātsəl 'ɔpxevən]
senha (f)	wachtwoord (het)	['waxt·wōrt]
segredo (m)	geheim (het)	[xə'hɛjm]

juramento (m)	eed (de)	[ēd]
jurar (vi)	zweren	['zwerən]
promessa (f)	belofte (de)	[bə'lɔftə]
prometer (vt)	beloven	[bə'lɔvən]

conselho (m)	advies (het)	[at'vis]
aconselhar (vt)	adviseren	[atvi'zirən]
seguir o conselho	advies volgen	[at'vis 'vɔlxən]
escutar (~ os conselhos)	luisteren	['lœystərən]

novidade, notícia (f)	nieuws (het)	['nius]
sensação (f)	sensatie (de)	[sɛn'satsi]
informação (f)	informatie (de)	[infɔr'matsi]
conclusão (f)	conclusie (de)	[kɔn'kluzi]
voz (f)	stem (de)	[stɛm]
elogio (m)	compliment (het)	[kɔmpli'mɛnt]
amável	vriendelijk	['vrindələk]

palavra (f)	woord (het)	[wōrt]
frase (f)	zin (de), zinsdeel (het)	[zin], ['zinsdēl]
resposta (f)	antwoord (het)	['antwōrt]

| verdade (f) | waarheid (de) | ['wārhɛjt] |
| mentira (f) | leugen (de) | ['løxən] |

pensamento (m)	gedachte (de)	[xə'dahtə]
ideia (f)	idee (de/het)	[i'dē]
fantasia (f)	fantasie (de)	[fanta'zi]

66. Discussão, conversação. Parte 2

estimado	gerespecteerd	[xərɛspɛk'tērt]
respeitar (vt)	respecteren	[rɛspɛk'terən]
respeito (m)	respect (het)	[rɛ'spɛkt]
Estimado ..., Caro ...	Geachte ...	[xe'ahtə]
apresentar (vt)	voorstellen	['vōrstɛlən]

travar conhecimento	kennismaken	['kɛnis·makən]
intenção (f)	intentie (de)	[in'tɛntsi]
tencionar (vt)	intentie hebben	[in'tɛntsi 'hɛbən]
desejo (m)	wens (de)	[wɛns]
desejar (ex. ~ boa sorte)	wensen	['wɛnsən]

surpresa (f)	verbazing (de)	[vər'baziŋ]
surpreender (vt)	verbazen	[vər'bazən]
surpreender-se (vr)	verbaasd zijn	[vər'bāst zɛjn]

dar (vt)	geven	['xevən]
pegar (tomar)	nemen	['nemən]
devolver (vt)	teruggeven	[te'rʉx·xevən]
retornar (vt)	retourneren	[retʉr'nerən]

desculpar-se (vr)	zich verontschuldigen	[zih vərɔnt'sxʉldəxən]
desculpa (f)	verontschuldiging (de)	[vərɔnt'sxʉldəxiŋ]
perdoar (vt)	vergeven	[vər'xevən]

falar (vi)	spreken	['sprekən]
escutar (vt)	luisteren	['lœʏsterən]
ouvir até o fim	aanhoren	['ānhɔrən]
compreender (vt)	begrijpen	[bə'xrɛjpən]

mostrar (vt)	tonen	['tɔnən]
olhar para ...	kijken naar ...	['kɛjkən nār]
chamar (dizer em voz alta o nome)	roepen	['rupən]
distrair (vt)	afleiden	['aflejdən]
perturbar (vt)	storen	['stɔrən]
entregar (~ em mãos)	doorgeven	[dōr'xevən]

pedido (m)	verzoek (het)	[vər'zuk]
pedir (ex. ~ ajuda)	verzoeken	[vər'zukən]
exigência (f)	eis (de)	[ɛjs]
exigir (vt)	eisen	['ɛjsən]

chamar nomes (vt)	beledigen	[bə'ledəxən]
zombar (vt)	uitlachen	['œʏtlaxən]
zombaria (f)	spot (de)	[spɔt]
alcunha (f)	bijnaam (de)	['bɛjnām]

insinuação (f)	zinspeling (de)	['zinspeliŋ]
insinuar (vt)	zinspelen	['zinspelən]
subentender (vt)	impliceren	[impli'serən]

descrição (f)	beschrijving (de)	[bəsx'rɛjviŋ]
descrever (vt)	beschrijven	[bəsx'rɛjvən]
elogio (m)	lof (de)	[lɔf]
elogiar (vt)	loven	['lɔvən]

desapontamento (m)	teleurstelling (de)	[tə'lørstɛliŋ]
desapontar (vt)	teleurstellen	[tə'lørstɛlən]
desapontar-se (vr)	teleurgesteld zijn	[tə'lørxɛstəlt zɛjn]
suposição (f)	veronderstelling (de)	[vərɔndər'stɛliŋ]
supor (vt)	veronderstellen	[vərɔndər'stɛlən]

| advertência (f) | waarschuwing (de) | ['wārsxjuviŋ] |
| advertir (vt) | waarschuwen | ['wārsxjuvən] |

67. Discussão, conversação. Parte 3

| convencer (vt) | aanpraten | ['ānpratən] |
| acalmar (vt) | kalmeren | [kal'merən] |

silêncio (o ~ é de ouro)	stilte (de)	['stiltə]
ficar em silêncio	zwijgen	['zwɛjxən]
sussurrar (vt)	fluisteren	['flœystərən]
sussurro (m)	gefluister (het)	[xə'flœystər]

| francamente | open, eerlijk | ['ɔpən], ['ērlək] |
| a meu ver ... | volgens mij ... | ['vɔlxəns mɛj] |

detalhe (~ da história)	detail (het)	[de'taj]
detalhado	gedetailleerd	[xədeta'jērt]
detalhadamente	gedetailleerd	[xədeta'jērt]

| dica (f) | hint (de) | [hint] |
| dar uma dica | een hint geven | [en hint 'xevən] |

olhar (m)	blik (de)	[blik]
dar uma vista de olhos	een kijkje nemen	[en 'kɛjkje 'nemən]
fixo (olhar ~)	strak	[strak]
piscar (vi)	knipperen	['kniperən]
pestanejar (vt)	knipogen	['knipɔxən]
acenar (com a cabeça)	knikken	['knikən]

suspiro (m)	zucht (de)	[zʉxt]
suspirar (vi)	zuchten	['zʉxtən]
estremecer (vi)	huiveren	['hœyvərən]
gesto (m)	gebaar (het)	[xə'bār]
tocar (com as mãos)	aanraken	['ānrakən]
agarrar (~ pelo braço)	grijpen	['xrɛjpən]
bater de leve	een schouderklopje geven	[en 'shaudər·'klɔpje 'xevən]

Cuidado!	Kijk uit!	[kɛjk œyt]
A sério?	Echt?	[ɛxt]
Boa sorte!	Succes!	[sʉk'sɛs]
Compreendi!	Juist, ja!	[jœyst ja]
Que pena!	Wat jammer!	[wat 'jamə]

68. Acordo. Recusa

consentimento (~ mútuo)	instemming (het)	['instɛmiŋ]
consentir (vi)	instemmen	['instɛmən]
aprovação (f)	goedkeuring (de)	[xut'køriŋ]
aprovar (vt)	goedkeuren	[xut'kørən]
recusa (f)	weigering (de)	['wɛjxəriŋ]
negar-se (vt)	weigeren	['wɛjxərən]

Está ótimo!	Geweldig!	[xə'wɛldəx]
Muito bem!	Goed!	[xut]
Está bem! De acordo!	Akkoord!	[a'kõrt]

proibido	verboden	[vər'bɔdən]
é proibido	het is verboden	[ət is vər'bɔdən]
é impossível	het is onmogelijk	[ət is ɔn'mɔxələk]
incorreto	onjuist	['ɔnjœyst]

rejeitar (~ um pedido)	afwijzen	['afwɛjzən]
apoiar (vt)	steunen	['stønən]
aceitar (desculpas, etc.)	aanvaarden	['ānvārdən]

confirmar (vt)	bevestigen	[bə'vɛstixən]
confirmação (f)	bevestiging (de)	[bə'vɛstixiŋ]
permissão (f)	toestemming (de)	['tustɛmiŋ]
permitir (vt)	toestaan	['tustān]
decisão (f)	beslissing (de)	[bə'slisiŋ]
não dizer nada	z'n mond houden	[zən mɔnt 'haudən]

condição (com uma ~)	voorwaarde (de)	['võrwārdə]
pretexto (m)	smoes (de)	[smus]
elogio (m)	lof (de)	[lɔf]
elogiar (vt)	loven	['lɔvən]

69. Sucesso. Boa sorte. Insucesso

êxito, sucesso (m)	succes (het)	[sʉk'sɛs]
com êxito	succesvol	[sʉk'sɛsvɔl]
bem sucedido	succesvol	[sʉk'sɛsvɔl]

| sorte (fortuna) | geluk (het) | [xə'lʉk] |
| Boa sorte! | Succes! | [sʉk'sɛs] |

| de sorte | geluks- | [xə'lʉks] |
| sortudo, felizardo | gelukkig | [xə'lʉkəx] |

fracasso (m)	mislukking (de)	[mis'lʉkiŋ]
pouca sorte (f)	tegenslag (de)	['texənslax]
azar (m), má sorte (f)	pech (de)	[pɛx]

| mal sucedido | zonder succes | ['zɔndər sʉk'sɛs] |
| catástrofe (f) | catastrofe (de) | [kata'strɔfə] |

orgulho (m)	fierheid (de)	['firhɛjt]
orgulhoso	fier	[fir]
estar orgulhoso	fier zijn	[fir zɛjn]

vencedor (m)	winnaar (de)	['winār]
vencer (vi)	winnen	['winən]
perder (vt)	verliezen	[vər'lizən]
tentativa (f)	poging (de)	['pɔxiŋ]
tentar (vt)	pogen, proberen	['pɔxən], [prɔ'berən]
chance (m)	kans (de)	[kans]

70. Conflitos. Emoções negativas

grito (m)	schreeuw (de)	[sxrēw]
gritar (vi)	schreeuwen	['sxrēwən]
começar a gritar	beginnen te schreeuwen	[bə'xinən tə 'sxrēwən]
discussão (f)	ruzie (de)	['rʉzi]
discutir (vt)	ruzie hebben	['rʉzi 'hɛbən]
escândalo (m)	schandaal (het)	[sxan'dāl]
criar escândalo	schandaal maken	[sxan'dāl 'makən]
conflito (m)	conflict (het)	[kɔn'flikt]
mal-entendido (m)	misverstand (het)	['misvərstant]
insulto (m)	belediging (de)	[bə'ledəxiŋ]
insultar (vt)	beledigen	[bə'ledəxən]
insultado	beledigd	[bə'ledəxt]
ofensa (f)	krenking (de)	['krenkiŋ]
ofender (vt)	krenken	['krenkən]
ofender-se (vr)	gekwetst worden	[xə'kwɛtst 'wɔrdən]
indignação (f)	verontwaardiging (de)	[vərɔnt'wārdixiŋ]
indignar-se (vr)	verontwaardigd zijn	[vərɔnt'wārdixt zɛjn]
queixa (f)	klacht (de)	[klaxt]
queixar-se (vr)	klagen	['klaxən]
desculpa (f)	verontschuldiging (de)	[vərɔnt'sxʉldəxiŋ]
desculpar-se (vr)	zich verontschuldigen	[zih vərɔnt'sxʉldəxən]
pedir perdão	excuus vragen	[ɛks'kūs 'vraxən]
crítica (f)	kritiek (de)	[kri'tik]
criticar (vt)	bekritiseren	[bəkriti'zerən]
acusação (f)	beschuldiging (de)	[bə'sxʉldəxiŋ]
acusar (vt)	beschuldigen	[bə'sxʉldəxən]
vingança (f)	wraak (de)	[wrāk]
vingar (vt)	wreken	['wrekən]
vingar-se (vr)	wraak nemen	[wrāk 'nemən]
desprezo (m)	minachting (de)	['minaxtiŋ]
desprezar (vt)	minachten	['minaxtən]
ódio (m)	haat (de)	[hāt]
odiar (vt)	haten	['hatən]
nervoso	zenuwachtig	['zenʉw·ahtəx]
estar nervoso	zenuwachtig zijn	['zenʉw·ahtəx zɛjn]
zangado	boos	[bōs]
zangar (vt)	boos maken	[bōs 'makən]
humilhação (f)	vernedering (de)	[vər'nedəriŋ]
humilhar (vt)	vernederen	[vər'nedərən]
humilhar-se (vr)	zich vernederen	[zix vər'nedərən]
choque (m)	schok (de)	[sxɔk]
chocar (vt)	schokken	['sxɔkən]
aborrecimento (m)	onaangenaamheid (de)	[ɔ'nānxənāmhɛjt]

desagradável	onaangenaam	[ɔ'nānxənām]
medo (m)	vrees (de)	[vrēs]
terrível (tempestade, etc.)	vreselijk	['vresələk]
assustador (ex. história ~a)	eng	[ɛŋ]
horror (m)	gruwel (de)	['xrʉwəl]
horrível (crime, etc.)	vreselijk	['vresələk]

começar a tremer	beginnen te beven	[bə'xinən tə 'bevən]
chorar (vi)	huilen	['hœylən]
começar a chorar	beginnen te huilen	[bə'xinən tə 'hœylən]
lágrima (f)	traan (de)	[trān]

falta (f)	schuld (de)	[sxʉlt]
culpa (f)	schuldgevoel (het)	['sxʉlt·xəvul]
desonra (f)	schande (de)	['sxandə]
protesto (m)	protest (het)	[prɔ'tɛst]
stresse (m)	stress (de)	[strɛs]

perturbar (vt)	storen	['stɔrən]
zangar-se com …	kwaad zijn	['kwāt zɛjn]
zangado	kwaad	['kwāt]
terminar (vt)	beëindigen	[be'ɛjndəxən]
praguejar	vloeken	['vlukən]

assustar-se	schrikken	['sxrikən]
golpear (vt)	slaan	[slān]
brigar (na rua, etc.)	vechten	['vɛxtən]

resolver (o conflito)	regelen	['rexələn]
descontente	ontevreden	[ɔntə'vredən]
furioso	woedend	['wudənt]

| Não está bem! | Dat is niet goed! | [dat is 'nit xut] |
| É mau! | Dat is slecht! | [dat is 'slɛxt] |

Medicina

71. Doenças

doença (f)	ziekte (de)	['ziktə]
estar doente	ziek zijn	[zik zɛjn]
saúde (f)	gezondheid (de)	[xə'zɔnthɛjt]
nariz (m) a escorrer	snotneus (de)	[snɔt'nøs]
amigdalite (f)	angina (de)	[an'xina]
constipação (f)	verkoudheid (de)	[vər'kauthɛjt]
constipar-se (vr)	verkouden raken	[vər'kaudən 'rakən]
bronquite (f)	bronchitis (de)	[brɔn'xitis]
pneumonia (f)	longontsteking (de)	['lɔŋ·ɔntstekiŋ]
gripe (f)	griep (de)	[xrip]
míope	bijziend	[bɛj'zint]
presbita	verziend	['vɛrzint]
estrabismo (m)	scheelheid (de)	['sxēlxɛjt]
estrábico	scheel	[sxēl]
catarata (f)	grauwe staar (de)	['xrauə stār]
glaucoma (m)	glaucoom (het)	[xlau'kōm]
AVC (m), apoplexia (f)	beroerte (de)	[bə'rurtə]
ataque (m) cardíaco	hartinfarct (het)	['hart·in'farkt]
enfarte (m) do miocárdio	myocardiaal infarct (het)	[miɔkardi'āl in'farkt]
paralisia (f)	verlamming (de)	[vər'lamiŋ]
paralisar (vt)	verlammen	[vər'lamən]
alergia (f)	allergie (de)	[alɛr'xi]
asma (f)	astma (de/het)	['astma]
diabetes (f)	diabetes (de)	[dia'betəs]
dor (f) de dentes	tandpijn (de)	['tand·pɛjn]
cárie (f)	tandbederf (het)	['tand·bə'dɛrf]
diarreia (f)	diarree (de)	[dia'rē]
prisão (f) de ventre	constipatie (de)	[kɔnsti'patsi]
desarranjo (m) intestinal	maagstoornis (de)	['māx·stōrnis]
intoxicação (f) alimentar	voedselvergiftiging (de)	['vudsəl·vər'xiftəxiŋ]
intoxicar-se	voedselvergiftiging oplopen	['vudsəl·vər'xiftəxiŋ 'ɔplɔpən]
artrite (f)	artritis (de)	[ar'tritis]
raquitismo (m)	rachitis (de)	[ra'xitis]
reumatismo (m)	reuma (het)	['røma]
arteriosclerose (f)	arteriosclerose (de)	[artɛriɔskle'rɔzə]
gastrite (f)	gastritis (de)	[xas'tritis]
apendicite (f)	blindedarmontsteking (de)	[blində'darm·ɔntstɛkiŋ]

70

colecistite (f)	galblaasontsteking (de)	['xalblaxāns·ɔnt'stɛkiŋ]
úlcera (f)	zweer (de)	[zwēr]
sarampo (m)	mazelen	['mazelən]
rubéola (f)	rodehond (de)	['rɔdehɔnt]
iterícia (f)	geelzucht (de)	['xēlzʉht]
hepatite (f)	leverontsteking (de)	['levər ɔnt'stekiŋ]
esquizofrenia (f)	schizofrenie (de)	[sxitsɔfrə'ni]
raiva (f)	dolheid (de)	['dɔlhɛjt]
neurose (f)	neurose (de)	['nø'rɔzə]
comoção (f) cerebral	hersenschudding (de)	['hɛrsən·sxjudiŋ]
cancro (m)	kanker (de)	['kankər]
esclerose (f)	sclerose (de)	[skle'rɔzə]
esclerose (f) múltipla	multiple sclerose (de)	['mʉltiplə skle'rɔzə]
alcoolismo (m)	alcoholisme (het)	[alkɔhɔ'lismə]
alcoólico (m)	alcoholicus (de)	[alkɔ'hɔlikʉs]
sífilis (f)	syfilis (de)	['sifilis]
SIDA (f)	AIDS (de)	[ets]
tumor (m)	tumor (de)	['tʉmɔr]
maligno	kwaadaardig	['kwāt·'ārdəx]
benigno	goedaardig	[xu'tārdəx]
febre (f)	koorts (de)	[kōrts]
malária (f)	malaria (de)	[ma'laria]
gangrena (f)	gangreen (het)	[xanx'rēn]
enjoo (m)	zeeziekte (de)	[zē·'ziktə]
epilepsia (f)	epilepsie (de)	[ɛpilɛp'si]
epidemia (f)	epidemie (de)	[ɛpidə'mi]
tifo (m)	tyfus (de)	['tifʉs]
tuberculose (f)	tuberculose (de)	[tʉbərkʉ'lɔzə]
cólera (f)	cholera (de)	['xɔləra]
peste (f)	pest (de)	[pɛst]

72. Sintomas. Tratamentos. Parte 1

sintoma (m)	symptoom (het)	[simp'tōm]
temperatura (f)	temperatuur (de)	[tɛmpəra'tūr]
febre (f)	verhoogde temperatuur (de)	[vər'hōxtə tɛmpəra'tūr]
pulso (m)	polsslag (de)	['pɔls·slax]
vertigem (f)	duizeling (de)	['dœʏzəliŋ]
quente (testa, etc.)	heet	[hēt]
calafrio (m)	koude rillingen	['kaudə 'riliŋən]
pálido	bleek	[blēk]
tosse (f)	hoest (de)	[hust]
tossir (vi)	hoesten	['hustən]
espirrar (vi)	niezen	['nizən]

| desmaio (m) | flauwte (de) | ['flautə] |
| desmaiar (vi) | flauwvallen | ['flauvalən] |

nódoa (f) negra	blauwe plek (de)	['blauə plɛk]
galo (m)	buil (de)	['bœyl]
magoar-se (vr)	zich stoten	[zix 'stɔtən]
pisadura (f)	kneuzing (de)	['knøziŋ]
aleijar-se (vr)	kneuzen	['knøzən]

coxear (vi)	hinken	['hinkən]
deslocação (f)	verstuiking (de)	[vər'stœykiŋ]
deslocar (vt)	verstuiken	[vər'stœykən]
fratura (f)	breuk (de)	['brøk]
fraturar (vt)	een breuk oplopen	[en 'brøk 'ɔplɔpən]

corte (m)	snijwond (de)	['snɛj·wɔnt]
cortar-se (vr)	zich snijden	[zix snɛjdən]
hemorragia (f)	bloeding (de)	['bludiŋ]

| queimadura (f) | brandwond (de) | ['brant·wɔnt] |
| queimar-se (vr) | zich branden | [zix 'brandən] |

picar (vt)	prikken	['prikən]
picar-se (vr)	zich prikken	[zix 'prikən]
lesionar (vt)	blesseren	[blɛ'serən]
lesão (m)	blessure (de)	[blɛ'sʉrə]
ferida (f), ferimento (m)	wond (de)	[wɔnt]
trauma (m)	trauma (het)	['trauma]

delirar (vi)	ijlen	['ɛjlən]
gaguejar (vi)	stotteren	['stɔtɛrən]
insolação (f)	zonnesteek (de)	['zɔnə·stēk]

73. Sintomas. Tratamentos. Parte 2

| dor (f) | pijn (de) | [pɛjn] |
| farpa (no dedo) | splinter (de) | ['splintər] |

suor (m)	zweet (het)	['zwēt]
suar (vi)	zweten	['zwetən]
vómito (m)	braking (de)	['brakiŋ]
convulsões (f pl)	stuiptrekkingen	['stœyp·'trɛkiŋən]

grávida	zwanger	['zwaŋər]
nascer (vi)	geboren worden	[xə'bɔrən 'wɔrdən]
parto (m)	geboorte (de)	[xə'bōrtə]
dar à luz	baren	['barən]
aborto (m)	abortus (de)	[a'bɔrtʉs]

respiração (f)	ademhaling (de)	['adəmhaliŋ]
inspiração (f)	inademing (de)	['inademiŋ]
expiração (f)	uitademing (de)	['œytademiŋ]
expirar (vi)	uitademen	['œytademən]
inspirar (vi)	inademen	['inademən]

inválido (m)	invalide (de)	[inva'lidə]
aleijado (m)	gehandicapte (de)	[hə'handikaptə]
toxicodependente (m)	drugsverslaafde (de)	['druks·vər'slāfdə]
surdo	doof	[dōf]
mudo	stom	[stɔm]
surdo-mudo	doofstom	[dōf·'stɔm]
louco (adj.)	krankzinnig	[kraŋk'sinəx]
louco (m)	krankzinnige (de)	[kraŋk'sinəxə]
louca (f)	krankzinnige (de)	[kraŋk'sinəxə]
ficar louco	krankzinnig worden	[kraŋk'sinəx 'wɔrdən]
gene (m)	gen (het)	[xen]
imunidade (f)	immuniteit (de)	[imʉni'tɛjt]
hereditário	erfelijk	['ɛrfələk]
congénito	aangeboren	['ānxəbɔrən]
vírus (m)	virus (het)	['virʉs]
micróbio (m)	microbe (de)	[mik'rɔbə]
bactéria (f)	bacterie (de)	[bak'teri]
infeção (f)	infectie (de)	[in'fɛksi]

74. Sintomas. Tratamentos. Parte 3

hospital (m)	ziekenhuis (het)	['zikən·hœys]
paciente (m)	patiënt (de)	[pasi'ent]
diagnóstico (m)	diagnose (de)	[diax'nɔzə]
cura (f)	genezing (de)	[xə'neziŋ]
tratamento (m) médico	medische behandeling (de)	['mɛdisə bə'handəliŋ]
curar-se (vr)	onder behandeling zijn	['ɔndər bə'handəliŋ zɛjn]
tratar (vt)	behandelen	[bə'handələn]
cuidar (pessoa)	zorgen	['zɔrxən]
cuidados (m pl)	ziekenzorg (de)	['zikən·zɔrx]
operação (f)	operatie (de)	[ɔpe'ratsi]
enfaixar (vt)	verbinden	[vər'bindən]
enfaixamento (m)	verband (het)	[vər'bant]
vacinação (f)	vaccin (het)	[vaksən]
vacinar (vt)	inenten	['inɛntən]
injeção (f)	injectie (de)	[inj'eksi]
dar uma injeção	een injectie geven	[ɛn inj'eksi 'xɛvən]
ataque (~ de asma, etc.)	aanval (de)	['ānval]
amputação (f)	amputatie (de)	[ampʉ'tatsi]
amputar (vt)	amputeren	[ampʉ'terən]
coma (f)	coma (het)	['kɔma]
estar em coma	in coma liggen	[in 'kɔma 'lixən]
reanimação (f)	intensieve zorg, ICU (de)	[intən'sivə zɔrx], [isɛ'ju]
recuperar-se (vr)	zich herstellen	[zix hɛr'ʃtɛlən]
estado (~ de saúde)	toestand (de)	['tustant]

| consciência (f) | bewustzijn (het) | [bə'wʉstsɛjn] |
| memória (f) | geheugen (het) | [xə'høxən] |

tirar (vt)	trekken	['trɛkən]
chumbo (m), obturação (f)	vulling (de)	['vʉliŋ]
chumbar, obturar (vt)	vullen	['vʉlən]

| hipnose (f) | hypnose (de) | ['hipnɔzə] |
| hipnotizar (vt) | hypnotiseren | [hipnɔti'zerən] |

75. Médicos

médico (m)	dokter, arts (de)	['dɔktər], [arts]
enfermeira (f)	ziekenzuster (de)	['zikən·zʉstər]
médico (m) pessoal	lijfarts (de)	['lɛjf·arts]

dentista (m)	tandarts (de)	['tand·arts]
oculista (m)	oogarts (de)	['ōx·arts]
terapeuta (m)	therapeut (de)	[tera'pøt]
cirurgião (m)	chirurg (de)	[ʃi'rʉrx]

psiquiatra (m)	psychiater (de)	[psixi'atər]
pediatra (m)	pediater (de)	[pedi'atər]
psicólogo (m)	psycholoog (de)	[psihɔ'lōx]
ginecologista (m)	gynaecoloog (de)	[xinekɔ'lōx]
cardiologista (m)	cardioloog (de)	[kardiɔ'lōx]

76. Medicina. Drogas. Acessórios

medicamento (m)	geneesmiddel (het)	[xə'nēsmidəl]
remédio (m)	middel (het)	['midəl]
receitar (vt)	voorschrijven	['vōrsxrɛjvən]
receita (f)	recept (het)	[re'sɛpt]

comprimido (m)	tablet (de/het)	[tab'lɛt]
pomada (f)	zalf (de)	[zalf]
ampola (f)	ampul (de)	[am'pʉl]
preparado (m)	drank (de)	[drank]
xarope (m)	siroop (de)	[si'rōp]
cápsula (f)	pil (de)	[pil]
remédio (m) em pó	poeder (de/het)	['pudər]

ligadura (f)	verband (het)	[vər'bant]
algodão (m)	watten	['watən]
iodo (m)	jodium (het)	['jodijum]

penso (m) rápido	pleister (de)	['plɛjstər]
conta-gotas (m)	pipet (de)	[pi'pɛt]
termómetro (m)	thermometer (de)	['tɛrmɔmetər]
seringa (f)	spuit (de)	['spœyt]
cadeira (f) de rodas	rolstoel (de)	['rɔl·stul]
muletas (f pl)	krukken	['krʉkən]

analgésico (m)	pijnstiller (de)	['pɛjn·stilər]
laxante (m)	laxeermiddel (het)	[la'ksēr·midəl]
álcool (m) etílico	spiritus (de)	['spiritʉs]
ervas (f pl) medicinais	medicinale kruiden	[mɛdisi'nalə krœʏdən]
de ervas (chá ~)	kruiden-	['krœʏdən]

77. Fumar. Produtos tabágicos

tabaco (m)	tabak (de)	[ta'bak]
cigarro (m)	sigaret (de)	[sixa'rɛt]
charuto (m)	sigaar (de)	[si'xār]
cachimbo (m)	pijp (de)	[pɛjp]
maço (~ de cigarros)	pakje (het)	['pakjə]

fósforos (m pl)	lucifers	['lʉsifərs]
caixa (f) de fósforos	luciferdoosje (het)	['lʉsifər·'dōɕə]
isqueiro (m)	aansteker (de)	['ānstekər]
cinzeiro (m)	asbak (de)	['asbak]
cigarreira (f)	sigarettendoosje (het)	[sixa'rɛtən·'dōɕə]

| boquilha (f) | sigarettenpijpje (het) | [sixa'rɛtən·'pɛjpjə] |
| filtro (m) | filter (de/het) | ['filtər] |

fumar (vi, vt)	roken	['rɔkən]
acender um cigarro	een sigaret opsteken	[en sixa'rɛt 'ɔpstekən]
tabagismo (m)	roken (het)	['rɔkən]
fumador (m)	roker (de)	['rɔkər]

beata (f)	peuk (de)	['pøk]
fumo (m)	rook (de)	[rōk]
cinza (f)	as (de)	[as]

75

HABITAT HUMANO

Cidade

78. Cidade. Vida na cidade

cidade (f)	stad (de)	[stat]
capital (f)	hoofdstad (de)	['hōft·stat]
aldeia (f)	dorp (het)	[dɔrp]
mapa (m) da cidade	plattegrond (de)	['platə·xrɔnt]
centro (m) da cidade	centrum (het)	['sɛntrʉm]
subúrbio (m)	voorstad (de)	['vōrstat]
suburbano	voorstads-	['vōrstats]
periferia (f)	randgemeente (de)	['rant·xəmēntə]
arredores (m pl)	omgeving (de)	[ɔm'xeviŋ]
quarteirão (m)	blok (het)	[blɔk]
quarteirão (m) residencial	woonwijk (de)	['wōnvɛjk]
tráfego (m)	verkeer (het)	[vər'kēr]
semáforo (m)	verkeerslicht (het)	[vər'kērs·lixt]
transporte (m) público	openbaar vervoer (het)	[ɔpən'bār vər'vur]
cruzamento (m)	kruispunt (het)	['krœys·pynt]
passadeira (f)	zebrapad (het)	['zɛbra·pat]
passagem (f) subterrânea	onderdoorgang (de)	['ɔndər·'dōrxaŋ]
cruzar, atravessar (vt)	oversteken	[ɔvər'stekən]
peão (m)	voetganger (de)	['vutxaŋər]
passeio (m)	trottoir (het)	[trɔtu'ar]
ponte (f)	brug (de)	[brʉx]
margem (f) do rio	dijk (de)	[dɛjk]
fonte (f)	fontein (de)	[fɔn'tɛjn]
alameda (f)	allee (de)	[a'lē]
parque (m)	park (het)	[park]
bulevar (m)	boulevard (de)	[bulə'var]
praça (f)	plein (het)	[plɛjn]
avenida (f)	laan (de)	[lān]
rua (f)	straat (de)	[strāt]
travessa (f)	zijstraat (de)	['zɛj·strāt]
beco (m) sem saída	doodlopende straat (de)	[dōd'lɔpəndə strāt]
casa (f)	huis (het)	['hœys]
edifício, prédio (m)	gebouw (het)	[xə'bau]
arranha-céus (m)	wolkenkrabber (de)	['wɔlkən·'krabər]
fachada (f)	gevel (de)	['xevəl]
telhado (m)	dak (het)	[dak]

janela (f)	venster (het)	['vɛnstər]
arco (m)	boog (de)	[bōx]
coluna (f)	pilaar (de)	[pi'lār]
esquina (f)	hoek (de)	[huk]

montra (f)	vitrine (de)	[vit'rinə]
letreiro (m)	gevelreclame (de)	['xevəl·re'klamə]
cartaz (m)	affiche (de/het)	[a'fiʃə]
cartaz (m) publicitário	reclameposter (de)	[re'klamə·'pɔstər]
painel (m) publicitário	aanplakbord (het)	['ānplak·'bɔrt]

lixo (m)	vuilnis (de/het)	['vœʏlnis]
cesta (f) do lixo	vuilnisbak (de)	['vœʏlnis·bak]
jogar lixo na rua	afval weggooien	['afval 'wɛxōjən]
aterro (m) sanitário	stortplaats (de)	['stɔrt·plāts]

cabine (f) telefónica	telefooncel (de)	[telə'fōn·səl]
candeeiro (m) de rua	straatlicht (het)	['strāt·lixt]
banco (m)	bank (de)	[bank]

polícia (m)	politieagent (de)	[pɔ'litsi·a'xɛnt]
polícia (instituição)	politie (de)	[pɔ'litsi]
mendigo (m)	zwerver (de)	['zwɛrvər]
sem-abrigo (m)	dakloze (de)	[dak'lozə]

79. Instituições urbanas

loja (f)	winkel (de)	['winkəl]
farmácia (f)	apotheek (de)	[apɔ'tēk]
ótica (f)	optiek (de)	[ɔp'tik]
centro (m) comercial	winkelcentrum (het)	['winkəl·'sɛntrʉm]
supermercado (m)	supermarkt (de)	['sʉpərmarkt]

padaria (f)	bakkerij (de)	['bakərɛj]
padeiro (m)	bakker (de)	['bakər]
pastelaria (f)	banketbakkerij (de)	[ban'ket·bakə'rɛj]
mercearia (f)	kruidenier (de)	[krœʏdə'nir]
talho (m)	slagerij (de)	[slaxə'rɛj]

| loja (f) de legumes | groentewinkel (de) | ['xruntə·'winkəl] |
| mercado (m) | markt (de) | [markt] |

café (m)	koffiehuis (het)	['kɔfi·hœʏs]
restaurante (m)	restaurant (het)	[rɛstɔ'rant]
bar (m), cervejaria (f)	bar (de)	[bar]
pizzaria (f)	pizzeria (de)	[pitsə'rija]

salão (m) de cabeleireiro	kapperssalon (de/het)	['kapərs·sa'lɔn]
correios (m pl)	postkantoor (het)	[pɔst·kan'tōr]
lavandaria (f)	stomerij (de)	[stɔmɛ'rɛj]
estúdio (m) fotográfico	fotostudio (de)	[fotɔ·'stʉdio]

| sapataria (f) | schoenwinkel (de) | ['sxun·'winkəl] |
| livraria (f) | boekhandel (de) | ['bukən·'handəl] |

loja (f) de artigos de desporto	sportwinkel (de)	['spɔrt·'winkəl]
reparação (f) de roupa	kledingreparatie (de)	['klediŋ·repa'ratsi]
aluguer (m) de roupa	kledingverhuur (de)	['klediŋ·vər'hūr]
aluguer (m) de filmes	videotheek (de)	[video'tēk]
circo (m)	circus (de/het)	['sirkʉs]
jardim (m) zoológico	dierentuin (de)	['dīrən·tœʏn]
cinema (m)	bioscoop (de)	[biɔ'skōp]
museu (m)	museum (het)	[mʉ'zejum]
biblioteca (f)	bibliotheek (de)	[bibliɔ'tēk]
teatro (m)	theater (het)	[te'atər]
ópera (f)	opera (de)	['ɔpəra]
clube (m) noturno	nachtclub (de)	['naxt·klʉp]
casino (m)	casino (het)	[ka'sinɔ]
mesquita (f)	moskee (de)	[mɔs'kē]
sinagoga (f)	synagoge (de)	[sina'xɔxə]
catedral (f)	kathedraal (de)	[kate'drāl]
templo (m)	tempel (de)	['tɛmpəl]
igreja (f)	kerk (de)	[kɛrk]
instituto (m)	instituut (het)	[insti'tūt]
universidade (f)	universiteit (de)	[junivɛrsi'tɛjt]
escola (f)	school (de)	[sxōl]
prefeitura (f)	gemeentehuis (het)	[xə'mēntə·hœʏs]
câmara (f) municipal	stadhuis (het)	['stat·hœʏs]
hotel (m)	hotel (het)	[hɔ'tɛl]
banco (m)	bank (de)	[bank]
embaixada (f)	ambassade (de)	[amba'sadə]
agência (f) de viagens	reisbureau (het)	[rɛjs·bʉ'rɔ]
agência (f) de informações	informatieloket (het)	[infor'matsi·lɔ'kɛt]
casa (f) de câmbio	wisselkantoor (het)	['wisəl·kan'tōr]
metro (m)	metro (de)	['metrɔ]
hospital (m)	ziekenhuis (het)	['zikən·hœʏs]
posto (m) de gasolina	benzinestation (het)	[bɛn'zinə·sta'tsjɔn]
parque (m) de estacionamento	parking (de)	['parkiŋ]

80. Sinais

letreiro (m)	gevelreclame (de)	['xevəl·re'klamə]
inscrição (f)	opschrift (het)	['ɔpsxrift]
cartaz, póster (m)	poster (de)	['postər]
sinal (m) informativo	wegwijzer (de)	['wɛx·wɛjzər]
seta (f)	pijl (de)	[pɛjl]
aviso (advertência)	waarschuwing (de)	['wārsxjuviŋ]
sinal (m) de aviso	waarschuwingsbord (het)	['wārsxjuviŋs·bɔrt]
avisar, advertir (vt)	waarschuwen	['wārsxjuvən]
dia (m) de folga	vrije dag (de)	['vrɛjə dax]

horário (m)	dienstregeling (de)	[dinst·'rexəliŋ]
horário (m) de funcionamento	openingsuren	['ɔpəniŋs·urən]
BEM-VINDOS!	WELKOM!	['wɛlkɔm]
ENTRADA	INGANG	['inxaŋ]
SAÍDA	UITGANG	['œytxaŋ]
EMPURRE	DUWEN	['duwən]
PUXE	TREKKEN	['trɛkən]
ABERTO	OPEN	['ɔpən]
FECHADO	GESLOTEN	[xə'slɔtən]
MULHER	DAMES	['daməs]
HOMEM	HEREN	['herən]
DESCONTOS	KORTING	['kɔrtiŋ]
SALDOS	UITVERKOOP	['œytverkɔp]
NOVIDADE!	NIEUW!	[niu]
GRÁTIS	GRATIS	['xratis]
ATENÇÃO!	PAS OP!	[pas 'ɔp]
NÃO HÁ VAGAS	VOLGEBOEKT	['vɔlxəbukt]
RESERVADO	GERESERVEERD	[xərezər'vɛrt]
ADMINISTRAÇÃO	ADMINISTRATIE	[atminist'ratsi]
SOMENTE PESSOAL	ALLEEN VOOR	[a'lɛn vɔr
AUTORIZADO	PERSONEEL	pərsɔ'nɛl]
CUIDADO CÃO FEROZ	GEVAARLIJKE HOND	[xe'vārləkə hɔnt]
PROIBIDO FUMAR!	VERBODEN TE ROKEN!	[vər'bɔdən tə 'rɔkən]
NÃO TOCAR	NIET AANRAKEN!	[nit ān'rakən]
PERIGOSO	GEVAARLIJK	[xe'vārlək]
PERIGO	GEVAAR	[xe'vār]
ALTA TENSÃO	HOOGSPANNING	[hōh·'spaniŋ]
PROIBIDO NADAR	VERBODEN TE ZWEMMEN	[vər'bɔdən tə 'zwɛmən]
AVARIADO	BUITEN GEBRUIK	['bœytən xəbrœyk]
INFLAMÁVEL	ONTVLAMBAAR	[ɔnt'flambār]
PROIBIDO	VERBODEN	[vər'bɔdən]
ENTRADA PROIBIDA	DOORGANG VERBODEN	['dōrxaŋ vər'bɔdən]
CUIDADO TINTA FRESCA	OPGELET PAS GEVERFD	[ɔpxe'lɛt pas xə'verft]

81. Transportes urbanos

autocarro (m)	bus, autobus (de)	[bus], ['autɔbus]
elétrico (m)	tram (de)	[trɛm]
troleicarro (m)	trolleybus (de)	['trɔlibus]
itinerário (m)	route (de)	['rutə]
número (m)	nummer (het)	['numər]
ir de ... (carro, etc.)	rijden met ...	['rɛjdən mɛt]
entrar (~ no autocarro)	stappen	['stapən]
descer de ...	afstappen	['afstapən]

paragem (f)	halte (de)	['haltə]
próxima paragem (f)	volgende halte (de)	['vɔlxəndə 'haltə]
ponto (m) final	eindpunt (het)	['ɛjnt·punt]
horário (m)	dienstregeling (de)	[dinst·'rexəliŋ]
esperar (vt)	wachten	['waxtən]

bilhete (m)	kaartje (het)	['kārtʃə]
custo (m) do bilhete	reiskosten (de)	['rɛjs·kɔstən]

bilheteiro (m)	kassier (de)	[ka'sir]
controlo (m) dos bilhetes	kaartcontrole (de)	['kārt·kɔn'trɔlə]
revisor (m)	controleur (de)	[kɔntrɔ'lør]

atrasar-se (vr)	te laat zijn	[tə 'lāt zɛjn]
perder (o autocarro, etc.)	missen (de bus ~)	['misən]
estar com pressa	zich haasten	[zix 'hāstən]

táxi (m)	taxi (de)	['taksi]
taxista (m)	taxichauffeur (de)	['taksi·ʃo'før]
de táxi (ir ~)	met de taxi	[mɛt də 'taksi]
praça (f) de táxis	taxistandplaats (de)	['taksi·'stant·plāts]
chamar um táxi	een taxi bestellen	[en 'taksi bə'stɛlən]
apanhar um táxi	een taxi nemen	[en 'taksi 'nemən]

tráfego (m)	verkeer (het)	[vər'kēr]
engarrafamento (m)	file (de)	['filə]
horas (f pl) de ponta	spitsuur (het)	['spits·ūr]
estacionar (vi)	parkeren	[par'kerən]
estacionar (vt)	parkeren	[par'kerən]
parque (m) de estacionamento	parking (de)	['parkiŋ]

metro (m)	metro (de)	['metrɔ]
estação (f)	halte (de)	['haltə]
ir de metro	de metro nemen	[də 'metrɔ 'nemən]
comboio (m)	trein (de)	[trɛjn]
estação (f)	station (het)	[sta'tsjɔn]

82. Turismo

monumento (m)	monument (het)	[mɔnu'mɛnt]
fortaleza (f)	vesting (de)	['vɛstiŋ]
palácio (m)	paleis (het)	[pa'lɛjs]
castelo (m)	kasteel (het)	[kas'tēl]
torre (f)	toren (de)	['tɔrən]
mausoléu (m)	mausoleum (het)	[mauzɔ'leum]

arquitetura (f)	architectuur (de)	[arʃitək'tūr]
medieval	middeleeuws	['midəlēws]
antigo	oud	['aut]
nacional	nationaal	[natsjɔ'nāl]
conhecido	bekend	[bə'kɛnt]

turista (m)	toerist (de)	[tu'rist]
guia (pessoa)	gids (de)	[xits]

excursão (f)	rondleiding (de)	['rɔntlɛjdiŋ]
mostrar (vt)	tonen	['tɔnən]
contar (vt)	vertellen	[vər'tɛlən]

encontrar (vt)	vinden	['vindən]
perder-se (vr)	verdwalen	[vərd'walən]
mapa (~ do metrô)	plattegrond (de)	['platə·xrɔnt]
mapa (~ da cidade)	plattegrond (de)	['platə·xrɔnt]

lembrança (f), presente (m)	souvenir (het)	[suve'nir]
loja (f) de presentes	souvenirwinkel (de)	[suve'nir·'winkəl]
fotografar (vt)	foto's maken	['fɔtɔs 'makən]
fotografar-se	zich laten fotograferen	[zih 'latən fotɔxra'ferən]

83. Compras

comprar (vt)	kopen	['kɔpən]
compra (f)	aankoop (de)	['ānkɔp]
fazer compras	winkelen	['winkelən]
compras (f pl)	winkelen (het)	['winkelən]

| estar aberta (loja, etc.) | open zijn | ['ɔpən zɛjn] |
| estar fechada | gesloten zijn | [xə'slɔtən zɛjn] |

calçado (m)	schoeisel (het)	['sxuisəl]
roupa (f)	kleren (mv.)	['klerən]
cosméticos (m pl)	cosmetica (mv.)	[kɔs'metika]
alimentos (m pl)	voedingswaren	['vudiŋs·warən]
presente (m)	geschenk (het)	[xə'sxɛnk]

| vendedor (m) | verkoper (de) | [vər'kɔpər] |
| vendedora (f) | verkoopster (de) | [vər'kōpstər] |

caixa (f)	kassa (de)	['kasa]
espelho (m)	spiegel (de)	['spixəl]
balcão (m)	toonbank (de)	['tōn·bank]
cabine (f) de provas	paskamer (de)	['pas·kamər]

provar (vt)	aanpassen	['ānpasən]
servir (vi)	passen	['pasən]
gostar (apreciar)	bevallen	[bə'valən]

preço (m)	prijs (de)	[prɛjs]
etiqueta (f) de preço	prijskaartje (het)	['prɛjs·'kārtʃə]
custar (vt)	kosten	['kɔstən]
Quanto?	Hoeveel?	[hu'vēl]
desconto (m)	korting (de)	['kɔrtiŋ]

não caro	niet duur	[nit dūr]
barato	goedkoop	[xut'kōp]
caro	duur	[dūr]
É caro	Dat is duur.	[dat is 'dūr]
aluguer (m)	verhuur (de)	[vər'hūr]
alugar (vestidos, etc.)	huren	['hʉrən]

| crédito (m) | krediet (het) | [kre'dit] |
| a crédito | op krediet | [ɔp kre'dit] |

84. Dinheiro

dinheiro (m)	geld (het)	[xɛlt]
câmbio (m)	ruil (de)	[rœʏl]
taxa (f) de câmbio	koers (de)	[kurs]
Caixa Multibanco (m)	geldautomaat (de)	[xɛlt·autɔ'māt]
moeda (f)	muntstuk (de)	['muntstʉk]

| dólar (m) | dollar (de) | ['dɔlar] |
| euro (m) | euro (de) | [ørɔ] |

lira (f)	lire (de)	['lirə]
marco (m)	Duitse mark (de)	['dœʏtsə mark]
franco (m)	frank (de)	[frank]
libra (f) esterlina	pond sterling (het)	[pɔnt 'stɛrliŋ]
iene (m)	yen (de)	[jen]

dívida (f)	schuld (de)	[sxʉlt]
devedor (m)	schuldenaar (de)	['sxʉldənār]
emprestar (vt)	uitlenen	['œʏtlənən]
pedir emprestado	lenen	['lenən]

banco (m)	bank (de)	[bank]
conta (f)	bankrekening (de)	[bank·'rekəniŋ]
depositar (vt)	storten	['stɔrtən]
depositar na conta	op rekening storten	[ɔp 'rekəniŋ 'stɔrtən]
levantar (vt)	opnemen	['ɔpnemən]

cartão (m) de crédito	kredietkaart (de)	[kre'dit·kārt]
dinheiro (m) vivo	baar geld (het)	[bār 'xɛlt]
cheque (m)	cheque (de)	[ʃɛk]
passar um cheque	een cheque uitschrijven	[en ʃɛk œʏt'sxrɛjvən]
livro (m) de cheques	chequeboekje (het)	[ʃɛk·'bukjə]

carteira (f)	portefeuille (de)	[pɔrtə'fœʏə]
porta-moedas (m)	geldbeugel (de)	[xɛlt·'bøxəl]
cofre (m)	safe (de)	[sef]

herdeiro (m)	erfgenaam (de)	['ɛrfxənām]
herança (f)	erfenis (de)	['ɛrfənis]
fortuna (riqueza)	fortuin (het)	[fɔr'tœʏn]

arrendamento (m)	huur (de)	[hūr]
renda (f) de casa	huurprijs (de)	['hūr·prɛjs]
alugar (vt)	huren	['hʉrən]

preço (m)	prijs (de)	[prɛjs]
custo (m)	kostprijs (de)	['kɔstprɛjs]
soma (f)	som (de)	[sɔm]
gastar (vt)	uitgeven	['œʏtxevən]
gastos (m pl)	kosten	['kɔstən]

| economizar (vi) | bezuinigen | [bə'zœʏnəxən] |
| económico | zuinig | ['zœʏnəx] |

pagar (vt)	betalen	[bə'talən]
pagamento (m)	betaling (de)	[bə'taliŋ]
troco (m)	wisselgeld (het)	['wisəl·xɛlt]

imposto (m)	belasting (de)	[bə'lastiŋ]
multa (f)	boete (de)	['butə]
multar (vt)	beboeten	[bə'butən]

85. Correios. Serviço postal

correios (m pl)	postkantoor (het)	[pɔst·kan'tōr]
correio (m)	post (de)	[pɔst]
carteiro (m)	postbode (de)	['pɔst·bodə]
horário (m)	openingsuren	['ɔpəniŋs·ʉrən]

carta (f)	brief (de)	[brif]
carta (f) registada	aangetekende brief (de)	['ānxə'tekəndə brif]
postal (m)	briefkaart (de)	['brif·kārt]
telegrama (m)	telegram (het)	[teləx'ram]
encomenda (f) postal	postpakket (het)	[pɔstpa'ket]
remessa (f) de dinheiro	overschrijving (de)	[ɔvər'sxrɛjviŋ]

receber (vt)	ontvangen	[ɔnt'faŋən]
enviar (vt)	sturen	['stʉrən]
envio (m)	verzending (de)	[vər'zɛndiŋ]

endereço (m)	adres (het)	[ad'rɛs]
código (m) postal	postcode (de)	['pɔst·kodə]
remetente (m)	verzender (de)	[vər'zɛndər]
destinatário (m)	ontvanger (de)	[ɔnt'faŋər]

| nome (m) | naam (de) | [nām] |
| apelido (m) | achternaam (de) | ['axtər·nām] |

tarifa (f)	tarief (het)	[ta'rif]
ordinário	standaard	['standārt]
económico	zuinig	['zœʏnəx]

peso (m)	gewicht (het)	[xə'wixt]
pesar (estabelecer o peso)	afwegen	['afwexən]
envelope (m)	envelop (de)	[ɛnve'lɔp]
selo (m)	postzegel (de)	['pɔst·zexəl]
colar o selo	een postzegel plakken op	[en pɔst'zexəl 'plakən ɔp]

Moradia. Casa. Lar

86. Casa. Habitação

casa (f)	huis (het)	['hœʏs]
em casa	thuis	['tœʏs]
pátio (m)	cour (de)	[kur]
cerca (f)	omheining (de)	[ɔm'hɛjniŋ]
tijolo (m)	baksteen (de)	['bakstēn]
de tijolos	van bakstenen	[van 'bakstənən]
pedra (f)	steen (de)	[stēn]
de pedra	stenen	['stenən]
betão (m)	beton (het)	[bə'tɔn]
de betão	van beton	[van bə'tɔn]
novo	nieuw	[niu]
velho	oud	['aut]
decrépito	vervallen	[vər'valən]
moderno	modern	[mɔ'dɛrn]
de muitos andares	met veel verdiepingen	[mɛt vēl vɛr'dipiŋən]
alto	hoog	[hōx]
andar (m)	verdieping (de)	[vər'dipiŋ]
de um andar	met een verdieping	[mɛt en vər'dipiŋ]
andar (m) de baixo	laagste verdieping (de)	['lāxstə vər'dipiŋ]
andar (m) de cima	bovenverdieping (de)	['bovən·vər'dipiŋ]
telhado (m)	dak (het)	[dak]
chaminé (f)	schoorsteen (de)	['sxōr·stēn]
telha (f)	dakpan (de)	['dakpan]
de telha	pannen-	['panən]
sótão (m)	zolder (de)	['zɔldər]
janela (f)	venster (het)	['vɛnstər]
vidro (m)	glas (het)	[xlas]
parapeito (m)	vensterbank (de)	['vɛnstər·bank]
portadas (f pl)	luiken	['lœʏkən]
parede (f)	muur (de)	[mūr]
varanda (f)	balkon (het)	[bal'kɔn]
tubo (m) de queda	regenpijp (de)	['rexən·pɛjp]
em cima	boven	['bovən]
subir (~ as escadas)	naar boven gaan	[nār 'bovən xān]
descer (vi)	afdalen	['afdalən]
mudar-se (vr)	verhuizen	[vər'hœʏzən]

87. Casa. Entrada. Elevador

entrada (f)	ingang (de)	['ɪnxaŋ]
escada (f)	trap (de)	[trap]
degraus (m pl)	treden	['tredən]
corrimão (m)	trapleuning (de)	['trap·'løniŋ]
hall (m) de entrada	hal (de)	[hal]

caixa (f) de correio	postbus (de)	['pɔst·bʉs]
caixote (m) do lixo	vuilnisbak (de)	['vœylnis·bak]
conduta (f) do lixo	vuilniskoker (de)	['vœylnis·'kɔkər]

elevador (m)	lift (de)	[lift]
elevador (m) de carga	goederenlift (de)	['xuderən·lift]
cabine (f)	liftcabine (de)	[lift·ka'binə]
pegar o elevador	de lift nemen	[də lift 'nemən]

apartamento (m)	appartement (het)	[apartə'mɛnt]
moradores (m pl)	bewoners	[bə'wɔnərs]
vizinho (m)	buurman (de)	['bʉrman]
vizinha (f)	buurvrouw (de)	['bʉrvrau]
vizinhos (pl)	buren	['bʉrən]

88. Casa. Eletricidade

eletricidade (f)	elektriciteit (de)	[ɛlɛktrisi'tɛjt]
lâmpada (f)	lamp (de)	[lamp]
interruptor (m)	schakelaar (de)	['sxakelãr]
fusível (m)	zekering (de)	['zekəriŋ]

fio, cabo (m)	draad (de)	[drãt]
instalação (f) elétrica	bedrading (de)	[bə'dradiŋ]
contador (m) de eletricidade	elektriciteitsmeter (de)	[ɛlɛktrisi'tɛjt·'metər]
indicação (f), registo (m)	gegevens	[xə'xevəns]

89. Casa. Portas. Fechaduras

porta (f)	deur (de)	['dør]
portão (m)	toegangspoort (de)	['tuxaŋs·põrt]
maçaneta (f)	deurkruk (de)	['dør·krʉk]
destrancar (vt)	ontsluiten	[ɔn'slœytən]
abrir (vt)	openen	['ɔpənən]
fechar (vt)	sluiten	['slœytən]

chave (f)	sleutel (de)	['sløtəl]
molho (m)	sleutelbos (de)	['sløtəl·bɔs]
ranger (vi)	knarsen	['knarsən]
rangido (m)	knarsgeluid (het)	['knarsxəlœyt]
dobradiça (f)	scharnier (het)	[sxar'nir]
tapete (m) de entrada	deurmat (de)	['dør·mat]
fechadura (f)	slot (het)	[slɔt]

buraco (m) da fechadura	sleutelgat (het)	['sløtǝl·xat]
ferrolho (m)	grendel (de)	['xrɛndǝl]
fecho (ferrolho pequeno)	schuif (de)	['sxœyf]
cadeado (m)	hangslot (het)	['haŋ·slɔt]

tocar (vt)	aanbellen	['āmbɛlǝn]
toque (m)	bel (de)	[bel]
campainha (f)	deurbel (de)	['dør·bel]
botão (m)	belknop (de)	['bel·knɔp]
batida (f)	geklop (het)	[xǝ'klɔp]
bater (vi)	kloppen	['klɔpǝn]

código (m)	code (de)	['kodǝ]
fechadura (f) de código	cijferslot (het)	['sɛjfǝr·slɔt]
telefone (m) de porta	parlofoon (de)	['parlofōn]
número (m)	nummer (het)	['nʉmǝr]
placa (f) de porta	naambordje (het)	['nām·'bɔrdjǝ]
vigia (f), olho (m) mágico	deurspion (de)	['dør·spiɔn]

90. Casa de campo

aldeia (f)	dorp (het)	[dɔrp]
horta (f)	moestuin (de)	['mus·tœyn]
cerca (f)	hek (het)	[hɛk]
paliçada (f)	houten hekwerk (het)	['hautǝn 'hɛkwɛrk]
cancela (f) do jardim	tuinpoortje (het)	['tœyn·'pōrtʃǝ]

celeiro (m)	graanschuur (de)	['xrān·sxūr]
adega (f)	wortelkelder (de)	['wɔrtǝl·'kɛldǝr]
galpão, barracão (m)	schuur (de)	[sxūr]
poço (m)	waterput (de)	['watǝr·pʉt]

fogão (m)	kachel (de)	['kaxǝl]
atiçar o fogo	de kachel stoken	[dǝ 'kaxǝl 'stɔkǝn]
lenha (carvão ou ~)	brandhout (het)	['brant·haut]
acha (lenha)	houtblok (het)	['hautblɔk]

varanda (f)	veranda (de)	[vǝ'randa]
alpendre (m)	terras (het)	[tɛ'ras]
degraus (m pl) de entrada	bordes (het)	[bɔr'dɛs]
balouço (m)	schommel (de)	['sxɔmǝl]

91. Moradia. Mansão

casa (f) de campo	landhuisje (het)	['lant·hœyɣǝ]
vila (f)	villa (de)	['vila]
ala (~ do edifício)	vleugel (de)	['vløxǝl]

jardim (m)	tuin (de)	['tœyn]
parque (m)	park (het)	[park]
estufa (f)	oranjerie (de)	[ɔranʒɛ'ri]
cuidar de ...	onderhouden	['ɔndǝr'haudǝn]

piscina (f)	zwembad (het)	['zwɛm·bat]
ginásio (m)	gym (het)	[ʒim]
campo (m) de ténis	tennisveld (het)	['tɛnis·vɛlt]
cinema (m)	bioscoopkamer (de)	[biɔ'skōp·'kamər]
garagem (f)	garage (de)	[xa'raʒə]

| propriedade (f) privada | privé-eigendom (het) | [pri've-'ɛjxəndɔm] |
| terreno (m) privado | eigen terrein (het) | ['ɛjxən te'rɛjn] |

| advertência (f) | waarschuwing (de) | ['wārsxjuviŋ] |
| sinal (m) de aviso | waarschuwingsbord (het) | ['wārsxjuviŋs·bɔrt] |

guarda (f)	bewaking (de)	[bə'wakiŋ]
guarda (m)	bewaker (de)	[bə'wakər]
alarme (m)	inbraakalarm (het)	['inbrāk·a'larm]

92. Castelo. Palácio

castelo (m)	kasteel (het)	[kas'tēl]
palácio (m)	paleis (het)	[pa'lɛjs]
fortaleza (f)	vesting (de)	['vɛstiŋ]
muralha (f)	ringmuur (de)	['riŋ·mūr]
torre (f)	toren (de)	['tɔrən]
calabouço (m)	donjon (de)	[dɔn'ʒɔn]

grade (f) levadiça	valhek (het)	['valhək]
passagem (f) subterrânea	onderaardse gang (de)	[ɔndər'ārdsə xaŋ]
fosso (m)	slotgracht (de)	['slɔt·xraht]
corrente, cadeia (f)	ketting (de)	['kɛtiŋ]
seteira (f)	schietgat (het)	['sxitxat]

magnífico	prachtig	['prahtəx]
majestoso	majestueus	[mahəstʉ'øz]
inexpugnável	onneembaar	[ɔ'nēmbār]
medieval	middeleeuws	['midəlēws]

93. Apartamento

apartamento (m)	appartement (het)	[apartə'mɛnt]
quarto (m)	kamer (de)	['kamər]
quarto (m) de dormir	slaapkamer (de)	['slāp·kamər]
sala (f) de jantar	eetkamer (de)	[ēt·'kamər]
sala (f) de estar	salon (de)	[sa'lɔn]
escritório (m)	studeerkamer (de)	[stu'dēr·'kamər]

antessala (f)	gang (de)	[xaŋ]
quarto (m) de banho	badkamer (de)	['bat·kamər]
toilette (lavabo)	toilet (het)	[tua'lɛt]

teto (m)	plafond (het)	[pla'fɔnt]
chão, soalho (m)	⁴ vloer (de)	[vlur]
canto (m)	hoek (de)	[huk]

94. Apartamento. Limpeza

arrumar, limpar (vt)	schoonmaken	['sxōn·makən]
guardar (no armário, etc.)	opbergen	['ɔpbɛrxən]
pó (m)	stof (het)	[stɔf]
empoeirado	stoffig	['stɔfəx]
limpar o pó	stoffen	['stɔfən]
aspirador (m)	stofzuiger (de)	['stɔf·zœʏxər]
aspirar (vt)	stofzuigen	['stɔf·zœʏxən]
varrer (vt)	vegen	['vexən]
sujeira (f)	veegsel (het)	['vēxsəl]
arrumação (f), ordem (f)	orde (de)	['ɔrdə]
desordem (f)	wanorde (de)	['wanɔrdə]
esfregão (m)	zwabber (de)	['zwabər]
pano (m), trapo (m)	poetsdoek (de)	['putsduk]
vassoura (f)	veger (de)	['vexər]
pá (f) de lixo	stofblik (het)	['stɔf·blik]

95. Mobiliário. Interior

mobiliário (m)	meubels	['møbəl]
mesa (f)	tafel (de)	['tafəl]
cadeira (f)	stoel (de)	[stul]
cama (f)	bed (het)	[bɛt]
divã (m)	bankstel (het)	['bankstəl]
cadeirão (m)	fauteuil (de)	[fo'tøj]
estante (f)	boekenkast (de)	['bukən·kast]
prateleira (f)	boekenrek (het)	['bukən·rɛk]
guarda-vestidos (m)	kledingkast (de)	['klediŋ·kast]
cabide (m) de parede	kapstok (de)	['kapstɔk]
cabide (m) de pé	staande kapstok (de)	['stāndə 'kapstɔk]
cómoda (f)	commode (de)	[kɔ'mɔdə]
mesinha (f) de centro	salontafeltje (het)	[sa'lɔn·'tafəltʃə]
espelho (m)	spiegel (de)	['spixəl]
tapete (m)	tapijt (het)	[ta'pɛjt]
tapete (m) pequeno	tapijtje (het)	[ta'pɛjtʃə]
lareira (f)	haard (de)	[hārt]
vela (f)	kaars (de)	[kārs]
castiçal (m)	kandelaar (de)	['kandəlār]
cortinas (f pl)	gordijnen	[xɔr'dɛjnən]
papel (m) de parede	behang (het)	[bə'haŋ]
estores (f pl)	jaloezie (de)	[jalu'zi]
candeeiro (m) de mesa	bureaulamp (de)	[bʉ'rɔ·lamp]
candeeiro (m) de parede	wandlamp (de)	['want·lamp]

candeeiro (m) de pé	staande lamp (de)	['stãndə lamp]
lustre (m)	luchter (de)	['lʉxtər]

pé (de mesa, etc.)	poot (de)	[pōt]
braço (m)	armleuning (de)	[arm·'løniŋ]
costas (f pl)	rugleuning (de)	['rʉx·'løniŋ]
gaveta (f)	la (de)	[la]

96. Quarto de dormir

roupa (f) de cama	beddengoed (het)	['bɛdən·xut]
almofada (f)	kussen (het)	['kʉsən]
fronha (f)	kussenovertrek (de)	['kʉsən·'ɔvərtrɛk]
cobertor (m)	deken (de)	['dekən]
lençol (m)	laken (het)	['lakən]
colcha (f)	sprei (de)	[sprɛj]

97. Cozinha

cozinha (f)	keuken (de)	['køkən]
gás (m)	gas (het)	[xas]
fogão (m) a gás	gasfornuis (het)	[xas·fɔr'nœys]
fogão (m) elétrico	elektrisch fornuis (het)	[ɛ'lɛktris fɔr'nœys]
forno (m)	oven (de)	['ɔvən]
forno (m) de micro-ondas	magnetronoven (de)	['mahnətrɔn·'ɔvən]

frigorífico (m)	koelkast (de)	['kul·kast]
congelador (m)	diepvriezer (de)	[dip·'vrizər]
máquina (f) de lavar louça	vaatwasmachine (de)	['vãtwas·ma'ʃinə]

moedor (m) de carne	vleesmolen (de)	['vlēs·mɔlən]
espremedor (m)	vruchtenpers (de)	['vrʉxtən·pɛrs]
torradeira (f)	toaster (de)	['tōstər]
batedeira (f)	mixer (de)	['miksər]

máquina (f) de café	koffiemachine (de)	['kɔfi·ma'ʃinə]
cafeteira (f)	koffiepot (de)	['kɔfi·pɔt]
moinho (m) de café	koffiemolen (de)	['kɔfi·mɔlən]

chaleira (f)	fluitketel (de)	['flœyt·'ketəl]
bule (m)	theepot (de)	['tē·pɔt]
tampa (f)	deksel (de/het)	['dɛksəl]
coador (m) de chá	theezeefje (het)	['tē·zefjə]

colher (f)	lepel (de)	['lepəl]
colher (f) de chá	theelepeltje (het)	[tē·'lepəltʃə]
colher (f) de sopa	eetlepel (de)	[ēt·'lepəl]
garfo (m)	vork (de)	[vɔrk]
faca (f)	mes (het)	[mɛs]

louça (f)	vaatwerk (het)	['vãtwɛrk]
prato (m)	bord (het)	[bɔrt]

pires (m)	schoteltje (het)	['sxɔteltʃə]
cálice (m)	likeurglas (het)	[li'kør·xlas]
copo (m)	glas (het)	[xlas]
chávena (f)	kopje (het)	['kɔpjə]

açucareiro (m)	suikerpot (de)	[sœɣkər·pɔt]
saleiro (m)	zoutvat (het)	['zaut·vat]
pimenteiro (m)	pepervat (het)	['pepər·vat]
manteigueira (f)	boterschaaltje (het)	['bɔtər·'sxãltʃe]

panela, caçarola (f)	pan (de)	[pan]
frigideira (f)	bakpan (de)	['bak·pan]
concha (f)	pollepel (de)	[pɔl·'lepəl]
passador (m)	vergiet (de/het)	[vər'xit]
bandeja (f)	dienblad (het)	['dinblat]

garrafa (f)	fles (de)	[fles]
boião (m) de vidro	glazen pot (de)	['xlazən pɔt]
lata (f)	blik (het)	[blik]

abre-garrafas (m)	flesopener (de)	[fles·'ɔpənər]
abre-latas (m)	blikopener (de)	[blik·'ɔpənər]
saca-rolhas (m)	kurkentrekker (de)	['kʉrkən·'trɛkər]
filtro (m)	filter (de/het)	['filtər]
filtrar (vt)	filteren	['filtərən]

| lixo (m) | huisvuil (het) | ['hœɣsvœɣl] |
| balde (m) do lixo | vuilnisemmer (de) | ['vœɣlnis·'ɛmər] |

98. Casa de banho

quarto (m) de banho	badkamer (de)	['bat·kamər]
água (f)	water (het)	['watər]
torneira (f)	kraan (de)	[krãn]
água (f) quente	warm water (het)	[warm 'watər]
água (f) fria	koud water (het)	['kaut 'watər]

pasta (f) de dentes	tandpasta (de)	['tand·pasta]
escovar os dentes	tanden poetsen	['tandən 'putsən]
escova (f) de dentes	tandenborstel (de)	['tandən·'bɔrstəl]

barbear-se (vr)	zich scheren	[zix 'sxerən]
espuma (f) de barbear	scheercrème (de)	[sxẽr·krɛ:m]
máquina (f) de barbear	scheermes (het)	['sxẽr·mɛs]

lavar (vt)	wassen	['wasən]
lavar-se (vr)	een bad nemen	[en bat 'nemən]
duche (m)	douche (de)	[duʃ]
tomar um duche	een douche nemen	[en duʃ 'nemən]

banheira (f)	bad (het)	[bat]
sanita (f)	toiletpot (de)	[tua'lɛt·pɔt]
lavatório (m)	wastafel (de)	['was·tafəl]
sabonete (m)	zeep (de)	[zẽp]

saboneteira (f)	zeepbakje (het)	['zēp·bakjə]
esponja (f)	spons (de)	[spɔns]
champô (m)	shampoo (de)	['ʃʌmpō]
toalha (f)	handdoek (de)	['handuk]
roupão (m) de banho	badjas (de)	['batjas]

lavagem (f)	was (de)	[was]
máquina (f) de lavar	wasmachine (de)	['was·ma'ʃinə]
lavar a roupa	de was doen	[də was dun]
detergente (m)	waspoeder (de)	['was·'pudər]

99. Eletrodomésticos

televisor (m)	televisie (de)	[telə'vizi]
gravador (m)	cassettespeler (de)	[ka'sɛtə·'spelər]
videogravador (m)	videorecorder (de)	['vldeɔ·re'kɔrdər]
rádio (m)	radio (de)	['radiɔ]
leitor (m)	speler (de)	['spelər]

projetor (m)	videoprojector (de)	['videɔ·prɔ'jektɔr]
cinema (m) em casa	home theater systeem (het)	[hɔm te'jatər si'stēm]
leitor (m) de DVD	DVD-speler (de)	[deve'de-'spelər]
amplificador (m)	versterker (de)	[vər'stɛrkər]
console (f) de jogos	spelconsole (de)	['spɛl·kɔn'sɔlə]

câmara (f) de vídeo	videocamera (de)	['videɔ·'kaməra]
máquina (f) fotográfica	fotocamera (de)	['fɔtɔ·'kaməra]
câmara (f) digital	digitale camera (de)	[dixi'talə 'kaməra]

aspirador (m)	stofzuiger (de)	['stɔf·zœʏxər]
ferro (m) de engomar	strijkijzer (het)	['strɛjk·ɛjzər]
tábua (f) de engomar	strijkplank (de)	['strɛjk·plank]

telefone (m)	telefoon (de)	[telə'fōn]
telemóvel (m)	mobieltje (het)	[mɔ'biltʃe]
máquina (f) de escrever	schrijfmachine (de)	['sxrɛjf·ma'ʃinə]
máquina (f) de costura	naaimachine (de)	['nāj·ma'ʃinə]

microfone (m)	microfoon (de)	[mikrɔ'fōn]
auscultadores (m pl)	koptelefoon (de)	['kɔp·telə'fōn]
controlo remoto (m)	afstandsbediening (de)	['afstants·bə'diniŋ]

CD (m)	CD (de)	[se'de]
cassete (f)	cassette (de)	[ka'sɛtə]
disco (m) de vinil	vinylplaat (de)	[vi'nil·plāt]

100. Reparações. Renovação

renovação (f)	renovatie (de)	[renɔ'vatsi]
renovar (vt), fazer obras	renoveren	[renɔ'virən]
reparar (vt)	repareren	[repa'rerən]
consertar (vt)	op orde brengen	[ɔp 'ɔrdə 'brɛŋən]

refazer (vt)	overdoen	['ɔvərdun]
tinta (f)	verf (de)	[vɛrf]
pintar (vt)	verven	['vɛrvən]
pintor (m)	schilder (de)	['sxildər]
pincel (m)	kwast (de)	['kwast]

| cal (f) | kalk (de) | [kalk] |
| caiar (vt) | kalken | ['kalkən] |

papel (m) de parede	behang (het)	[bə'haŋ]
colocar papel de parede	behangen	[bə'haŋən]
verniz (m)	lak (de/het)	[lak]
envernizar (vt)	lakken	['lakən]

101. Canalizações

água (f)	water (het)	['watər]
água (f) quente	warm water (het)	[warm 'watər]
água (f) fria	koud water (het)	['kaut 'watər]
torneira (f)	kraan (de)	[krãn]

gota (f)	druppel (de)	['drʉpəl]
gotejar (vi)	druppelen	['drʉpələn]
vazar (vt)	lekken	['lɛkən]
vazamento (m)	lekkage (de)	[lɛ'kaʒə]
poça (f)	plasje (het)	[plaɕə]

tubo (m)	buis, leiding (de)	['bœys], ['lɛjdiŋ]
válvula (f)	stopkraan (de)	['stɔp·krãn]
entupir-se (vr)	verstopt raken	[vər'stɔpt 'rakən]

ferramentas (f pl)	gereedschap (het)	[xə'rētsxap]
chave (f) inglesa	Engelse sleutel (de)	['ɛŋɛlsə 'sløtəl]
desenroscar (vt)	losschroeven	[lɔs'sxruvən]
enroscar (vt)	aanschroeven	['ãnsxruvən]

desentupir (vt)	ontstoppen	[ɔnt'stɔpən]
canalizador (m)	loodgieter (de)	['lōtxitər]
cave (f)	kelder (de)	['kɛldər]
sistema (m) de esgotos	riolering (de)	[riɔ'lɛriŋ]

102. Fogo. Deflagração

incêndio (m)	brand (de)	[brant]
chama (f)	vlam (de)	[vlam]
faísca (f)	vonk (de)	[vɔnk]
fumo (m)	rook (de)	[rōk]
tocha (f)	fakkel (de)	['fakəl]
fogueira (f)	kampvuur (het)	['kampvūr]

| gasolina (f) | benzine (de) | [bɛn'zinə] |
| querosene (m) | kerosine (de) | [kerɔ'zinə] |

inflamável	brandbaar	['brandbãr]
explosivo	ontplofbaar	[ɔnt'plɔfbãr]
PROIBIDO FUMAR!	VERBODEN TE ROKEN!	[vər'bɔdən tə 'rɔkən]

segurança (f)	veiligheid (de)	['vɛjləxhɛjt]
perigo (m)	gevaar (het)	[xe'vãr]
perigoso	gevaarlijk	[xe'vãrlək]

incendiar-se (vr)	in brand vliegen	[in brant 'vlixən]
explosão (f)	explosie (de)	[ɛks'plɔzi]
incendiar (vt)	in brand steken	[in brant 'stekən]
incendiário (m)	brandstichter (de)	['brant·stixtər]
incêndio (m) criminoso	brandstichting (de)	['brant·stixtiŋ]

arder (vi)	vlammen	['vlamən]
queimar (vi)	branden	['brandən]
queimar tudo (vi)	afbranden	['afbrandən]

chamar os bombeiros	de brandweer bellen	[də 'brantwẽr 'bɛlən]
bombeiro (m)	brandweerman (de)	['brantwẽr·man]
carro (m) de bombeiros	brandweerwagen (de)	['brantwẽr·'waxən]
corpo (m) de bombeiros	brandweer (de)	['brantwẽr]
escada (f) extensível	uitschuifbare ladder (de)	['œʏtsxœʏfbarə 'ladər]

mangueira (f)	brandslang (de)	['brant·slaŋ]
extintor (m)	brandblusser (de)	['brant·blʉsər]
capacete (m)	helm (de)	[hɛlm]
sirene (f)	sirene (de)	[si'renə]

gritar (vi)	roepen	['rupən]
chamar por socorro	hulp roepen	[hʉlp 'rupən]
salvador (m)	redder (de)	['rɛdər]
salvar, resgatar (vt)	redden	['rɛdən]

chegar (vi)	aankomen	['ãnkɔmən]
apagar (vt)	blussen	['blʉsən]
água (f)	water (het)	['watər]
areia (f)	zand (het)	[zant]

ruínas (f pl)	ruïnes	[rʉ'inəs]
ruir (vi)	instorten	['instɔrtən]
desmoronar (vi)	ineenstorten	['inẽnstɔrtən]
desabar (vi)	inzakken	[inzakən]

| fragmento (m) | brokstuk (het) | ['brɔk·stʉk] |
| cinza (f) | as (de) | [as] |

| sufocar (vi) | verstikken | [vər'stikən] |
| perecer (vi) | omkomen | [ɔmkɔmən] |

ATIVIDADES HUMANAS

Emprego. Negócios. Parte 1

103. Escritório. O trabalho no escritório

escritório (~ de advogados)	kantoor (het)	[kan'tōr]
escritório (do diretor, etc.)	kamer (de)	['kamər]
receção (f)	receptie (de)	[re'sɛpsi]
secretário (m)	secretaris (de)	[sekre'taris]
secretária (f)	secretaresse (de)	[sekreta'rɛsə]
diretor (m)	directeur (de)	[dirɛk'tør]
gerente (m)	manager (de)	['mɛnədʒər]
contabilista (m)	boekhouder (de)	[buk 'haudər]
empregado (m)	werknemer (de)	['wɛrknemər]
mobiliário (m)	meubilair (het)	['møbi'lɛr]
mesa (f)	tafel (de)	['tafəl]
cadeira (f)	bureaustoel (de)	[bʉ'rɔ·stul]
bloco (m) de gavetas	ladeblok (het)	['ladə·blɔk]
cabide (m) de pé	kapstok (de)	['kapstɔk]
computador (m)	computer (de)	[kɔm'pjutər]
impressora (f)	printer (de)	['printər]
fax (m)	fax (de)	[faks]
fotocopiadora (f)	kopieerapparaat (het)	[kɔpi'ēr·apa'rāt]
papel (m)	papier (het)	[pa'pir]
artigos (m pl) de escritório	kantoorartikelen	[kan'tōr·ar'tikelən]
tapete (m) de rato	muismat (de)	['mœys·mat]
folha (f) de papel	blad (het)	[blat]
pasta (f)	ordner (de)	['ɔrdnər]
catálogo (m)	catalogus (de)	[ka'talogʉs]
diretório (f) telefónico	telefoongids (de)	[tele'fōn·xits]
documentação (f)	documentatie (de)	[dokʉmen'tatsi]
brochura (f)	brochure (de)	[brɔ'ʃʉrə]
flyer (m)	flyer (de)	['flajər]
amostra (f)	monster (het), staal (de)	['mɔnstər], [stāl]
formação (f)	training (de)	['trɛjniŋ]
reunião (f)	vergadering (de)	[vər'xadəriŋ]
hora (f) de almoço	lunchpauze (de)	['lʉnʃ·pauzə]
fazer uma cópia	een kopie maken	[en kɔ'pi 'makən]
tirar cópias	de kopieën maken	[de kɔ'piɛn makən]
receber um fax	een fax ontvangen	[en faks ɔnt'vaŋən]
enviar um fax	een fax versturen	[en faks vər'stʉrən]

fazer uma chamada	opbellen	['ɔpbelən]
responder (vt)	antwoorden	['antwõrdən]
passar (vt)	doorverbinden	['dõrvər'bindən]

marcar (vt)	afspreken	['afsprekən]
demonstrar (vt)	demonstreren	[demɔn'strerən]
estar ausente	absent zijn	[ap'sɛnt zɛjn]
ausência (f)	afwezigheid (de)	['afwezəxhɛjt]

104. Processos negociais. Parte 1

negócio (m)	bedrijf (het)	[bə'drɛjf]
ocupação (f)	zaak (de), beroep (het)	[zāk], [bə'rup]
firma, empresa (f)	firma (de)	['firma]
companhia (f)	bedrijf (het)	[bə'drɛjf]
corporação (f)	corporatie (de)	[kɔrpɔ'ratsi]
empresa (f)	onderneming (de)	['ɔndər'nemiŋ]
agência (f)	agentschap (het)	[a'xɛntsxap]

acordo (documento)	overeenkomst (de)	[ɔvər'ēnkɔmst]
contrato (m)	contract (het)	[kɔn'trakt]
acordo (transação)	transactie (de)	[tran'saksi]
encomenda (f)	bestelling (de)	[bə'stɛliŋ]
cláusulas (f pl), termos (m pl)	voorwaarde (de)	['võrwārdə]

por grosso (adv)	in het groot	[in ət xrõt]
por grosso (adj)	groothandels-	[xrõt·'handəls]
venda (f) por grosso	groothandel (de)	[xrõt·'handəl]
a retalho	kleinhandels-	[klɛjn·'handəls]
venda (f) a retalho	kleinhandel (de)	[klɛjn·'handəl]

concorrente (m)	concurrent (de)	[kɔnkju'rɛnt]
concorrência (f)	concurrentie (de)	[kɔnkju'rɛntsi]
competir (vi)	concurreren	[kɔnkju'rerən]

sócio (m)	partner (de)	['partnər]
parceria (f)	partnerschap (het)	['partnərsxap]

crise (f)	crisis (de)	['krisis]
bancarrota (f)	bankroet (het)	[bank'rut]
entrar em falência	bankroet gaan	[bank'rut xān]
dificuldade (f)	moeilijkheid (de)	['mujləkhɛjt]
problema (m)	probleem (het)	[prɔ'blēm]
catástrofe (f)	catastrofe (de)	[kata'strɔfə]

economia (f)	economie (de)	[ɛkɔnɔ'mi]
económico	economisch	[ɛkɔ'nɔmis]
recessão (f) económica	economische recessie (de)	[ɛkɔ'nɔmisə rɛ'sɛsi]

objetivo (m)	doel (het)	[dul]
tarefa (f)	taak (de)	[tāk]

comerciar (vi, vt)	handelen	['handelən]
rede (de distribuição)	netwerk (het)	['nɛtwɛrk]

estoque (m)	voorraad (de)	['vōr·rāt]
sortimento (m)	assortiment (het)	[asɔrti'mɛnt]

líder (m)	leider (de)	['lɛjdər]
grande (~ empresa)	groot	[xrōt]
monopólio (m)	monopolie (het)	[mɔnɔ'pɔli]

teoria (f)	theorie (de)	[teɔ'ri]
prática (f)	praktijk (de)	[prak'tɛjk]
experiência (falar por ~)	ervaring (de)	[ɛr'variŋ]
tendência (f)	tendentie (de)	[ten'dɛnsi]
desenvolvimento (m)	ontwikkeling (de)	[ɔnt'wikəliŋ]

105. Processos negociais. Parte 2

rentabilidade (f)	voordeel (het)	['vōrdēl]
rentável	voordelig	[vōr'deləx]

delegação (f)	delegatie (de)	[dele'xatsi]
salário, ordenado (m)	salaris (het)	[sa'laris]
corrigir (um erro)	corrigeren	[kɔri'dʒɛrən]
viagem (f) de negócios	zakenreis (de)	['zakən·rɛjs]
comissão (f)	commissie (de)	[kɔ'misi]

controlar (vt)	controleren	[kɔntrɔ'lerən]
conferência (f)	conferentie (de)	[kɔnfə'rɛntsi]
licença (f)	licentie (de)	[li'sɛntsi]
confiável	betrouwbaar	[bə'traubār]

empreendimento (m)	aanzet (de)	['ānzɛt]
norma (f)	norm (de)	[nɔrm]
circunstância (f)	omstandigheid (de)	[ɔm'standəxhɛjt]
dever (m)	taak, plicht (de)	[tāk], [plixt]

empresa (f)	organisatie (de)	[ɔrxani'zatsi]
organização (f)	organisatie (de)	[ɔrxani'zatsi]
organizado	georganiseerd	[xeɔrxani'zērt]
anulação (f)	afzegging (de)	['afzɛxiŋ]
anular, cancelar (vt)	afzeggen	['afzɛxən]
relatório (m)	verslag (het)	[vər'slax]

patente (f)	patent (het)	[pa'tɛnt]
patentear (vt)	patenteren	[patɛn'terən]
planear (vt)	plannen	['planən]

prémio (m)	premie (de)	['premi]
profissional	professioneel	[prɔfesiɔ'nēl]
procedimento (m)	procedure (de)	[prɔsə'dʉrə]

examinar (a questão)	onderzoeken	['ɔndər'zukən]
cálculo (m)	berekening (de)	[bə'rekəniŋ]
reputação (f)	reputatie (de)	[repʉ'tatsi]
risco (m)	risico (het)	['rizikɔ]
dirigir (~ uma empresa)	beheren	[bə'herən]

informação (f)	informatie (de)	[infɔr'matsi]
propriedade (f)	eigendom (het)	['ɛjxəndɔm]
união (f)	unie (de)	['juni]

seguro (m) de vida	levensverzekering (de)	['levəns·vər'zekəriŋ]
fazer um seguro	verzekeren	[vər'zekərən]
seguro (m)	verzekering (de)	[vər'zekəriŋ]

leilão (m)	veiling (de)	['vɛjliŋ]
notificar (vt)	verwittigen	[vər'witixən]
gestão (f)	beheer (het)	[bə'hēr]
serviço (indústria de ~s)	dienst (de)	[dinst]

fórum (m)	forum (het)	['fɔrʉm]
funcionar (vi)	functioneren	[fʉnktsiɔ'nerən]
estágio (m)	stap, etappe (de)	[stap], [ə'tapə]
jurídico	juridisch	[ju'ridis]
jurista (m)	jurist (de)	[ju'rist]

106. Produção. Trabalhos

usina (f)	fabriek (de)	[fab'rik]
fábrica (f)	fabriek (de)	[fab'rik]
oficina (f)	werkplaatsruimte (de)	['wɛrkplāts·'rœʏmtə]
local (m) de produção	productielocatie (de)	[prɔ'dʉktsi·lɔ'katsi]

indústria (f)	industrie (de)	[indʉs'tri]
industrial	industrieel	[indʉstri'ēl]
indústria (f) pesada	zware industrie (de)	['zwarə indʉs'tri]
indústria (f) ligeira	lichte industrie (de)	['lixtə indʉs'tri]

produção (f)	productie (de)	[prɔ'dʉksi]
produzir (vt)	produceren	[prɔdʉ'serən]
matérias-primas (f pl)	grondstof (de)	['xrɔnt·stɔf]

chefe (m) de brigada	voorman, ploegbaas (de)	['vōrman], ['pluxbās]
brigada (f)	ploeg (de)	[plux]
operário (m)	arbeider (de)	['arbɛjdər]

dia (m) de trabalho	werkdag (de)	['wɛrk·dax]
pausa (f)	pauze (de)	['pauzə]
reunião (f)	samenkomst (de)	['samənkɔmst]
discutir (vt)	bespreken	[bə'sprekən]

plano (m)	plan (het)	[plan]
cumprir o plano	het plan uitvoeren	[ət plan œʏt'vurən]
taxa (f) de produção	productienorm (de)	[prɔ'dʉktsi·nɔrm]
qualidade (f)	kwaliteit (de)	[kwali'tɛjt]
controlo (m)	controle (de)	[kɔn'trɔlə]
controlo (m) da qualidade	kwaliteitscontrole (de)	['kwali'tɛjts·kɔn'trɔlə]

segurança (f) no trabalho	arbeidsveiligheid (de)	['arbɛjds·'vɛjləxhɛjt]
disciplina (f)	discipline (de)	[disip'linə]
infração (f)	overtreding (de)	[ɔvər'trediŋ]

violar (as regras)	overtreden	[ɔvər'tredən]
greve (f)	staking (de)	['stakiŋ]
grevista (m)	staker (de)	['stakər]
estar em greve	staken	['stakən]
sindicato (m)	vakbond (de)	['vakbɔnt]

inventar (vt)	uitvinden	['œʏtvindən]
invenção (f)	uitvinding (de)	['œʏtvindiŋ]
pesquisa (f)	onderzoek (het)	['ɔndərzuk]
melhorar (vt)	verbeteren	[vər'betərən]
tecnologia (f)	technologie (de)	[tɛxnɔlɔ'ʒi]
desenho (m) técnico	technische tekening (de)	['tɛxnisə 'tekəniŋ]

carga (f)	vracht (de)	[vraxt]
carregador (m)	lader (de)	['ladər]
carregar (vt)	laden	['ladən]
carregamento (m)	laden (het)	['ladən]
descarregar (vt)	lossen	['lɔsən]
descarga (f)	lossen (het)	['lɔsən]

transporte (m)	transport (het)	[trans'pɔrt]
companhia (f) de transporte	transportbedrijf (de)	[trans'pɔrt·bəd'rɛjf]
transportar (vt)	transporteren	[transpɔr'terən]

vagão (m) de carga	goederenwagon (de)	['xudərən·wa'xɔn]
cisterna (f)	tank (de)	[tank]
camião (m)	vrachtwagen (de)	['vraht·'waxən]

| máquina-ferramenta (f) | machine (de) | [ma'ʃinə] |
| mecanismo (m) | mechanisme (het) | [mexa'nismə] |

resíduos (m pl) industriais	industrieel afval (het)	[industri'ēl 'afval]
embalagem (f)	verpakking (de)	[vər'pakiŋ]
embalar (vt)	verpakken	[vər'pakən]

107. Contrato. Acordo

contrato (m)	contract (het)	[kɔn'trakt]
acordo (m)	overeenkomst (de)	[ɔvər'ēnkɔmst]
adenda (f), anexo (m)	bijlage (de)	['bɛjlaxə]

assinar o contrato	een contract sluiten	[en kɔn'trakt 'slœʏtən]
assinatura (f)	handtekening (de)	['hand·'tekəniŋ]
assinar (vt)	ondertekenen	['ɔndər'tekənən]
carimbo (m)	stempel (de)	['stɛmpəl]

objeto (m) do contrato	voorwerp (het) van de overeenkomst	['vōrwərp van də ɔvə'rēnkɔmst]
cláusula (f)	clausule (de)	[klau'zulə]
partes (f pl)	partijen	[par'tɛjən]
morada (f) jurídica	vestigingsadres (het)	['vɛstəhiŋs·a'drɛs]

| violar o contrato | het contract verbreken | [ət kɔn'trakt vər'brekən] |
| obrigação (f) | verplichting (de) | [vər'plixtiŋ] |

responsabilidade (f)	verantwoordelijkheid (de)	[vərant·'wŏrdələk 'hɛjt]
força (f) maior	overmacht (de)	['ɔvərmaxt]
litígio (m), disputa (f)	geschil (het)	[xə'sxil]
multas (f pl)	sancties	['sanksis]

108. Importação & Exportação

importação (f)	import (de)	['impɔrt]
importador (m)	importeur (de)	[impɔr'tør]
importar (vt)	importeren	[impɔr'terən]
de importação	import-	['impɔrt]

exportação (f)	uitvoer (de)	['œytvur]
exportador (m)	exporteur (de)	[ɛkspɔr'tør]
exportar (vt)	exporteren	[ɛkspɔr'terən]
de exportação	uitvoer-	['œytvur]

| mercadoria (f) | goederen | ['xudərən] |
| lote (de mercadorias) | partij (de) | [par'tɛj] |

peso (m)	gewicht (het)	[xə'wixt]
volume (m)	volume (het)	[vɔ'lʉmə]
metro (m) cúbico	kubieke meter (de)	[kʉ'bikə 'metər]

produtor (m)	producent (de)	[prɔdʉ'sɛnt]
companhia (f) de transporte	transportbedrijf (de)	[trans'pɔrt·bəd'rɛjf]
contentor (m)	container (de)	[kɔn'tenər]

fronteira (f)	grens (de)	[xrɛns]
alfândega (f)	douane (de)	[du'anə]
taxa (f) alfandegária	douanerecht (het)	[du'anə·rɛxt]
funcionário (m) da alfândega	douanier (de)	[dua'njē]
contrabando (atividade)	smokkelen (het)	['smɔkələn]
contrabando (produtos)	smokkelwaar (de)	['smɔkəl·wār]

109. Finanças

ação (f)	aandeel (het)	['āndēl]
obrigação (f)	obligatie (de)	[ɔbli'xatsi]
nota (f) promissória	wissel (de)	['wisəl]

| bolsa (f) | beurs (de) | ['børs] |
| cotação (m) das ações | aandelenkoers (de) | ['āndələn·kurs] |

| tornar-se mais barato | dalen | ['dalən] |
| tornar-se mais caro | stijgen | ['stɛjxən] |

| parte (f) | deel (het) | [dēl] |
| participação (f) maioritária | meerderheidsbelang (het) | ['mērdərhɛjts·bə'laŋ] |

| investimento (m) | investeringen | [invɛ'steriŋən] |
| investir (vt) | investeren | [invɛ'sterən] |

| percentagem (f) | procent (het) | [prɔ'sɛnt] |
| juros (m pl) | rente (de) | ['rentə] |

lucro (m)	winst (de)	[winst]
lucrativo	winstgevend	[winst'xevənt]
imposto (m)	belasting (de)	[bə'lastiŋ]

divisa (f)	valuta (de)	[va'lʉta]
nacional	nationaal	[natsjɔ'nāl]
câmbio (m)	ruil (de)	[rœʏl]

| contabilista (m) | boekhouder (de) | [buk 'haudər] |
| contabilidade (f) | boekhouding (de) | [buk 'haudiŋ] |

bancarrota (f)	bankroet (het)	[bank'rut]
falência (f)	ondergang (de)	['ɔndərxaŋ]
ruína (f)	faillissement (het)	[fajɪs'mɛnt]
arruinar-se (vr)	geruïneerd zijn	[xərui'nērt zɛjn]
inflação (f)	inflatie (de)	[in'flatsi]
desvalorização (f)	devaluatie (de)	[devalj'vatsi]

capital (m)	kapitaal (het)	[kapi'tāl]
rendimento (m)	inkomen (het)	['inkɔmən]
volume (m) de negócios	omzet (de)	['ɔmzɛt]
recursos (m pl)	middelen	['midələn]
recursos (m pl) financeiros	financiële middelen	[finansi'elə 'midələn]
despesas (f pl) gerais	operationele kosten	[ɔpe'ratsjɔnələ 'kɔstən]
reduzir (vt)	reduceren	[redʉ'serən]

110. Marketing

marketing (m)	marketing (de)	['marketiŋ]
mercado (m)	markt (de)	[markt]
segmento (m) do mercado	marktsegment (het)	['markt·sɛx'mɛnt]
produto (m)	product (het)	[prɔ'dʉkt]
mercadoria (f)	goederen	['xudərən]

marca (f)	merk (het)	[mɛrk]
marca (f) comercial	handelsmerk (het)	['handəls·mɛrk]
logotipo (m)	beeldmerk (het)	['bēlt·mɛrk]
logo (m)	logo (het)	['lɔxɔ]
demanda (f)	vraag (de)	[vrāx]
oferta (f)	aanbod (het)	['āmbɔt]
necessidade (f)	behoefte (de)	[bə'huftə]
consumidor (m)	consument (de)	[kɔnsʉ'mɛnt]

análise (f)	analyse (de)	[ana'lizə]
analisar (vt)	analyseren	[anali'zerən]
posicionamento (m)	positionering (de)	[pɔzitsjɔ'neriŋ]
posicionar (vt)	positioneren	[pɔzitsjɔ'nerən]

preço (m)	prijs (de)	[prɛjs]
política (f) de preços	prijspolitiek (de)	['prɛjs·pɔli'tik]
formação (f) de preços	prijsvorming (de)	['prɛjs·'vɔrmiŋ]

111. Publicidade

publicidade (f)	reclame (de)	[re'klamə]
publicitar (vt)	adverteren	[advɛr'tɛrən]
orçamento (m)	budget (het)	[bʉ'dʒɛt]
anúncio (m) publicitário	advertentie, reclame (de)	[advɛr'tɛntsi], [re'klamə]
publicidade (f) televisiva	TV-reclame (de)	[te've-re'klamə]
publicidade (f) na rádio	radioreclame (de)	['radiɔ·re'klamə]
publicidade (f) exterior	buitenreclame (de)	['bœʏtən·rək'lamə]
comunicação (f) de massa	massamedia (de)	['masa·'media]
periódico (m)	periodiek (de)	[periɔ'dik]
imagem (f)	imago (het)	[i'maxɔ]
slogan (m)	slagzin (de)	['slax·sin]
mote (m), divisa (f)	motto (het)	['mɔtɔ]
campanha (f)	campagne (de)	[kam'panjə]
companha (f) publicitária	reclamecampagne (de)	[re'klamə·kam'panjə]
grupo (m) alvo	doelpubliek (het)	[dul·pʉ'blik]
cartão (m) de visita	visitekaartje (het)	[vi'zitə·'kārtʃə]
flyer (m)	flyer (de)	['flajər]
brochura (f)	brochure (de)	[brɔ'ʃʉrə]
folheto (m)	folder (de)	['fɔldər]
boletim (~ informativo)	nieuwsbrief (de)	['niusbrif]
letreiro (m)	gevelreclame (de)	['xevəl·re'klamə]
cartaz, póster (m)	poster (de)	['pɔstər]
painel (m) publicitário	aanplakbord (het)	['ānplak·'bɔrt]

112. Banca

banco (m)	bank (de)	[bank]
sucursal, balcão (f)	bankfiliaal (het)	[bank·fili'āl]
consultor (m)	bankbediende (de)	[bank·bə'dində]
gerente (m)	manager (de)	['mɛnədʒər]
conta (f)	bankrekening (de)	[bank·'rekəniŋ]
número (m) da conta	rekeningnummer (het)	['rekəniŋ·'nʉmər]
conta (f) corrente	lopende rekening (de)	['lɔpəndə 'rekəniŋ]
conta (f) poupança	spaarrekening (de)	['spār·'rekəniŋ]
abrir uma conta	een rekening openen	[en 'rekəniŋ 'ɔpənən]
fechar uma conta	de rekening sluiten	[də 'rekəniŋ slœʏtən]
depositar na conta	op rekening storten	[ɔp 'rekəniŋ 'stortən]
levantar (vt)	opnemen	['ɔpnemən]
depósito (m)	storting (de)	['stortiŋ]
fazer um depósito	een storting maken	[en 'stortiŋ 'makən]
transferência (f) bancária	overschrijving (de)	[ɔvər'sxrɛjviŋ]

transferir (vt)	een overschrijving maken	[ɛn ɔvər'sxrɛjvɪŋ 'makən]
soma (f)	som (de)	[sɔm]
Quanto?	Hoeveel?	[hu'vēl]

| assinatura (f) | handtekening (de) | ['hand·'tekənɪŋ] |
| assinar (vt) | ondertekenen | ['ɔndər'tekənən] |

cartão (m) de crédito	kredietkaart (de)	[kre'dit·kārt]
código (m)	code (de)	['kɔdə]
número (m)	kredietkaartnummer (het)	[kre'dit·kārt·'nʉmər]
do cartão de crédito		
Caixa Multibanco (m)	geldautomaat (de)	[xɛlt·autɔ'māt]

cheque (m)	cheque (de)	[ʃɛk]
passar um cheque	een cheque uitschrijven	[ɛn ʃɛk œyt'sxrɛjvən]
livro (m) de cheques	chequeboekje (het)	[ʃɛk·'bukjə]

empréstimo (m)	lening, krediet (de)	['lenɪŋ], [kre'dit]
pedir um empréstimo	een lening aanvragen	[ɛn 'lenɪŋ 'ānvraxən]
obter um empréstimo	een lening nemen	[ɛn 'lenɪŋ 'nemən]
conceder um empréstimo	een lening verlenen	[ɛn 'lenɪŋ vər'lenən]
garantia (f)	garantie (de)	[xa'rantsi]

113. Telefone. Conversação telefónica

telefone (m)	telefoon (de)	[telə'fōn]
telemóvel (m)	mobieltje (het)	[mɔ'biltʃe]
secretária (f) electrónica	antwoordapparaat (het)	['antwōrt·apa'rāt]

| fazer uma chamada | bellen | ['belən] |
| chamada (f) | belletje (het) | ['beletʃe] |

marcar um número	een nummer draaien	[ɛn 'nʉmər 'drājən]
Alô!	Hallo!	[ha'lɔ]
perguntar (vt)	vragen	['vraxən]
responder (vt)	antwoorden	['antwōrdən]

ouvir (vt)	horen	['hɔrən]
bem	goed	[xut]
mal	slecht	[slɛxt]
ruído (m)	storingen	['stɔrɪŋən]

auscultador (m)	hoorn (de)	[hōrn]
pegar o telefone	opnemen	['ɔpnemən]
desligar (vi)	ophangen	['ɔphaŋən]

ocupado	bezet	[bə'zɛt]
tocar (vi)	overgaan	['ɔvərxān]
lista (f) telefónica	telefoonboek (het)	[telə'fōn·buk]
local	lokaal	[lɔ'kāl]
chamada (f) local	lokaal gesprek (het)	[lɔ'kāl xesp'rɛk]
de longa distância	interlokaal	[intərlɔ'kāl]
chamada (f) de longa distância	interlokaal gesprek (het)	[intərlɔ'kāl xe'sprɛk]

| internacional | buitenlands | ['bœytənlants] |
| chamada (f) internacional | buitenlands gesprek (het) | ['bœytənlants xe'ʃprɛk] |

114. Telefone móvel

telemóvel (m)	mobieltje (het)	[mɔ'biltʃe]
ecrã (m)	scherm (het)	[sxɛrm]
botão (m)	toets, knop (de)	[tuts], [knɔp]
cartão SIM (m)	simkaart (de)	['sim·kārt]

bateria (f)	batterij (de)	[batə'rɛj]
descarregar-se	leeg zijn	[lēx zɛjn]
carregador (m)	acculader (de)	[akʉ'ladər]

| menu (m) | menu (het) | [me'nʉ] |
| definições (f pl) | instellingen | ['instɛliŋən] |

| melodia (f) | melodie (de) | [melɔ'di] |
| escolher (vt) | selecteren | [selɛk'terən] |

calculadora (f)	rekenmachine (de)	['rekən·ma'ʃinə]
correio (m) de voz	voicemail (de)	['vɔjs·mɛjl]
despertador (m)	wekker (de)	['wɛkər]
contatos (m pl)	contacten	[kɔn'taktən]

| mensagem (f) de texto | SMS-bericht (het) | [ɛsɛ'mɛs-bə'rixt] |
| assinante (m) | abonnee (de) | [abɔ'nē] |

115. Estacionário

| caneta (f) | balpen (de) | ['bal·pən] |
| caneta (f) tinteiro | vulpen (de) | ['vʉl·pən] |

lápis (m)	potlood (het)	['pɔtlōt]
marcador (m)	marker (de)	['markər]
caneta (f) de feltro	viltstift (de)	['vilt·stift]

| bloco (m) de notas | notitieboekje (het) | [nɔ'titsi·'bukje] |
| agenda (f) | agenda (de) | [a'xɛnda] |

régua (f)	liniaal (de/het)	[lini'āl]
calculadora (f)	rekenmachine (de)	['rekən·ma'ʃinə]
borracha (f)	gom (de)	[xɔm]

| pionés (m) | punaise (de) | [pʉ'nɛzə] |
| clipe (m) | paperclip (de) | ['pɛjpər·klip] |

| cola (f) | lijm (de) | [lɛjm] |
| agrafador (m) | nietmachine (de) | ['nit·ma'ʃinə] |

| furador (m) | perforator (de) | [perfɔ'ratɔr] |
| afia-lápis (m) | potloodslijper (de) | ['pɔtlōt·'slɛjpər] |

116. Vários tipos de documentos

relatório (m)	verslag (het)	[vər'slax]
acordo (m)	overeenkomst (de)	[ɔvər'ēnkɔmst]
ficha (f) de inscrição	aanvraagformulier (het)	['ānvrāx·fɔrmu'lir]
autêntico	origineel, authentiek	[ɔriʒi'nēl], [autən'tik]
crachá (m)	badge, kaart (de)	[bɛdʒ], [kārt]
cartão (m) de visita	visitekaartje (het)	[vi'zitə·'kārtʃə]

certificado (m)	certificaat (het)	[sɛrtifi'kāt]
cheque (m)	cheque (de)	[ʃɛk]
conta (f)	rekening (de)	['rekəniŋ]
constituição (f)	grondwet (de)	['xrɔnt·wɛt]

contrato (m)	contract (het)	[kɔn'trakt]
cópia (f)	kopie (de)	[kɔ'pi]
exemplar (m)	exemplaar (het)	[ɛksem'plār]

declaração (f) alfandegária	douaneaangifte (de)	[du'anə·'ānxiftə]
documento (m)	document (het)	[dɔkʉ'mɛnt]
carta (f) de condução	rijbewijs (het)	['rɛj·bɛwɛjs]
adenda (ao contrato)	bijlage (de)	['bɛjlaxə]
questionário (m)	formulier (het)	[fɔrmu'lir]

bilhete (m) de identidade	identiteitskaart (de)	[idənti'tɛjts·kārt]
inquérito (m)	aanvraag (de)	['ānvrāx]
convite (m)	uitnodigingskaart (de)	[œʏt'nɔdixiŋs·kārt]
fatura (f)	factuur (de)	[fak'tūr]

lei (f)	wet (de)	[wɛt]
carta (correio)	brief (de)	[brif]
papel (m) timbrado	briefhoofd (het)	['brifhōft]
lista (f)	lijst (de)	[lɛjst]
manuscrito (m)	manuscript (het)	[manʉsk'ript]
boletim (~ informativo)	nieuwsbrief (de)	['niusbrif]
bilhete (mensagem breve)	briefje (het)	['brifʲə]

passe (m)	pasje (het)	['paɕə]
passaporte (m)	paspoort (het)	['paspōrt]
permissão (f)	vergunning (de)	[vər'xʉniŋ]
CV, currículo (m)	CV, curriculum vitae (het)	[se've], [kʉ'rikʉlʉm 'vitə]
vale (nota promissória)	schuldbekentenis (de)	[sxjult·bə'kɛntənis]
recibo (m)	kwitantie (de)	[kwi'tantsi]
talão (f)	bon (de)	[bɔn]
relatório (m)	rapport (het)	[ra'pɔrt]

mostrar (vt)	tonen	['tɔnən]
assinar (vt)	ondertekenen	['ɔndər'tekənən]
assinatura (f)	handtekening (de)	['hand·'tekəniŋ]
carimbo (m)	stempel (de)	['stɛmpəl]
texto (m)	tekst (de)	[tɛkst]
bilhete (m)	biljet (het)	[bi'ljet]

| riscar (vt) | doorhalen | ['dōrhalən] |
| preencher (vt) | invullen | ['invʉlən] |

| guia (f) de remessa | vrachtbrief (de) | ['vraxt·brif] |
| testamento (m) | testament (het) | [tɛsta'mɛnt] |

117. Tipos de negócios

serviços (m pl) de contabilidade	boekhouddiensten	['bukhaut·'dinstən]
publicidade (f)	reclame (de)	[re'klamə]
agência (f) de publicidade	reclamebureau (het)	[re'klamə·bu'rɔ]
ar (m) condicionado	airconditioning (de)	[ɛr·kɔn'diʃəniŋ]
companhia (f) aérea	luchtvaart- maatschappij (de)	['lʉxtvārt- mātsxa'pɛj]

bebidas (f pl) alcoólicas	alcoholische dranken	[alkɔ'hɔlisə 'drankən]
comércio (m) de antiguidades	antiek (het)	[an'tik]
galeria (f) de arte	kunstgalerie (de)	['kʉnst·galə'ri]
serviços (m pl) de auditoria	audit diensten	['audit·'dinstən]

negócios (m pl) bancários	banken	['bankən]
bar (m)	bar (de)	[bar]
salão (m) de beleza	schoonheidssalon (de/het)	['sxōnxɛjts·sa'lɔn]
livraria (f)	boekhandel (de)	['bukən·'handəl]
cervejaria (f)	bierbrouwerij (de)	[birb·rɔuwɛ'rɛj]
centro (m) de escritórios	zakencentrum (het)	['zakən·'sɛntrʉm]
escola (f) de negócios	business school (de)	['biznes·sxōl]

casino (m)	casino (het)	[ka'sinɔ]
construção (f)	bouwbedrijven	['baubə'drɛjvən]
serviços (m pl) de consultoria	adviesbureau (het)	[at'vis·bu'rɔ]

estomatologia (f)	tandheelkunde (de)	['tand·kli'nik]
design (m)	design (het)	[di'zajn]
farmácia (f)	apotheek (de)	[apɔ'tēk]
lavandaria (f)	stomerij (de)	[stɔmɛ'rɛj]
agência (f) de emprego	uitzendbureau (het)	['œytzənt·by'rɔ]

serviços (m pl) financeiros	financiële diensten	[finansi'elə 'dinstən]
alimentos (m pl)	voedingswaren	['vudiŋs·warən]
agência (f) funerária	uitvaartcentrum (het)	['œytvārt·'sɛntrym]
mobiliário (m)	meubilair (het)	['møbi'lɛr]
roupa (f)	kleding (de)	['klediŋ]
hotel (m)	hotel (het)	[hɔ'tɛl]

gelado (m)	ijsje (het)	['ɛisjə], ['ɛiʃə]
indústria (f)	industrie (de)	[indʉs'tri]
seguro (m)	verzekering (de)	[vər'zekəriŋ]
internet (f)	Internet (het)	['intɛrnɛt]
investimento (m)	investeringen	[invɛ'steriŋən]

joalheiro (m)	juwelier (de)	[juwe'lir]
joias (f pl)	juwelen	[ju'welən]
lavandaria (f)	wasserette (de)	[wasə'rɛtə]
serviços (m pl) jurídicos	juridische diensten	[ju'ridisə 'dinstən]
indústria (f) ligeira	lichte industrie (de)	['lixtə indʉs'tri]

revista (f)	tijdschrift (het)	['tɛjtsxrift]
vendas (f pl) por catálogo	postorderbedrijven	['pɔst·ɔrdər·bə'drɛjvən]
medicina (f)	medicijnen	['mɛdisɛjnən]
cinema (m)	bioscoop (de)	[biɔ'skōp]
museu (m)	museum (het)	[mʉ'zejum]
agência (f) de notícias	persbureau (het)	['pɛrs·bʉrɔ]
jornal (m)	krant (de)	[krant]
clube (m) noturno	nachtclub (de)	['naxt·klʉp]
petróleo (m)	olie (de)	['ɔli]
serviço (m) de encomendas	koerierdienst (de)	[ku'rir·dinst]
indústria (f) farmacêutica	farmacie (de)	[farma'si]
poligrafia (f)	drukkerij (de)	[drʉkə'rɛj]
editora (f)	uitgeverij (de)	[œytxevə'rɛj]
rádio (m)	radio (de)	['radiɔ]
imobiliário (m)	vastgoed (het)	['vastxut]
restaurante (m)	restaurant (het)	[rɛstɔ'rant]
empresa (f) de segurança	bewakingsfirma (de)	[bə'wakiŋs·'firma]
desporto (m)	sport (de)	[spɔrt]
bolsa (f)	handelsbeurs (de)	['handəls·børs]
loja (f)	winkel (de)	['winkəl]
supermercado (m)	supermarkt (de)	['sʉpərmarkt]
piscina (f)	zwembad (het)	['zwɛm·bat]
alfaiataria (f)	naaiatelier (het)	[nāj·atə'lje]
televisão (f)	televisie (de)	[telə'vizi]
teatro (m)	theater (het)	[te'atər]
comércio (atividade)	handel (de)	['handəl]
serviços (m pl) de transporte	transport (het)	[trans'pɔrt]
viagens (f pl)	toerisme (het)	[tu'rismə]
veterinário (m)	dierenarts (de)	['dīrən·arts]
armazém (m)	magazijn (het)	[maxa'zɛjn]
recolha (f) do lixo	afvalinzameling (de)	['afval·'inzaməliŋ]

Emprego. Negócios. Parte 2

118. Espetáculo. Feira

feira (f)	beurs (de)	['børs]
feira (f) comercial	vakbeurs,	['vak'børs],
	handelsbeurs (de)	['handəls·'børs]
participação (f)	deelneming (de)	['dēlnemiŋ]
participar (vi)	deelnemen	['dēlnemən]
participante (m)	deelnemer (de)	['dēlnemər]
diretor (m)	directeur (de)	[dirɛk'tør]
direção (f)	organisatiecomité (het)	[ɔrxani'zatsi·kɔmi'tɛ]
organizador (m)	organisator (de)	[ɔrxani'zator]
organizar (vt)	organiseren	[ɔrxani'zerən]
ficha (f) de inscrição	deelnemingsaanvraag (de)	['dēlnemiŋs·'ānvrāx]
preencher (vt)	invullen	['invʉlən]
detalhes (m pl)	details	[de'tajs]
informação (f)	informatie (de)	[infɔr'matsi]
preço (m)	prijs (de)	[prɛjs]
incluindo	inclusief	[inklʉ'zif]
incluir (vt)	inbegrepen	['inbəxrepən]
pagar (vt)	betalen	[bə'talən]
taxa (f) de inscrição	registratietarief (het)	[rexi'stratsi·ta'rif]
entrada (f)	ingang (de)	['inxaŋ]
pavilhão (m)	paviljoen (het), hal (de)	[pavi'ljun], [hal]
inscrever (vt)	registreren	[rexi'strerən]
crachá (m)	badge, kaart (de)	[bɛdʒ], [kārt]
stand (m)	beursstand (de)	['børs·stant]
reservar (vt)	reserveren	[rezɛr'verən]
vitrina (f)	vitrine (de)	[vit'rinə]
foco, spot (m)	licht (het)	[lixt]
design (m)	design (het)	[di'zajn]
pôr, colocar (vt)	plaatsen	['plātsən]
ser colocado, -a	geplaatst zijn	[xəp'lātst zɛjn]
distribuidor (m)	distributeur (de)	[distribʉ'tør]
fornecedor (m)	leverancier (de)	[levəran'sir]
fornecer (vt)	leveren	['levərən]
país (m)	land (het)	[lant]
estrangeiro	buitenlands	['bœʏtənlants]
produto (m)	product (het)	[prɔ'dʉkt]
associação (f)	associatie (de)	[asɔʃi'atsi]

sala (f) de conferências	conferentiezaal (de)	[kɔnfə'rɛntsi·zāl]
congresso (m)	congres (het)	[kɔnx'res]
concurso (m)	wedstrijd (de)	['wɛtstrɛjt]

visitante (m)	bezoeker (de)	[bə'zukər]
visitar (vt)	bezoeken	[bə'zukən]
cliente (m)	afnemer (de)	['afnemər]

119. Media

jornal (m)	krant (de)	[krant]
revista (f)	tijdschrift (het)	['tɛjtsxrift]
imprensa (f)	pers (de)	[pɛrs]
rádio (m)	radio (de)	['radiɔ]
estação (f) de rádio	radiostation (het)	['radiɔ·sta'tsjɔn]
televisão (f)	televisie (de)	[telə'vizi]

apresentador (m)	presentator (de)	[prezən'tatɔr]
locutor (m)	nieuwslezer (de)	['nius·lezər]
comentador (m)	commentator (de)	[kɔmən'tatɔr]

jornalista (m)	journalist (de)	[ʒurna'list]
correspondente (m)	correspondent (de)	[kɔrɛspɔn'dɛnt]
repórter (m) fotográfico	fotocorrespondent (de)	['fotɔ·kɔrɛspɔn'dɛnt]
repórter (m)	reporter (de)	[re'pɔrtər]

redator (m)	redacteur (de)	[redak'tør]
redator-chefe (m)	chef-redacteur (de)	[ʃɛf-redak'tør]

assinar a ...	zich abonneren op	[zix abɔ'nerən ɔp]
assinatura (f)	abonnement (het)	[abɔne'mɛnt]
assinante (m)	abonnee (de)	[abɔ'nē]
ler (vt)	lezen	['lezən]
leitor (m)	lezer (de)	['lezər]

tiragem (f)	oplage (de)	['ɔplaxə]
mensal	maand-, maandelijks	[mānt], ['māndələks]
semanal	wekelijks	['wekələks]
número (jornal, revista)	nummer (het)	['nʉmər]
recente	vers	[vɛrs]

manchete (f)	kop (de)	[kɔp]
pequeno artigo (m)	korte artikel (het)	['kɔrtə ar'tikəl]
coluna (~ semanal)	rubriek (de)	[rʉ'brik]
artigo (m)	artikel (het)	[ar'tikəl]
página (f)	pagina (de)	['paxina]

reportagem (f)	reportage (de)	[repɔr'taʒə]
evento (m)	gebeurtenis (de)	[xə'børtənis]
sensação (f)	sensatie (de)	[sɛn'satsi]
escândalo (m)	schandaal (het)	[sxan'dāl]
escandaloso	schandalig	[sxan'daləx]
grande	groot	[xrōt]
programa (m) de TV	programma (het)	[prɔ'xrama]

entrevista (f)	interview (het)	['intɛrvjʉ]
transmissão (f) em direto	live uitzending (de)	[liv 'œytsɛndiŋ]
canal (m)	kanaal (het)	[ka'nāl]

120. Agricultura

agricultura (f)	landbouw (de)	['lantbau]
camponês (m)	boer (de)	[bur]
camponesa (f)	boerin (de)	[bu'rin]
agricultor (m)	landbouwer (de)	['lantbauər]

| trator (m) | tractor (de) | ['traktɔr] |
| ceifeira-debulhadora (f) | maaidorser (de) | ['mājdɔrsər] |

arado (m)	ploeg (de)	[plux]
arar (vt)	ploegen	['pluxən]
campo (m) lavrado	akkerland (het)	['akər·lant]
rego (m)	voor (de)	[vōr]

semear (vt)	zaaien	['zājən]
semeadora (f)	zaaimachine (de)	['zāi·ma'ʃinə]
semeadura (f)	zaaien (het)	['zājən]

| gadanha (f) | zeis (de) | [zɛjs] |
| gadanhar (vt) | maaien | ['mājən] |

| pá (f) | schop (de) | [sxɔp] |
| cavar (vt) | spitten | ['spitən] |

enxada (f)	schoffel (de)	['sxɔfəl]
carpir (vt)	wieden	['widən]
erva (f) daninha	onkruid (het)	['ɔnkrœyt]

regador (m)	gieter (de)	['xitər]
regar (vt)	begieten	[bə'xitən]
rega (f)	bewatering (de)	[bə'watəriŋ]

| forquilha (f) | riek, hooivork (de) | [rik], ['hōj·vɔrk] |
| ancinho (m) | hark (de) | [hark] |

fertilizante (m)	kunstmest (de)	['kunstmɛst]
fertilizar (vt)	bemesten	[bə'mɛstən]
estrume (m)	mest (de)	[mɛst]

campo (m)	veld (het)	[vɛlt]
prado (m)	wei (de)	[wɛj]
horta (f)	moestuin (de)	['mus·tœyn]
pomar (m)	boomgaard (de)	['bōm·xārt]

pastar (vt)	weiden	['wɛjdən]
pastor (m)	herder (de)	['hɛrdər]
pastagem (f)	weiland (de)	['wɛj·lant]
pecuária (f)	veehouderij (de)	['vē·haudərɛj]
criação (f) de ovelhas	schapenteelt (de)	['sxapən·tēlt]

plantação (f)	plantage (de)	['plan'taʒə]
canteiro (m)	rijtje (het)	['rɛjtʃə]
invernadouro (m)	broeikas (de)	['brujkas]

| seca (f) | droogte (de) | ['drõxtə] |
| seco (verão ~) | droog | [drõx] |

cereal (m)	graan (het)	[xrãn]
cereais (m pl)	graangewassen	['xrãn·xɛ'wasən]
colher (vt)	oogsten	['õxstən]

moleiro (m)	molenaar (de)	['mɔlənãr]
moinho (m)	molen (de)	['mɔlən]
moer (vt)	malen	['malən]
farinha (f)	bloem (de)	[blum]
palha (f)	stro (het)	[strɔ]

121. Construção. Processo de construção

canteiro (m) de obras	bouwplaats (de)	['bau·plãts]
construir (vt)	bouwen	['bauwən]
construtor (m)	bouwvakker (de)	['bau·'vakər]

projeto (m)	project (het)	[prɔ'jekt]
arquiteto (m)	architect (de)	[arʃi'tɛkt]
operário (m)	arbeider (de)	['arbɛjdər]

fundação (f)	fundering (de)	[fʉn'deriŋ]
telhado (m)	dak (het)	[dak]
estaca (f)	heipaal (de)	['hɛjpãl]
parede (f)	muur (de)	[mũr]

| varões (m pl) para betão | betonstaal (het) | [bə'tɔn·stãl] |
| andaime (m) | steigers | ['stɛjxərs] |

betão (m)	beton (het)	[bə'tɔn]
granito (m)	graniet (het)	[xra'nit]
pedra (f)	steen (de)	[stẽn]
tijolo (m)	baksteen (de)	['bakstẽn]

areia (f)	zand (het)	[zant]
cimento (m)	cement (de/het)	[sə'mɛnt]
emboço (m)	pleister (het)	['plɛjstər]
emboçar (vt)	pleisteren	['plɛjstərən]

tinta (f)	verf (de)	[vɛrf]
pintar (vt)	verven	['vɛrvən]
barril (m)	ton (de)	[tɔn]

grua (f), guindaste (m)	kraan (de)	[krãn]
erguer (vt)	heffen, hijsen	['hefən], ['hɛjsən]
baixar (vt)	neerlaten	['nẽrlatən]
buldózer (m)	bulldozer (de)	[bʉl'dɔzər]
escavadora (f)	graafmachine (de)	[xrãf·ma'ʃinə]

caçamba (f)	graafbak (de)	[xrāf·bak]
escavar (vt)	graven	['xravən]
capacete (m) de proteção	helm (de)	[hɛlm]

122. Ciência. Investigação. Cientistas

ciência (f)	wetenschap (de)	['wetənsxap]
científico	wetenschappelijk	[wetən'sxapələk]
cientista (m)	wetenschapper (de)	['wetənsxapər]
teoria (f)	theorie (de)	[teɔ'ri]

axioma (m)	axioma (het)	[aksi'ɔma]
análise (f)	analyse (de)	[ana'lizə]
analisar (vt)	analyseren	[anali'zerən]
argumento (m)	argument (het)	[arxju'mɛnt]
substância (f)	substantie (de)	[sʉp'stansi]

hipótese (f)	hypothese (de)	[hipɔ'tezə]
dilema (m)	dilemma (het)	[di'lema]
tese (f)	dissertatie (de)	[disɛr'tatsi]
dogma (m)	dogma (het)	['dɔxma]

doutrina (f)	doctrine (de)	[dɔk'trinə]
pesquisa (f)	onderzoek (het)	['ɔndərzuk]
pesquisar (vt)	onderzoeken	['ɔndər'zukən]
teste (m)	toetsing (de)	['tutsiŋ]
laboratório (m)	laboratorium (het)	[labora'tɔrijum]

método (m)	methode (de)	[me'tɔdə]
molécula (f)	molecule (de/het)	[mɔle'kʉlə]
monitoramento (m)	monitoring (de)	['mɔnitɔriŋ]
descoberta (f)	ontdekking (de)	[ɔn'dɛkiŋ]

postulado (m)	postulaat (het)	[pɔstʉ'lāt]
princípio (m)	principe (het)	[prin'sipə]
prognóstico (previsão)	voorspelling (de)	[vōr'spɛliŋ]
prognosticar (vt)	een prognose maken	[en prɔx'nɔzə 'makən]

síntese (f)	synthese (de)	[sin'tɛzə]
tendência (f)	tendentie (de)	[ten'dɛnsi]
teorema (m)	theorema (het)	[teɔ'rɛma]

| ensinamentos (m pl) | leerstellingen | ['lērstɛliŋən] |
| facto (m) | feit (het) | [fɛjt] |

| expedição (f) | expeditie (de) | [ɛkspe'ditsi] |
| experiência (f) | experiment (het) | [ɛksperi'mɛnt] |

académico (m)	academicus (de)	[aka'demikʉs]
bacharel (m)	bachelor (de)	['bɛtʃəlɔr]
doutor (m)	doctor (de)	['dɔktɔr]
docente (m)	universitair docent (de)	['junivɛrsitər dɔ'sɛnt]
mestre (m)	master, magister (de)	['mastər], [ma'xistər]
professor (m) catedrático	professor (de)	[prɔ'fɛsɔr]

Profissões e ocupações

123. Procura de emprego. Demissão

trabalho (m)	baan (de)	[bãn]
equipa (f)	werknemers	['wɛrknemərs]
pessoal (m)	personeel (het)	[pɛrsɔ'nēl]

carreira (f)	carrière (de)	[ka'rjerə]
perspetivas (f pl)	vooruitzichten	[võrœyt·'sixtən]
mestria (f)	meesterschap (het)	['mēstər'sxap]

seleção (f)	keuze (de)	['køzə]
agência (f) de emprego	uitzendbureau (het)	['œytzənt·by'rɔ]
CV, currículo (m)	CV, curriculum vitae (het)	[se've], [ku'rikulum 'vitə]
entrevista (f) de emprego	sollicitatiegesprek (het)	[sɔlisi'tatsi·xəsp'rɛk]
vaga (f)	vacature (de)	[vaka'turə]

salário (m)	salaris (het)	[sa'laris]
salário (m) fixo	vaste salaris (het)	['vastə sa'laris]
pagamento (m)	loon (het)	[lõn]

posto (m)	betrekking (de)	[bə'trɛkiŋ]
dever (do empregado)	taak, plicht (de)	[tãk], [plixt]
gama (f) de deveres	takenpakket (het)	['takən·pa'ket]
ocupado	bezig	['bezəx]

despedir, demitir (vt)	ontslagen	[ɔnt'slaxən]
demissão (f)	ontslag (het)	[ɔnt'slax]

desemprego (m)	werkloosheid (de)	[wɛrk'lɔshɛjt]
desempregado (m)	werkloze (de)	[wɛrk'lɔzə]
reforma (f)	pensioen (het)	[pɛn'ʃun]
reformar-se	met pensioen gaan	[mɛt pɛn'ʃun xãn]

124. Gente de negócios

diretor (m)	directeur (de)	[dirɛk'tør]
gerente (m)	beheerder (de)	[bə'hērdər]
patrão, chefe (m)	hoofd (het)	[hõft]

superior (m)	baas (de)	[bãs]
superiores (m pl)	superieuren	[supə'rørən]
presidente (m)	president (de)	[prezi'dɛnt]
presidente (m) de direção	voorzitter (de)	['võrzitər]

substituto (m)	adjunct (de)	[ad'junkt]
assistente (m)	assistent (de)	[asi'stɛnt]

| secretário (m) | secretaris (de) | [sekre'taris] |
| secretário (m) pessoal | persoonlijke assistent (de) | [pɛr'sōnləkə asi'stɛnt] |

homem (m) de negócios	zakenman (de)	['zakənman]
empresário (m)	ondernemer (de)	['ɔndər'nemər]
fundador (m)	oprichter (de)	['ɔprixtər]
fundar (vt)	oprichten	['ɔprixtən]

fundador, sócio (m)	stichter (de)	['stixtər]
parceiro, sócio (m)	partner (de)	['partnər]
acionista (m)	aandeelhouder (de)	['ãndēl·haudər]

milionário (m)	miljonair (de)	[milju'nɛːr]
bilionário (m)	miljardair (de)	[miljar'dɛːr]
proprietário (m)	eigenaar (de)	['ɛjxənãr]
proprietário (m) de terras	landeigenaar (de)	['lant·'ɛjxənãr]

cliente (m)	klant (de)	[klant]
cliente (m) habitual	vaste klant (de)	['vastə klant]
comprador (m)	koper (de)	['kɔpər]
visitante (m)	bezoeker (de)	[bə'zukər]

profissional (m)	professioneel (de)	[prɔfesiɔ'nēl]
perito (m)	expert (de)	[ɛk'spɛːr]
especialista (m)	specialist (de)	[speʃia'list]

| banqueiro (m) | bankier (de) | [baŋ'kir] |
| corretor (m) | makelaar (de) | ['makəlãr] |

caixa (m, f)	kassier (de)	[ka'sir]
contabilista (m)	boekhouder (de)	[buk 'haudər]
guarda (m)	bewaker (de)	[bə'wakər]

investidor (m)	investeerder (de)	[invɛ'stērdər]
devedor (m)	schuldenaar (de)	['sxɵldənãr]
credor (m)	crediteur (de)	[krədi'tør]
mutuário (m)	lener (de)	['lenər]

| importador (m) | importeur (de) | [impɔr'tør] |
| exportador (m) | exporteur (de) | [ɛkspɔr'tør] |

produtor (m)	producent (de)	[prɔdɵ'sɛnt]
distribuidor (m)	distributeur (de)	[distribɵ'tør]
intermediário (m)	bemiddelaar (de)	[bə'midəlãr]

consultor (m)	adviseur, consulent (de)	[atvi'zør], [kɔnsɵ'lent]
representante (m)	vertegenwoordiger (de)	[vər'texən·'wõrdixər]
agente (m)	agent (de)	[a'xɛnt]
agente (m) de seguros	verzekeringsagent (de)	[vər'zekəriŋs·a'xɛnt]

125. Profissões de serviços

| cozinheiro (m) | kok (de) | [kɔk] |
| cozinheiro chefe (m) | chef-kok (de) | [ʃɛf-'kɔk] |

padeiro (m)	bakker (de)	['bakər]
barman (m)	barman (de)	['barman]
empregado (m) de mesa	kelner, ober (de)	['kɛlnər], ['ɔbər]
empregada (f) de mesa	serveerster (de)	[sɛr'vɛrstər]

advogado (m)	advocaat (de)	[atvɔ'kāt]
jurista (m)	jurist (de)	[ju'rist]
notário (m)	notaris (de)	[nɔ'taris]

eletricista (m)	elektricien (de)	[ɛlɛktri'sjen]
canalizador (m)	loodgieter (de)	['lōtxitər]
carpinteiro (m)	timmerman (de)	['timərman]

massagista (m)	masseur (de)	[mas'sør]
massagista (f)	masseuse (de)	[mas'søzə]
médico (m)	dokter, arts (de)	['dɔktər], [arts]

taxista (m)	taxichauffeur (de)	['taksi·ʃɔ'før]
condutor (automobilista)	chauffeur (de)	[ʃɔ'før]
entregador (m)	koerier (de)	[ku'rir]

camareira (f)	kamermeisje (het)	['kamər·'mɛjɕə]
guarda (m)	bewaker (de)	[bə'wakər]
hospedeira (f) de bordo	stewardess (de)	[stʉwər'dɛs]

professor (m)	meester (de)	['mēstər]
bibliotecário (m)	bibliothecaris (de)	['bibliɔtə'kāris]
tradutor (m)	vertaler (de)	[vər'talər]
intérprete (m)	tolk (de)	[tɔlk]
guia (pessoa)	gids (de)	[xits]

cabeleireiro (m)	kapper (de)	['kapər]
carteiro (m)	postbode (de)	['pɔst·bodə]
vendedor (m)	verkoper (de)	[vər'kɔpər]

jardineiro (m)	tuinman (de)	['tœʏn·man]
criado (m)	huisbediende (de)	['hœʏs·bə'dində]
criada (f)	dienstmeisje (het)	[dinst 'mɛjɕə]
empregada (f) de limpeza	schoonmaakster (de)	['sxōn·mākstər]

126. Profissões militares e postos

soldado (m) raso	soldaat (de)	[sɔl'dāt]
sargento (m)	sergeant (de)	[sɛr'ʒant]
tenente (m)	luitenant (de)	[lœʏtə'nant]
capitão (m)	kapitein (de)	[kapi'tɛjn]

major (m)	majoor (de)	[ma'jōr]
coronel (m)	kolonel (de)	[kɔlɔ'nɛl]
general (m)	generaal (de)	[xenə'rāl]
marechal (m)	maarschalk (de)	['mārsxalk]
almirante (m)	admiraal (de)	[atmi'rāl]
militar (m)	militair (de)	[mili'tɛːr]
soldado (m)	soldaat (de)	[sɔl'dāt]

| oficial (m) | officier (de) | [ɔfi'sir] |
| comandante (m) | commandant (de) | [kɔman'dant] |

guarda (m) fronteiriço	grenswachter (de)	[xrɛns·'wahtər]
operador (m) de rádio	marconist (de)	[markɔ'nist]
explorador (m)	verkenner (de)	[vər'kenər]
sapador (m)	sappeur (de)	[sa'pør]
atirador (m)	schutter (de)	['sxʉtər]
navegador (m)	stuurman (de)	['stūrman]

127. Oficiais. Padres

| rei (m) | koning (de) | ['kɔniŋ] |
| rainha (f) | koningin (de) | [kɔniŋ'in] |

| príncipe (m) | prins (de) | [prins] |
| princesa (f) | prinses (de) | [prin'sɛs] |

| czar (m) | tsaar (de) | [tsãr] |
| czarina (f) | tsarina (de) | [tsa'rina] |

presidente (m)	president (de)	[prezi'dɛnt]
ministro (m)	minister (de)	[mi'nistər]
primeiro-ministro (m)	eerste minister (de)	['ērstə mi'nistər]
senador (m)	senator (de)	[se'natɔr]

diplomata (m)	diplomaat (de)	[diplɔ'māt]
cônsul (m)	consul (de)	['kɔnsʉl]
embaixador (m)	ambassadeur (de)	[ambasa'dør]
conselheiro (m)	adviseur (de)	[atvi'zør]

funcionário (m)	ambtenaar (de)	['amtənār]
prefeito (m)	prefect (de)	[pre'fɛkt]
Presidente (m) da Câmara	burgemeester (de)	[bʉrxə·'mēstər]

| juiz (m) | rechter (de) | ['rɛxtər] |
| procurador (m) | aanklager (de) | ['ānklahər] |

missionário (m)	missionaris (de)	[misiɔ'naris]
monge (m)	monnik (de)	['mɔnək]
abade (m)	abt (de)	[apt]
rabino (m)	rabbi, rabbijn (de)	['rabi], [ra'bɛjn]

vizir (m)	vizier (de)	[vi'zir]
xá (m)	sjah (de)	[ɕa]
xeque (m)	sjeik (de)	[ɕɛjk]

128. Profissões agrícolas

apicultor (m)	imker (de)	['imkər]
pastor (m)	herder (de)	['hɛrdər]
agrónomo (m)	landbouwkundige (de)	['landbau·'kundixə]

| criador (m) de gado | veehouder (de) | ['vē·haudər] |
| veterinário (m) | dierenarts (de) | ['dīrən·arts] |

agricultor (m)	landbouwer (de)	['lantbauər]
vinicultor (m)	wijnmaker (de)	['wɛjn·makər]
zoólogo (m)	zoöloog (de)	[zoo'lōx]
cowboy (m)	cowboy (de)	['kaubɔj]

129. Profissões artísticas

| ator (m) | acteur (de) | [ak'tør] |
| atriz (f) | actrice (de) | [akt'risə] |

| cantor (m) | zanger (de) | ['zaŋər] |
| cantora (f) | zangeres (de) | [zaŋe'rɛs] |

| bailarino (m) | danser (de) | ['dansər] |
| bailarina (f) | danseres (de) | [dansə'rɛs] |

| artista (m) | artiest (de) | [ar'tist] |
| artista (f) | artiest (de) | [ar'tist] |

músico (m)	muzikant (de)	[mʉzi'kant]
pianista (m)	pianist (de)	[pia'nist]
guitarrista (m)	gitarist (de)	[xita'rist]

maestro (m)	orkestdirigent (de)	[ɔr'kɛst·diri'xɛnt]
compositor (m)	componist (de)	[kɔmpɔ'nist]
empresário (m)	impresario (de)	[impre'sariɔ]

realizador (m)	filmregisseur (de)	[film·rexi'sør]
produtor (m)	filmproducent (de)	[film·prɔdʉ'sɛnt]
argumentista (m)	scenarioschrijver (de)	[sɛ'nariɔ·'sxrɛjvər]
crítico (m)	criticus (de)	['kritikʉs]

escritor (m)	schrijver (de)	['sxrɛjvər]
poeta (m)	dichter (de)	['dixtər]
escultor (m)	beeldhouwer (de)	['bēlt·hauwər]
pintor (m)	kunstenaar (de)	['kʉnstənār]

malabarista (m)	jongleur (de)	[joŋ'lør]
palhaço (m)	clown (de)	['klaun]
acrobata (m)	acrobaat (de)	[akrɔ'bāt]
mágico (m)	goochelaar (de)	['xōxəlār]

130. Várias profissões

médico (m)	dokter, arts (de)	['dɔktər], [arts]
enfermeira (f)	ziekenzuster (de)	['zikən·zʉstər]
psiquiatra (m)	psychiater (de)	[psixi'atər]
estomatologista (m)	tandarts (de)	['tand·arts]
cirurgião (m)	chirurg (de)	[ʃi'rʉrx]

astronauta (m)	astronaut (de)	[astrɔ'naut]
astrónomo (m)	astronoom (de)	[astrɔ'nõm]
piloto (m)	piloot (de)	[pi'lõt]

motorista (m)	chauffeur (de)	[ʃɔ'før]
maquinista (m)	machinist (de)	[maʃi'nist]
mecânico (m)	mecanicien (de)	[mekani'sjen]

mineiro (m)	mijnwerker (de)	['mɛjn·wɛrkər]
operário (m)	arbeider (de)	['arbɛjdər]
serralheiro (m)	bankwerker (de)	[bank·'wɛrkər]
marceneiro (m)	houtbewerker (de)	['haut·bə'wɛrkər]
torneiro (m)	draaier (de)	['drãjər]
construtor (m)	bouwvakker (de)	['bau·'vakər]
soldador (m)	lasser (de)	['lasər]

professor (m) catedrático	professor (de)	[prɔ'fɛsɔr]
arquiteto (m)	architect (de)	[arʃi'tɛkt]
historiador (m)	historicus (de)	[hi'stɔrikʉs]
cientista (m)	wetenschapper (de)	['wetənsxapər]
físico (m)	fysicus (de)	['fisikʉs]
químico (m)	scheikundige (de)	['sxɛjkʉndəxə]

arqueólogo (m)	archeoloog (de)	[arheɔ'lõx]
geólogo (m)	geoloog (de)	[xeo'lõx]
pesquisador (cientista)	onderzoeker (de)	['ɔndər'zukər]

babysitter (f)	babysitter (de)	['bɛjbisitər]
professor (m)	leraar, pedagoog (de)	['lerãr], [peda'xõx]

redator (m)	redacteur (de)	[redak'tør]
redator-chefe (m)	chef-redacteur (de)	[ʃɛf-redak'tør]
correspondente (m)	correspondent (de)	[kɔrɛspɔn'dɛnt]
datilógrafa (f)	typiste (de)	[ti'pistə]

designer (m)	designer (de)	[di'zajnər]
especialista (m) em informática	computerexpert (de)	[kɔm'pjutər·'ɛkspər]
programador (m)	programmeur (de)	[prɔxra'mør]
engenheiro (m)	ingenieur (de)	[inxe'njør]

marujo (m)	matroos (de)	[ma'trõs]
marinheiro (m)	zeeman (de)	['zẽman]
salvador (m)	redder (de)	['rɛdər]

bombeiro (m)	brandweerman (de)	['brantwẽr·man]
polícia (m)	politieagent (de)	[pɔ'litsi·a'xɛnt]
guarda-noturno (m)	nachtwaker (de)	['naxt·wakər]
detetive (m)	detective (de)	[de'tɛktif]

funcionário (m) da alfândega	douanier (de)	[dua'njẽ]
guarda-costas (m)	lijfwacht (de)	['lɛjf·waxt]
guarda (m) prisional	gevangenisbewaker (de)	[xə'vaŋənis·bə'wakər]
inspetor (m)	inspecteur (de)	[inspɛk'tør]
desportista (m)	sportman (de)	['spɔrtman]
treinador (m)	trainer (de)	['trɛnər]

talhante (m)	slager, beenhouwer (de)	['slaxər], ['bēnhauər]
sapateiro (m)	schoenlapper (de)	['sxun·'lapər]
comerciante (m)	handelaar (de)	['handəlār]
carregador (m)	lader (de)	['ladər]

estilista (m)	kledingstilist (de)	['klediŋ·sti'list]
modelo (f)	model (het)	[mɔ'dɛl]

131. Ocupações. Estatuto social

aluno, escolar (m)	scholier (de)	[sxɔ'lir]
estudante (~ universitária)	student (de)	[stʉ'dɛnt]

filósofo (m)	filosoof (de)	[filɔ'zōf]
economista (m)	econoom (de)	[ɛkɔ'nōm]
inventor (m)	uitvinder (de)	['œʏtvindər]

desempregado (m)	werkloze (de)	[wɛrk'lɔzə]
reformado (m)	gepensioneerde (de)	[xəpɛnʃə'nērdə]
espião (m)	spion (de)	[spi'jon]

preso (m)	gedetineerde (de)	[xədeti'nērdə]
grevista (m)	staker (de)	['stakər]
burocrata (m)	bureaucraat (de)	[bʉrɔ'krāt]
viajante (m)	reiziger (de)	['rɛjzixər]

homossexual (m)	homoseksueel (de)	[hɔmɔsɛksʉ'ēl]
hacker (m)	hacker (de)	['hakər]
hippie	hippie (de)	['hippi]

bandido (m)	bandiet (de)	[ban'dit]
assassino (m) a soldo	huurmoordenaar (de)	['hūr·mōrdənār]
toxicodependente (m)	drugsverslaafde (de)	['drʉks·vər'slāfdə]
traficante (m)	drugshandelaar (de)	['drʉks·'handəlār]
prostituta (f)	prostituee (de)	[prɔstitʉ'ē]
chulo (m)	pooier (de)	['pōjər]

bruxo (m)	tovenaar (de)	[tɔvə'nār]
bruxa (f)	tovenares (de)	[tɔvəna'rɛs]
pirata (m)	piraat (de)	[pi'rāt]
escravo (m)	slaaf (de)	[slāf]
samurai (m)	samoerai (de)	[samu'raj]
selvagem (m)	wilde (de)	['wildə]

Desportos

132. Tipos de desportos. Desportistas

desportista (m)	sportman (de)	['spɔrtman]
tipo (m) de desporto	soort sport (de/het)	[sɔrt spɔrt]
basquetebol (m)	basketbal (het)	['bāskətbal]
jogador (m) de basquetebol	basketbalspeler (de)	['bāskətbal·'spelər]
beisebol (m)	baseball (het)	['bejzbɔl]
jogador (m) de beisebol	baseballspeler (de)	['bejzbɔl·'spelər]
futebol (m)	voetbal (het)	['vutbal]
futebolista (m)	voetballer (de)	['vutbalər]
guarda-redes (m)	doelman (de)	['dulman]
hóquei (m)	hockey (het)	['hɔki]
jogador (m) de hóquei	hockeyspeler (de)	['hɔki·'spelər]
voleibol (m)	volleybal (het)	['vɔlibal]
jogador (m) de voleibol	volleybalspeler (de)	['vɔlibal·'spelər]
boxe (m)	boksen (het)	['bɔksən]
boxeador, pugilista (m)	bokser (de)	['bɔksər]
luta (f)	worstelen (het)	['wɔrstələn]
lutador (m)	worstelaar (de)	['wɔrstəlār]
karaté (m)	karate (de)	[ka'ratə]
karateca (m)	karateka (de)	[kara'tɛka]
judo (m)	judo (de)	[ju'dɔ]
judoca (m)	judoka (de)	[ju'dɔka]
ténis (m)	tennis (het)	['tɛnis]
tenista (m)	tennisspeler (de)	['tɛnis·'spelər]
natação (f)	zwemmen (het)	['zwɛmən]
nadador (m)	zwemmer (de)	['zwɛmər]
esgrima (f)	schermen (het)	['sxɛrmən]
esgrimista (m)	schermer (de)	['sxɛrmər]
xadrez (m)	schaak (het)	[sxāk]
xadrezista (m)	schaker (de)	['sxakər]
alpinismo (m)	alpinisme (het)	[alpi'nismə]
alpinista (m)	alpinist (de)	[alpi'nist]
corrida (f)	hardlopen (het)	['hardlopən]

corredor (m)	renner (de)	['renər]
atletismo (m)	atletiek (de)	[atle'tik]
atleta (m)	atleet (de)	[at'lēt]

hipismo (m)	paardensport (de)	['pārdən·spɔrt]
cavaleiro (m)	ruiter (de)	['rœʏtər]

patinagem (f) artística	kunstschaatsen (het)	['kʉnst·'sxātsən]
patinador (m)	kunstschaatser (de)	['kʉnst·'sxātsər]
patinadora (f)	kunstschaatsster (de)	['kʉnst·'sxātstər]

halterofilismo (m)	gewichtheffen (het)	[xə'wixt·'hefən]
halterofilista (m)	gewichtheffer (de)	[xə'wixt·'hefər]
corrida (f) de carros	autoraces	['auto·'resəs]
piloto (m)	coureur (de)	[ku'rør]

ciclismo (m)	wielersport (de)	['wilər·spɔrt]
ciclista (m)	wielrenner (de)	['wil·renər]

salto (m) em comprimento	verspringen (het)	[vər·'spriŋən]
salto (m) à vara	polsstokspringen (het)	['pɔlstɔk·'spriŋən]
atleta (m) de saltos	verspringer (de)	[vər'spriŋər]

133. Tipos de desportos. Diversos

futebol (m) americano	Amerikaans voetbal (het)	[ameri'kāns 'vudbal]
badminton (m)	badminton (het)	['bɛtmintɔn]
biatlo (m)	biatlon (de)	[biat'lɔn]
bilhar (m)	biljart (het)	[bi'ljart]

bobsled (m)	bobsleeën (het)	[bɔb'slēən]
musculação (f)	bodybuilding (de)	[bɔdi·'bildiŋ]
polo (m) aquático	waterpolo (het)	['watər·polɔ]
andebol (m)	handbal (de)	['hantbal]
golfe (m)	golf (het)	[gɔlf]

remo (m)	roeisport (de)	['ruj·spɔrt]
mergulho (m)	duiken (het)	['dœʏkən]
corrida (f) de esqui	langlaufen (het)	[laŋ'laufən]
ténis (m) de mesa	tafeltennis (het)	['tafəl·'tɛnis]

vela (f)	zeilen (het)	['zɛjlən]
rali (m)	rally (de)	['rali]
râguebi (m)	rugby (het)	['ragbi]
snowboard (m)	snowboarden (het)	['snɔw·bɔrdən]
tiro (m) com arco	boogschieten (het)	['bōx·'sxitən]

134. Ginásio

barra (f)	lange halter (de)	['laŋə 'haltɛr]
halteres (m pl)	halters	['haltərs]
aparelho (m) de musculaçao	training machine (de)	['trɛjniŋ·ma'ʃinə]

| bicicleta (f) ergométrica | hometrainer (de) | [hɔm·'trɛnər] |
| passadeira (f) de corrida | loopband (de) | ['lōp·bant] |

barra (f) fixa	rekstok (de)	['rɛkstɔk]
barras (f) paralelas	brug (de) gelijke leggers	[brʉx xə'lɛjkə 'lexərs]
cavalo (m)	paardsprong (de)	['pārt·sprɔŋ]
tapete (m) de ginástica	mat (de)	[mat]

corda (f) de saltar	springtouw (het)	['spriŋ·tau]
aeróbica (f)	aerobics (de)	[ɛj'rɔbiks]
ioga (f)	yoga (de)	['joxa]

135. Hóquei

hóquei (m)	hockey (het)	['hɔki]
jogador (m) de hóquei	hockeyspeler (de)	['hɔki·'spelər]
jogar hóquei	hockey spelen	['hɔki 'spelən]
gelo (m)	ijs (het)	[ɛjs]

disco (m)	puck (de)	[pʉk]
taco (m) de hóquei	hockeystick (de)	['hɔki·stik]
patins (m pl) de gelo	schaatsen (mv.)	['sxātsən]

| muro (m) | boarding (de) | ['bɔrdiŋ] |
| tiro (m) | schot (het) | [sxɔt] |

guarda-redes (m)	doelman (de)	['dulman]
golo (m)	goal (de)	[gōl]
marcar um golo	een goal scoren	[en gōl 'skɔrən]

tempo (m)	periode (de)	[peri'ɔdə]
segundo tempo (m)	tweede periode (de)	['twēdə peri'ɔdə]
banco (m) de reservas	reservebank (de)	[re'zɛrvə·bank]

136. Futebol

futebol (m)	voetbal (het)	['vutbal]
futebolista (m)	voetballer (de)	['vutbalər]
jogar futebol	voetbal spelen	['vutbal 'spelən]

Liga Principal (f)	eredivisie (de)	['ɛrədi'vizi]
clube (m) de futebol	voetbalclub (de)	['vutbal·klʉp]
treinador (m)	trainer (de)	['trɛnər]
proprietário (m)	eigenaar (de)	['ɛjxənār]

equipa (f)	team (het)	[tĩm]
capitão (m) da equipa	aanvoerder (de)	['ānvurdər]
jogador (m)	speler (de)	['spelər]
jogador (m) de reserva	reservespeler (de)	[re'zɛrvə·'spelər]

| atacante (m) | aanvaller (de) | ['ānvalər] |
| avançado (m) centro | centrale aanvaller (de) | [sɛn'tralə 'ānvalər] |

marcador (m)	doelpuntmaker (de)	['dulpʉnt·'makər]
defesa (m)	verdediger (de)	[vər'dedixər]
médio (m)	middenvelder (de)	['midən·'vɛldər]

jogo (desafio)	match, wedstrijd (de)	[matʃ], ['wɛtstrɛjt]
encontrar-se (vr)	elkaar ontmoeten	[ɛl'kār 'ɔntmutən]
final (m)	finale (de)	[fi'nalə]
meia-final (f)	halve finale (de)	['halvə fi'nalə]
campeonato (m)	kampioenschap (het)	[kam'pjunsxap]

tempo (m)	helft (de)	[hɛlft]
primeiro tempo (m)	eerste helft (de)	['ērstə hɛlft]
intervalo (m)	pauze (de)	['pauzə]

baliza (f)	doel (het)	[dul]
guarda-redes (m)	doelman (de)	['dulman]
trave (f)	doelpaal (de)	['dulpāl]
barra (f) transversal	lat (de)	[lat]
rede (f)	doelnet (het)	['dulnɛt]
sofrer um golo	een goal incasseren	[en gōl inka'sɛrən]

bola (f)	bal (de)	[bal]
passe (m)	pass (de)	[pas]
chute (m)	schot (het), schop (de)	[sxɔt], [sxɔp]
chutar (vt)	schieten	['sxitən]
tiro (m) livre	vrije schop (de)	['vrɛjə sxɔp]
canto (m)	hoekschop, corner (de)	['huksxɔp], ['kɔrnər]

ataque (m)	aanval (de)	['ānval]
contra-ataque (m)	tegenaanval (de)	['texən·'ānval]
combinação (f)	combinatie (de)	[kɔmbi'natsi]

árbitro (m)	scheidsrechter (de)	['sxɛjts·'rɛxtər]
apitar (vi)	fluiten	['flœʏtən]
apito (m)	fluitsignaal (het)	['flœʏt·si'njāl]
falta (f)	overtreding (de)	[ɔvər'tredin]
cometer a falta	een overtreding maken	[en ɔvər'tredin 'makən]
expulsar (vt)	uit het veld te sturen	['œʏt ət vɛlt 'styrən]

cartão (m) amarelo	gele kaart (de)	['xelə kārt]
cartão (m) vermelho	rode kaart (de)	['rɔdə kārt]
desqualificação (f)	diskwalificatie (de)	[diskwalifi'katsi]
desqualificar (vt)	diskwalificeren	[diskwalifi'serən]

penálti (m)	strafschop, penalty (de)	['straf·sxɔp], ['pɛnalti]
barreira (f)	muur (de)	[mūr]
marcar (vt)	scoren	['skɔrən]
golo (m)	goal (de), doelpunt (het)	[gōl], ['dulpʉnt]
marcar um golo	een goal scoren	[en gōl 'skɔrən]

substituição (f)	vervanging (de)	[vər'vanin]
substituir (vt)	vervangen	[vər'vanən]
regras (f pl)	regels	['rexəls]
tática (f)	tactiek (de)	[tak'tik]
estádio (m)	stadion (het)	[stadi'ɔn]
bancadas (f pl)	tribune (de)	[tri'bʉnə]

| fã, adepto (m) | fan, supporter (de) | [fan], [sʉ'pɔrtər] |
| gritar (vi) | schreeuwen | ['sxrẽwən] |

| marcador (m) | scorebord (het) | ['skɔrə·bɔrt] |
| resultado (m) | stand (de) | [stant] |

derrota (f)	nederlaag (de)	['nedərlāx]
perder (vt)	verliezen	[vər'lizən]
empate (m)	gelijkspel (het)	[xə'lɛjk·spɛl]
empatar (vi)	in gelijk spel eindigen	[in xə'lɛjk spɛl 'ɛjndixən]

| vitória (f) | overwinning (de) | [ɔvər'winiŋ] |
| ganhar, vencer (vi, vt) | overwinnen | [ɔvər'winən] |

campeão (m)	kampioen (de)	[kam'pjun]
melhor	best	[bɛst]
felicitar (vt)	feliciteren	[felisi'terən]

comentador (m)	commentator (de)	[kɔmən'tatɔr]
comentar (vt)	becommentariëren	[bəkɔməntari'erən]
transmissão (f)	uitzending (de)	['œʏtsɛndiŋ]

137. Esqui alpino

esqui (m)	ski's	[skis]
esquiar (vi)	skiën	['skiən]
estância (f) de esqui	skigebied (het)	[ski·xəbit]
teleférico (m)	skilift (de)	['ski·lift]

bastões (m pl) de esqui	skistokken	['ski·'stɔkən]
declive (m)	helling (de)	['heliŋ]
slalom (m)	slalom (de)	['slalɔm]

138. Ténis. Golfe

golfe (m)	golf (het)	[gɔlf]
clube (m) de golfe	golfclub (de)	['gɔlf·klʉp]
jogador (m) de golfe	golfer (de)	['gɔlfər]

buraco (m)	hole (de)	['hɔul]
taco (m)	golfclub (de)	['gɔlf·klʉp]
trolley (m)	trolley (de)	['trɔli]

| ténis (m) | tennis (het) | ['tɛnis] |
| quadra (f) de ténis | tennisveld (het) | ['tɛnis·vɛlt] |

| saque (m) | opslag (de) | ['ɔpslax] |
| sacar (vi) | serveren, opslaan | [sɛr'verən], ['ɔpslān] |

raquete (f)	racket (het)	['rɛkət]
rede (f)	net (het)	[nɛt]
bola (f)	bal (de)	[bal]

123

139. Xadrez

xadrez (m)	schaak (het)	[sxãk]
peças (f pl) de xadrez	schaakstukken	['sxãk·'stʉkən]
xadrezista (m)	schaker (de)	['sxakər]
tabuleiro (m) de xadrez	schaakbord (het)	['sxãk·bɔrt]
peça (f) de xadrez	schaakstuk (het)	['sxãk·stʉk]
brancas (f pl)	witte stukken	[witə 'stʉkən]
pretas (f pl)	zwarte stukken	['zwartə 'stʉkən]
peão (m)	pion (de)	[pi'ɔn]
bispo (m)	loper (de)	['lɔpər]
cavalo (m)	paard (het)	[pãrt]
torre (f)	toren (de)	['tɔrən]
dama (f)	dame, koningin (de)	['damə], [kɔniŋ'in]
rei (m)	koning (de)	['kɔniŋ]
vez (m)	zet (de)	[zɛt]
mover (vt)	zetten	['zɛtən]
sacrificar (vt)	opofferen	['ɔpɔferən]
roque (m)	rokade (de)	[rɔ'kadə]
xeque (m)	schaak (het)	[sxãk]
xeque-mate (m)	schaakmat (het)	['sxãk·mat]
torneio (m) de xadrez	schaakwedstrijd (de)	['sxãk·'wɛtstrɛjt]
grão-mestre (m)	grootmeester (de)	['xrõt·mēstər]
combinação (f)	combinatie (de)	[kɔmbi'natsi]
partida (f)	partij (de)	[par'tɛj]
jogo (m) de damas	dammen (de)	['damən]

140. Boxe

boxe (m)	boksen (het)	['bɔksən]
combate (m)	boksgevecht (het)	[bɔks·xe'vɛht]
duelo (m)	bokswedstrijd (de)	[bɔks·'wɛtstrɛjt]
round (m)	ronde (de)	['rɔndə]
ringue (m)	ring (de)	[riŋ]
gongo (m)	gong (de)	[xɔŋ]
murro, soco (m)	stoot (de)	[stõt]
knockdown (m)	knock-down (de)	[nɔk'daun]
nocaute (m)	knock-out (de)	[nɔ'kaut]
nocautear (vt)	knock-out slaan	[nɔ'kaut slãn]
luva (f) de boxe	bokshandschoen (de)	[bɔks·'handsxun]
árbitro (m)	referee (de)	['refɛrī]
peso-leve (m)	lichtgewicht (het)	['liht·xə'wixt]
peso-médio (m)	middengewicht (het)	['midən·xə'wixt]
peso-pesado (m)	zwaargewicht (het)	['zwãr·xə'wixt]

141. Desportos. Diversos

Jogos (m pl) Olímpicos	Olympische Spelen	[ɔ'limpisə 'spelən]
vencedor (m)	winnaar (de)	['winār]
vencer (vi)	overwinnen	[ɔvər'winən]
vencer, ganhar (vi)	winnen	['winən]
líder (m)	leider (de)	['lɛjdər]
liderar (vt)	leiden	['lɛjdən]
primeiro lugar (m)	eerste plaats (de)	['ērstə plāts]
segundo lugar (m)	tweede plaats (de)	['twēdə plāts]
terceiro lugar (m)	derde plaats (de)	['dɛrdə plāts]
medalha (f)	medaille (de)	[me'dajə]
troféu (m)	trofee (de)	[trɔ'fē]
taça (f)	beker (de)	['bekər]
prémio (m)	prijs (de)	[prɛjs]
prémio (m) principal	hoofdprijs (de)	[hōft·prɛjs]
recorde (m)	record (het)	[re'kōr]
estabelecer um recorde	een record breken	[en re'kɔr 'brekən]
final (m)	finale (de)	[fi'nalə]
final	finale	[fi'nalə]
campeão (m)	kampioen (de)	[kam'pjun]
campeonato (m)	kampioenschap (het)	[kam'pjunsxap]
estádio (m)	stadion (het)	[stadi'ɔn]
bancadas (f pl)	tribune (de)	[tri'bʉnə]
fã, adepto (m)	fan, supporter (de)	[fan], [sʉ'pɔrtər]
adversário (m)	tegenstander (de)	['texən·'standər]
partida (f)	start (de)	[start]
chegada, meta (f)	finish (de)	['finiʃ]
derrota (f)	nederlaag (de)	['nedərlāx]
perder (vt)	verliezen	[vər'lizən]
árbitro (m)	rechter (de)	['rɛxtər]
júri (m)	jury (de)	['ʒʉri]
resultado (m)	stand (de)	[stant]
empate (m)	gelijkspel (het)	[xə'lɛjk·spɛl]
empatar (vi)	in gelijk spel eindigen	[in xə'lɛjk spɛl 'ɛjndixən]
ponto (m)	punt (het)	[pʉnt]
resultado (m) final	uitslag (de)	['œʏtslax]
tempo, período (m)	periode (de)	[peri'ɔdə]
intervalo (m)	pauze (de)	['pauzə]
doping (m)	doping (de)	['dɔpiŋ]
penalizar (vt)	straffen	['strafən]
desqualificar (vt)	diskwalificeren	[diskwalifi'serən]
aparelho (m)	toestel (het)	['tustɛl]
dardo (m)	speer (de)	[spēr]

| peso (m) | kogel (de) | ['kɔxəl] |
| bola (f) | bal (de) | [bal] |

alvo, objetivo (m)	doel (het)	[dul]
alvo (~ de papel)	schietkaart (de)	['sxit·kãrt]
atirar, disparar (vi)	schieten	['sxitən]
preciso (tiro ~)	precies	[prə'sis]

treinador (m)	trainer, coach (de)	['trɛnər], [kɔtʃ]
treinar (vt)	trainen	['trɛjnən]
treinar-se (vr)	zich trainen	[zix 'trɛjnən]
treino (m)	training (de)	['trɛjniŋ]

ginásio (m)	gymnastiekzaal (de)	[ximnas'tik·zãl]
exercício (m)	oefening (de)	['ufəniŋ]
aquecimento (m)	opwarming (de)	['ɔpwarmiŋ]

Educação

142. Escola

escola (f)	school (de)	[sxõl]
diretor (m) de escola	schooldirecteur (de)	[sxõl·dirɛk'tør]
aluno (m)	leerling (de)	['lērliŋ]
aluna (f)	leerlinge (de)	['lērliŋə]
escolar (m)	scholier (de)	[sxɔ'lir]
escolar (f)	scholiere (de)	[sxɔ'lirə]
ensinar (vt)	leren	['lerən]
aprender (vt)	studeren	[stu'derən]
aprender de cor	van buiten leren	[van 'bœytən 'lerən]
estudar (vi)	leren	['lerən]
andar na escola	in school zijn	[in 'sxõl zɛjn]
ir à escola	naar school gaan	[nār 'sxõl xān]
alfabeto (m)	alfabet (het)	['alfabət]
disciplina (f)	vak (het)	[vak]
sala (f) de aula	klaslokaal (het)	['klas·lɔkāl]
lição (f)	les (de)	[lɛs]
recreio (m)	pauze (de)	['pauzə]
toque (m)	bel (de)	[bel]
carteira (f)	schooltafel (de)	[sxõl·'tafəl]
quadro (m) negro	schoolbord (het)	[sxõl·bɔrt]
nota (f)	cijfer (het)	['sɛjfər]
boa nota (f)	goed cijfer (het)	[xut 'sɛjfər]
nota (f) baixa	slecht cijfer (het)	[slɛxt 'sɛjfər]
dar uma nota	een cijfer geven	[en 'sɛjfər 'xevən]
erro (m)	fout (de)	['faut]
fazer erros	fouten maken	['fautən 'makən]
corrigir (vt)	corrigeren	[kɔri'dʒɛrən]
cábula (f)	spiekbriefje (het)	['spik·brifjə]
dever (m) de casa	huiswerk (het)	['hœys·wɛrk]
exercício (m)	oefening (de)	['ufəniŋ]
estar presente	aanwezig zijn	['ānwezəx zɛjn]
estar ausente	absent zijn	[ap'sɛnt zɛjn]
faltar às aulas	school verzuimen	[sxõl vərzœymən]
punir (vt)	bestraffen	[bə'strafən]
punição (f)	bestraffing (de)	[bə'strafiŋ]
comportamento (m)	gedrag (het)	[xə'drax]

boletim (m) escolar	cijferlijst (de)	['sɛjfər·lɛjst]
lápis (m)	potlood (het)	['pɔtlōt]
borracha (f)	gom (de)	[xɔm]
giz (m)	krijt (het)	[krɛjt]
estojo (m)	pennendoos (de)	['penən·dōs]

pasta (f) escolar	boekentas (de)	['bukən·tas]
caneta (f)	pen (de)	[pen]
caderno (m)	schrift (de)	[sxrift]
manual (m) escolar	leerboek (het)	['lēr·buk]
compasso (m)	passer (de)	['pasɛr]

| traçar (vt) | technisch tekenen | ['tɛxnis 'tekənən] |
| desenho (m) técnico | technische tekening (de) | ['tɛxnisə 'tekəniŋ] |

poesia (f)	gedicht (het)	[xə'diht]
de cor	van buiten	[van 'bœytən]
aprender de cor	van buiten leren	[van 'bœytən 'lerən]

férias (f pl)	vakantie (de)	[va'kantsi]
estar de férias	met vakantie zijn	[mɛt va'kantsi zɛjn]
passar as férias	vakantie doorbrengen	[va'kantsi 'dōrbreŋən]

teste (m)	toets (de)	[tuts]
composição, redação (f)	opstel (het)	['ɔpstəl]
ditado (m)	dictee (het)	[dik'tē]
exame (m)	examen (het)	[ɛk'samən]
fazer exame	examen afleggen	[ɛk'samən 'aflexən]
experiência (~ química)	experiment (het)	[ɛksperi'mɛnt]

143. Colégio. Universidade

academia (f)	academie (de)	[aka'demi]
universidade (f)	universiteit (de)	[junivɛrsi'tɛjt]
faculdade (f)	faculteit (de)	[fakʉl'tɛjt]

estudante (m)	student (de)	[stʉ'dɛnt]
estudante (f)	studente (de)	[stʉ'dɛntə]
professor (m)	leraar (de)	['lerār]

| sala (f) de palestras | collegezaal (de) | [kɔ'leʒə·zāl] |
| graduado (m) | afgestudeerde (de) | ['afxɛstʉ'dērdə] |

| diploma (m) | diploma (het) | [di'plɔma] |
| tese (f) | dissertatie (de) | [disɛr'tatsi] |

| estudo (obra) | onderzoek (het) | ['ɔndərzuk] |
| laboratório (m) | laboratorium (het) | [labɔra'tɔrijum] |

| palestra (f) | college (het) | [kɔ'leʒə] |
| colega (m) de curso | medestudent (de) | ['medə·stʉ'dɛnt] |

| bolsa (f) de estudos | studiebeurs (de) | ['stʉdi'børs] |
| grau (m) académico | academische graad (de) | [aka'demisə xrāt] |

144. Ciências. Disciplinas

matemática (f)	wiskunde (de)	['wiskʉndə]
álgebra (f)	algebra (de)	['alxəbra]
geometria (f)	meetkunde (de)	['mētkʉndə]
astronomia (f)	astronomie (de)	[astrɔnɔ'mi]
biologia (f)	biologie (de)	[biɔlɔ'xi]
geografia (f)	geografie (de)	[xeoxra'fi]
geologia (f)	geologie (de)	[xeolɔ'xi]
história (f)	geschiedenis (de)	[xə'sxidənis]
medicina (f)	geneeskunde (de)	[xə'nēs·kʉndə]
pedagogia (f)	pedagogiek (de)	[peda'xɔxik]
direito (m)	rechten	['rɛxtən]
física (f)	fysica, natuurkunde (de)	['fizika], [na'tūrkʉndə]
química (f)	scheikunde (de)	['sxɛjkʉndə]
filosofia (f)	filosofie (de)	[filɔzɔ'fi]
psicologia (f)	psychologie (de)	[psihɔlɔ'xi]

145. Sistema de escrita. Ortografia

gramática (f)	grammatica (de)	[xra'matika]
vocabulário (m)	vocabulaire (het)	[vɔkabʉ'lɛːr]
fonética (f)	fonetiek (de)	[fɔnɛ'tik]
substantivo (m)	zelfstandig naamwoord (het)	[zɛlf'standix 'nāmwõrt]
adjetivo (m)	bijvoeglijk naamwoord (het)	[bɛj'fuxlək 'nāmwõrt]
verbo (m)	werkwoord (het)	['wɛrk·vɔrt]
advérbio (m)	bijwoord (het)	['bɛj·wõrt]
pronome (m)	voornaamwoord (het)	['võrnām·wõrt]
interjeição (f)	tussenwerpsel (het)	['tʉsən·'wɛrpsəl]
preposição (f)	voorzetsel (het)	['võrzɛtsəl]
raiz (f) da palavra	stam (de)	[stam]
terminação (f)	achtervoegsel (het)	['axtər·vuxsəl]
prefixo (m)	voorvoegsel (het)	['võr·vuxsəl]
sílaba (f)	lettergreep (de)	['lɛtər·xrēp]
sufixo (m)	achtervoegsel (het)	['axtər·vuxsəl]
acento (m)	nadruk (de)	['nadrʉk]
apóstrofo (m)	afkappingsteken (het)	['afkapiŋs·'tekən]
ponto (m)	punt (de)	[pʉnt]
vírgula (f)	komma (de/het)	['kɔma]
ponto e vírgula (m)	puntkomma (de)	[pʉnt·'kɔma]
dois pontos (m pl)	dubbelpunt (de)	['dʉbəl·pʉnt]
reticências (f pl)	beletselteken (het)	[bə'lɛtsel·'tekən]
ponto (m) de interrogação	vraagteken (het)	['vrāx·tekən]

ponto (m) de exclamação	uitroepteken (het)	['œytrup·tekən]
aspas (f pl)	aanhalingstekens	['ānhaliŋs·'tekəns]
entre aspas	tussen aanhalingstekens	['tusən 'ānhaliŋ's·tekəns]
parênteses (m pl)	haakjes	['hākjəs]
entre parênteses	tussen haakjes	['tusən 'hākjəs]
hífen (m)	streepje (het)	['strēpjə]
travessão (m)	gedachtestreepje (het)	[xə'dahtə 'strēpjə]
espaço (m)	spatie (de)	['spatsi]
letra (f)	letter (de)	['lɛtər]
letra (f) maiúscula	hoofdletter (de)	[hōft·'lɛtər]
vogal (f)	klinker (de)	['klinkər]
consoante (f)	medeklinker (de)	['medə·'klinkər]
frase (f)	zin (de)	[zin]
sujeito (m)	onderwerp (het)	['ɔndərwɛrp]
predicado (m)	gezegde (het)	[xə'zɛxdə]
linha (f)	regel (de)	['rexəl]
em uma nova linha	op een nieuwe regel	[ɔp en 'niuə 'rexəl]
parágrafo (m)	alinea (de)	[a'linɛa]
palavra (f)	woord (het)	[wōrt]
grupo (m) de palavras	woordgroep (de)	['wōrt·xrup]
expressão (f)	uitdrukking (de)	['œydrykiŋ]
sinónimo (m)	synoniem (het)	[sinɔ'nim]
antónimo (m)	antoniem (het)	[antɔ'nim]
regra (f)	regel (de)	['rexəl]
exceção (f)	uitzondering (de)	['œytzɔndəriŋ]
correto	correct	[kɔ'rɛkt]
conjugação (f)	vervoeging, conjugatie (de)	[vər'vuxiŋ], [kɔnju'xatsi]
declinação (f)	verbuiging, declinatie (de)	[vərbœyxiŋ], [dekli'natsi]
caso (m)	naamval (de)	['nāmval]
pergunta (f)	vraag (de)	[vrāx]
sublinhar (vt)	onderstrepen	['ɔndər'strepən]
linha (f) pontilhada	stippellijn (de)	['stipəl·lɛjn]

146. Línguas estrangeiras

língua (f)	taal (de)	[tāl]
estrangeiro	vreemd	[vrēmt]
língua (f) estrangeira	vreemde taal (de)	['vrēmdə tāl]
estudar (vt)	leren	['lerən]
aprender (vt)	studeren	[stu'derən]
ler (vt)	lezen	['lezən]
falar (vi)	spreken	['sprekən]
compreender (vt)	begrijpen	[bə'xrɛjpən]
escrever (vt)	schrijven	['sxrɛjvən]
rapidamente	snel	[snɛl]

devagar	langzaam	['laŋzām]
fluentemente	vloeiend	['vlujənt]

regras (f pl)	regels	['rexəls]
gramática (f)	grammatica (de)	[xra'matika]
vocabulário (m)	vocabulaire (het)	[vɔkabʉ'lɛːr]
fonética (f)	fonetiek (de)	[fɔnɛ'tik]

manual (m) escolar	leerboek (het)	['lēr·buk]
dicionário (m)	woordenboek (het)	['wōrdən·buk]
manual (m)	leerboek (het)	['lērbuk
de autoaprendizagem	voor zelfstudie	vōr 'zɛlfstʉdi]
guia (m) de conversação	taalgids (de)	['tāl·xits]

cassete (f)	cassette (de)	[ka'sɛtə]
vídeo cassete (m)	videocassette (de)	['videɔ·ka'sɛtə]
CD (m)	CD (de)	[se'de]
DVD (m)	DVD (de)	[deve'de]

alfabeto (m)	alfabet (het)	['alfabət]
soletrar (vt)	spellen	['spɛlən]
pronúncia (f)	uitspraak (de)	['œytsprāk]

sotaque (m)	accent (het)	[ak'sɛnt]
com sotaque	met een accent	[mɛt en ak'sɛnt]
sem sotaque	zonder accent	['zɔndər ak'sɛnt]

palavra (f)	woord (het)	[wōrt]
sentido (m)	betekenis (de)	[bə'tekənis]

cursos (m pl)	cursus (de)	['kʉrzʉs]
inscrever-se (vr)	zich inschrijven	[zix 'insxrɛjvən]
professor (m)	leraar (de)	['lerār]

tradução (processo)	vertaling (de)	[vər'taliŋ]
tradução (texto)	vertaling (de)	[vər'taliŋ]
tradutor (m)	vertaler (de)	[vər'talər]
intérprete (m)	tolk (de)	[tɔlk]

poliglota (m)	polyglot (de)	[pɔli'xlɔt]
memória (f)	geheugen (het)	[xə'høxən]

147. Personagens de contos de fadas

Pai (m) Natal	Sinterklaas (de)	[sintər·'klās]
Cinderela (f)	Assepoester (de)	[asə'pustər]
sereia (f)	zeemeermin (de)	['zē·mērmin]
Neptuno (m)	Neptunus (de)	[nep'tʉnʉs]

mago (m)	magiër, tovenaar (de)	['maxjər], [tɔvə'nār]
fada (f)	goede heks (de)	['xudə hɛks]
mágico	magisch	['maxis]
varinha (f) mágica	toverstokje (het)	['tɔvər·stɔkjə]
conto (m) de fadas	sprookje (het)	['sprōkjə]

milagre (m)	wonder (het)	['wɔndər]
anão (m)	dwerg (de)	[dwɛrx]
transformar-se em ...	veranderen in ...	[və'randərən in]

fantasma (m)	spook (het)	[spōk]
espetro (m)	geest (de)	[xēst]
monstro (m)	monster (het)	['mɔnstər]
dragão (m)	draak (de)	[drāk]
gigante (m)	reus (de)	['røs]

148. Signos do Zodíaco

Carneiro	Ram (de)	[ram]
Touro	Stier (de)	[stir]
Gémeos	Tweelingen	['twēliŋən]
Caranguejo	Kreeft (de)	[krēft]
Leão	Leeuw (de)	[lēw]
Virgem (f)	Maagd (de)	[māxt]

Balança	Weegschaal (de)	['wēxsxāl]
Escorpião	Schorpioen (de)	[sxɔrpi'un]
Sagitário	Boogschutter (de)	['bōx·'sxʉtər]
Capricórnio	Steenbok (de)	['stēnbok]
Aquário	Waterman (de)	['watərman]
Peixes	Vissen	['visən]

caráter (m)	karakter (het)	[ka'raktər]
traços (m pl) do caráter	karaktertrekken	[ka'raktər·'trɛkən]
comportamento (m)	gedrag (het)	[xə'drax]
predizer (vt)	waarzeggen	[wār'zexən]
adivinha (f)	waarzegster (de)	[wār'zexstər]
horóscopo (m)	horoscoop (de)	[hɔrɔ'skōp]

Artes

149. Teatro

teatro (m)	theater (het)	[te'atər]
ópera (f)	opera (de)	['ɔpəra]
opereta (f)	operette (de)	[ɔpe'rɛtə]
balé (m)	ballet (het)	[ba'lɛt]

cartaz (m)	affiche (de/het)	[a'fiʃə]
companhia (f) teatral	theatergezelschap (het)	[te'atər·xəzɛlsxap]
turné (digressão)	tournee (de)	[tur'nē]
estar em turné	op tournee zijn	[ɔp tur'nē zɛjn]
ensaiar (vt)	repeteren	[repɛ'terən]
ensaio (m)	repetitie (de)	[repɛ'titsi]
repertório (m)	repertoire (het)	[repɛrtu'ar]

apresentação (f)	voorstelling (de)	['vōrstɛliŋ]
espetáculo (m)	spektakel (het)	[spɛk'takəl]
peça (f)	toneelstuk (het)	[tɔ'nēl·stʉk]

bilhete (m)	biljet (het)	[bi'ljet]
bilheteira (f)	kassa (de)	['kasa]
hall (m)	foyer (de)	[fua'je]
guarda-roupa (m)	garderobe (de)	[xardə'rɔbə]
senha (f) numerada	garderobe nummer (het)	[xardə'rɔbə 'nʉmɛr]
binóculo (m)	verrekijker (de)	['vɛrəkɛjkər]
lanterninha (m)	plaatsaanwijzer (de)	[plāts·'ānwɛjzər]

plateia (f)	parterre (de)	[par'tɛ:rə]
balcão (m)	balkon (het)	[bal'kɔn]
primeiro balcão (m)	gouden rang (de)	['xaudən raŋ]
camarote (m)	loge (de)	['lɔʒə]
fila (f)	rij (de)	[rɛj]
assento (m)	plaats (de)	[plāts]

público (m)	publiek (het)	[pʉ'blik]
espetador (m)	kijker (de)	['kɛjkər]
aplaudir (vt)	klappen	['klapən]
aplausos (m pl)	applaus (het)	[a'plaus]
ovação (f)	ovatie (de)	[ɔ'vatsi]

palco (m)	toneel (het)	[tɔ'nēl]
pano (m) de boca	gordijn, doek (het)	[xɔr'dɛjn], [duk]
cenário (m)	toneeldecor (het)	[tɔ'nēl·de'kɔr]
bastidores (m pl)	backstage (de)	[bɛk·'stɛjdʒ]

cena (f)	scène (de)	['sɛjnə]
ato (m)	bedrijf (het)	[bə'drɛjf]
entreato (m)	pauze (de)	['pauzə]

150. Cinema

ator (m)	acteur (de)	[ak'tør]
atriz (f)	actrice (de)	[akt'risə]

cinema (m)	bioscoop (de)	[biɔ'skōp]
filme (m)	speelfilm (de)	['spēl·film]
episódio (m)	aflevering (de)	['afleʋəriŋ]

filme (m) policial	detectivefilm (de)	[de'tɛktif·film]
filme (m) de ação	actiefilm (de)	['aktsi·film]
filme (m) de aventuras	avonturenfilm (de)	[avɔn'tʉrən·film]
filme (m) de ficção científica	sciencefictionfilm (de)	['sajəns·'fikʃən·film]
filme (m) de terror	griezelfilm (de)	['xrizəl·film]

comédia (f)	komedie (de)	[kɔ'medi]
melodrama (m)	melodrama (het)	[melɔ'drama]
drama (m)	drama (het)	['drama]

filme (m) ficcional	speelfilm (de)	['spēl·film]
documentário (m)	documentaire (de)	[dɔkʉmen'tɛːr]
desenho (m) animado	tekenfilm (de)	['tekən·film]
cinema (m) mudo	stomme film (de)	['stɔmə film]

papel (m)	rol (de)	[rɔl]
papel (m) principal	hoofdrol (de)	['hōft·rɔl]
representar (vt)	spelen	['spelən]

estrela (f) de cinema	filmster (de)	['film·stɛr]
conhecido	bekend	[bə'kɛnt]
famoso	beroemd	[bə'rumt]
popular	populair	[pɔpʉ'lɛr]

argumento (m)	scenario (het)	[sɛ'nariɔ]
argumentista (m)	scenarioschrijver (de)	[sɛ'nariɔ·'sxrɛjʋər]
realizador (m)	regisseur (de)	[rexi'sør]
produtor (m)	filmproducent (de)	[film·prodʉ'sɛnt]
assistente (m)	assistent (de)	[asi'stɛnt]
diretor (m) de fotografia	cameraman (de)	['kaməraman]
duplo (m)	stuntman (de)	['stʉnt·man]
duplo (m) de corpo	stuntdubbel (de)	['stʉnt·dʉbəl]

filmar (vt)	een film maken	[en film 'makən]
audição (f)	auditie (de)	[au'ditsi]
filmagem (f)	opnamen	['ɔpnamən]
equipe (f) de filmagem	filmploeg (de)	['film·plux]
set (m) de filmagem	filmset (de)	['film·sɛt]
câmara (f)	filmcamera (de)	[film·'kaməra]

cinema (m)	bioscoop (de)	[biɔ'skōp]
ecrã (m), tela (f)	scherm (het)	[sxɛrm]
exibir um filme	een film vertonen	[en film ʋər'tɔnən]

pista (f) sonora	geluidsspoor (de)	[xə'lœʏts·spōr]
efeitos (m pl) especiais	speciale effecten	[speʃi'alə ɛ'fɛktən]

legendas (f pl)	ondertiteling (de)	['ɔndər'titəliŋ]
crédito (m)	voortiteling, aftiteling (de)	[võr'titəliŋ], [af'titəliŋ]
tradução (f)	vertaling (de)	[vər'taliŋ]

151. Pintura

arte (f)	kunst (de)	['kʉnst]
belas-artes (f pl)	schone kunsten	['sxɔnə 'kʉnstən]
galeria (f) de arte	kunstgalerie (de)	['kʉnst·galə'ri]
exposição (f) de arte	kunsttentoonstelling (de)	['kʉnst·tɛn'tõnstɛliŋ]

pintura (f)	schilderkunst (de)	['sxildər·kʉnst]
arte (f) gráfica	grafiek (de)	[xra'fik]
arte (f) abstrata	abstracte kunst (de)	[ap'straktə kʉnst]
impressionismo (m)	impressionisme (het)	[impresiɔ'nismə]

pintura (f), quadro (m)	schilderij (het)	[sxildə'rɛj]
desenho (m)	tekening (de)	['tekəniŋ]
cartaz, póster (m)	poster (de)	['pɔstər]

ilustração (f)	illustratie (de)	[ilʉ'stratsi]
miniatura (f)	miniatuur (de)	[minia'tūr]
cópia (f)	kopie (de)	[kɔ'pi]
reprodução (f)	reproductie (de)	[reprɔ'dʉksi]

mosaico (m)	mozaïek (het)	[mɔza'ik]
vitral (m)	gebrandschilderd glas (het)	[xə'brant·sxildərt xlas]
fresco (m)	fresco (het)	['frɛskɔ]
gravura (f)	gravure (de)	[xra'vʉrə]

busto (m)	buste (de)	['bʉstə]
escultura (f)	beeldhouwwerk (het)	['bēlt·hauwɛrk]
estátua (f)	beeld (het)	[bēlt]
gesso (m)	gips (het)	[xips]
em gesso	gipsen	['xipsən]

retrato (m)	portret (het)	[pɔrt'rɛt]
autorretrato (m)	zelfportret (het)	['zɛlf·pɔr'trɛt]
paisagem (f)	landschap (het)	['landsxap]
natureza (f) morta	stilleven (het)	[sti'levən]
caricatura (f)	karikatuur (de)	[karika'tūr]
esboço (m)	schets (de)	[sxɛts]

tinta (f)	verf (de)	[vɛrf]
aguarela (f)	aquarel (de)	[akva'rɛl]
óleo (m)	olieverf (de)	['ɔli·vɛrf]
lápis (m)	potlood (het)	['pɔtlõt]
tinta da China (f)	Oost-Indische inkt (de)	[õst·'indisə inkt]
carvão (m)	houtskool (de)	['haut·skõl]

desenhar (vt)	tekenen	['tekənən]
pintar (vt)	schilderen	['sxildərən]
posar (vi)	poseren	[pɔ'zerən]
modelo (m)	naaktmodel (het)	[nākt·mɔ'dɛl]

modelo (f)	naaktmodel (het)	[nākt·mɔ'dɛl]
pintor (m)	kunstenaar (de)	['kʉnstənār]
obra (f)	kunstwerk (het)	['kʉnst·wɛrk]
obra-prima (f)	meesterwerk (het)	['mēstər·wɛrk]
estúdio (m)	studio, werkruimte (de)	['stydiɔ], [wɛrk·rœʏmtə]

tela (f)	schildersdoek (het)	['sxildər·duk]
cavalete (m)	schildersezel (de)	['sxildərs·'ezəl]
paleta (f)	palet (het)	[pa'lɛt]

moldura (f)	lijst (de)	[lɛjst]
restauração (f)	restauratie (de)	[rɛstɔ'ratsi]
restaurar (vt)	restaureren	[rɛstɔ'rerən]

152. Literatura & Poesia

literatura (f)	literatuur (de)	[litəra'tūr]
autor (m)	auteur (de)	[au'tør]
pseudónimo (m)	pseudoniem (het)	[psødo'nim]

livro (m)	boek (het)	[buk]
volume (m)	boekdeel (het)	['bukdēl]
índice (m)	inhoudsopgave (de)	['inhauts·'ɔpxavə]
página (f)	pagina (de)	['paxina]
protagonista (m)	hoofdpersoon (de)	[hōft·pɛr'sɔn]
autógrafo (m)	handtekening (de)	['hand·'tekəniŋ]

conto (m)	verhaal (het)	[vər'hāl]
novela (f)	novelle (de)	[nɔ'velə]
romance (m)	roman (de)	[rɔ'man]
obra (f)	werk (het)	[wɛrk]
fábula (m)	fabel (de)	['fabəl]
romance (m) policial	detectiveroman (de)	[de'tɛktif·rɔ'man]

poesia (obra)	gedicht (het)	[xə'diht]
poesia (arte)	poëzie (de)	[pɔɛ'zi]
poema (m)	epos (het)	['ɛpɔs]
poeta (m)	dichter (de)	['dixtər]

ficção (f)	fictie (de)	['fiksi]
ficção (f) científica	sciencefiction (de)	['sajəns·'fikʃən]
aventuras (f pl)	avonturenroman (de)	[avɔn'tʉrən·rɔ'man]
literatura (f) didática	opvoedkundige literatuur (de)	['ɔpvud'kundəxə litəra'tūr]
literatura (f) infantil	kinderliteratuur (de)	['kindər·litəra'tūr]

153. Circo

circo (m)	circus (de/het)	['sirkʉs]
circo (m) ambulante	chapiteau circus (de/het)	[ʃʌpi'tɔ 'sirkʉs]
programa (m)	programma (het)	[prɔ'xrama]
apresentação (f)	voorstelling (de)	['vōrstɛliŋ]

| número (m) | nummer (het) | ['nʉmər] |
| arena (f) | arena (de) | [a'rena] |

| pantomima (f) | pantomime (de) | [pantɔ'mim] |
| palhaço (m) | clown (de) | ['klaun] |

acrobata (m)	acrobaat (de)	[akrɔ'bāt]
acrobacia (f)	acrobatiek (de)	[akrɔba'tik]
ginasta (m)	gymnast (de)	[xim'nast]
salto (m) mortal	salto (de)	['saltɔ]

homem forte (m)	sterke man (de)	['stɛrkə man]
domador (m)	temmer (de)	['tɛmər]
cavaleiro (m) equilibrista	ruiter (de)	['rœʏtər]
assistente (m)	assistent (de)	[asi'stɛnt]

truque (m)	stunt (de)	[stʉnt]
truque (m) de mágica	goocheltruc (de)	['xōxəl·trʉk]
mágico (m)	goochelaar (de)	['xōxəlār]

malabarista (m)	jongleur (de)	[joŋ'lør]
fazer malabarismos	jongleren	[joŋ'lerən]
domador (m)	dierentrainer (de)	['dīrən·trɛjnər]
adestramento (m)	dressuur (de)	[drɛ'sūr]
adestrar (vt)	dresseren	[drɛ'serən]

154. Música. Música popular

música (f)	muziek (de)	[mʉ'zik]
músico (m)	muzikant (de)	[mʉzi'kant]
instrumento (m) musical	muziekinstrument (het)	[mʉ'zik·instrʉ'mɛnt]
tocar ...	... spelen	['spelən]

guitarra (f)	gitaar (de)	[xi'tār]
violino (m)	viool (de)	[vi'jōl]
violoncelo (m)	cello (de)	['ʧɛlɔ]
contrabaixo (m)	contrabas (de)	['kɔntrabas]
harpa (f)	harp (de)	[harp]

piano (m)	piano (de)	[pi'anɔ]
piano (m) de cauda	vleugel (de)	['vløxəl]
órgão (m)	orgel (het)	['ɔrxəl]

instrumentos (m pl) de sopro	blaasinstrumenten	[blāz·instrʉ'mɛntən]
oboé (m)	hobo (de)	[hɔ'bɔ]
saxofone (m)	saxofoon (de)	[saksɔ'fōn]
clarinete (m)	klarinet (de)	[klari'nɛt]
flauta (f)	fluit (de)	['flœʏt]
trompete (m)	trompet (de)	[trɔm'pɛt]

acordeão (m)	accordeon (de/het)	[akɔrdɛ'ɔn]
tambor (m)	trommel (de)	['trɔməl]
duo, dueto (m)	duet (het)	[dʉ'wɛt]
trio (m)	trio (het)	['triɔ]

quarteto (m)	kwartet (het)	['kwar'tɛt]
coro (m)	koor (het)	[kōr]
orquestra (f)	orkest (het)	[ɔr'kɛst]

música (f) pop	popmuziek (de)	[pɔp·mʉ'zik]
música (f) rock	rockmuziek (de)	[rɔk·mʉ'zik]
grupo (m) de rock	rockgroep (de)	['rɔk·xrup]
jazz (m)	jazz (de)	[dʒaz]

| ídolo (m) | idool (het) | [i'dōl] |
| fã, admirador (m) | bewonderaar (de) | [bə'wɔndərār] |

concerto (m)	concert (het)	[kɔn'sɛrt]
sinfonia (f)	symfonie (de)	[simfo'ni]
composição (f)	compositie (de)	[kɔmpɔ'zitsi]
compor (vt)	componeren	[kɔmpɔ'nerən]

canto (m)	zang (de)	[zaŋ]
canção (f)	lied (het)	[lit]
melodia (f)	melodie (de)	[melɔ'di]
ritmo (m)	ritme (het)	['ritmə]
blues (m)	blues (de)	[blʉs]

notas (f pl)	bladmuziek (de)	['blat·mʉ'zik]
batuta (f)	dirigeerstok (de)	[diri'xēr·stɔk]
arco (m)	strijkstok (de)	['strɛjk·stɔk]
corda (f)	snaar (de)	[snār]
estojo (m)	koffer (de)	['kɔfər]

Descanso. Entretenimento. Viagens

155. Viagens

turismo (m)	toerisme (het)	[tu'rismə]
turista (m)	toerist (de)	[tu'rist]
viagem (f)	reis (de)	[rɛjs]
aventura (f)	avontuur (het)	[avɔn'tūr]
viagem (f)	tocht (de)	[tɔxt]
férias (f pl)	vakantie (de)	[va'kantsi]
estar de férias	met vakantie zijn	[mɛt va'kantsi zɛjn]
descanso (m)	rust (de)	[rʉst]
comboio (m)	trein (de)	[trɛjn]
de comboio (chegar ~)	met de trein	[mɛt də trɛjn]
avião (m)	vliegtuig (het)	['vlixtœɣx]
de avião	met het vliegtuig	[mɛt ət 'vlixtœɣx]
de carro	met de auto	[mɛt də 'autɔ]
de navio	per schip	[pər sxip]
bagagem (f)	bagage (de)	[ba'xaʒə]
mala (f)	valies (de)	[va'lis]
carrinho (m)	bagagekarretje (het)	[ba'xaʒə·'karɛtʃə]
passaporte (m)	paspoort (het)	['paspōrt]
visto (m)	visum (het)	['vizʉm]
bilhete (m)	kaartje (het)	['kārtʃə]
bilhete (m) de avião	vliegticket (het)	['vlix·'tikət]
guia (m) de viagem	reisgids (de)	['rɛjs·xids]
mapa (m)	kaart (de)	[kārt]
local (m), area (f)	gebied (het)	[xə'bit]
lugar, sítio (m)	plaats (de)	[plāts]
exotismo (m)	exotische bestemming (de)	[ɛ'ksɔtise bɛ'stemiŋ]
exótico	exotisch	[ɛk'sɔtis]
surpreendente	verwonderlijk	[vər'wɔndərlək]
grupo (m)	groep (de)	[xrup]
excursão (f)	rondleiding (de)	['rɔntlɛjdiŋ]
guia (m)	gids (de)	[xits]

156. Hotel

hotel (m)	hotel (het)	[hɔ'tɛl]
motel (m)	motel (het)	[mɔ'tɛl]
três estrelas	3-sterren	[dri-'stɛrən]

| cinco estrelas | 5-sterren | [vɛjf-'stɛrən] |
| ficar (~ num hotel) | overnachten | [ɔvər'naxtən] |

quarto (m)	kamer (de)	['kamər]
quarto (m) individual	eenpersoonskamer (de)	[ēnpɛr'sōns·'kamər]
quarto (m) duplo	tweepersoonskamer (de)	[twē·pɛr'sōns·'kamər]
reservar um quarto	een kamer reserveren	[en 'kamər rezər'verən]

| meia pensão (f) | halfpension (het) | [half·pɛn'ʃɔn] |
| pensão (f) completa | volpension (het) | ['vɔl·pɛn'ʃɔn] |

com banheira	met badkamer	[mɛt 'batkamər]
com duche	met douche	[mɛt 'duʃ]
televisão (m) satélite	satelliet-tv (de)	[satə'lit-te've]
ar (m) condicionado	airconditioner (de)	[ɛr·kɔn'diʃənər]
toalha (f)	handdoek (de)	['handuk]
chave (f)	sleutel (de)	['sløtəl]

administrador (m)	administrateur (de)	[atministra'tør]
camareira (f)	kamermeisje (het)	['kamər·'mɛjçə]
bagageiro (m)	piccolo (de)	['pikɔlɔ]
porteiro (m)	portier (de)	[pɔ'rtīr]

restaurante (m)	restaurant (het)	[rɛstɔ'rant]
bar (m)	bar (de)	[bar]
pequeno-almoço (m)	ontbijt (het)	[ɔn'bɛjt]
jantar (m)	avondeten (het)	['avɔntetən]
buffet (m)	buffet (het)	[bʉ'fɛt]

| hall (m) de entrada | hal (de) | [hal] |
| elevador (m) | lift (de) | [lift] |

| NÃO PERTURBE | NIET STOREN | [nit 'stɔrən] |
| PROIBIDO FUMAR! | VERBODEN TE ROKEN! | [vər'bɔdən tə 'rɔkən] |

157. Livros. Leitura

livro (m)	boek (het)	[buk]
autor (m)	auteur (de)	[au'tør]
escritor (m)	schrijver (de)	['sxrɛjvər]
escrever (vt)	schrijven	['sxrɛjvən]

leitor (m)	lezer (de)	['lezər]
ler (vt)	lezen	['lezən]
leitura (f)	lezen (het)	['lezən]

| para si | stil | [stil] |
| em voz alta | hardop | ['hartɔp] |

publicar (vt)	uitgeven	['œʏtxevən]
publicação (f)	uitgeven (het)	['œʏtxevən]
editor (m)	uitgever (de)	['œʏtxevər]
editora (f)	uitgeverij (de)	[œʏtxevə'rɛj]
sair (vi)	verschijnen	[vər'sxɛjnən]

| lançamento (m) | verschijnen (het) | [vər'sxɛjnən] |
| tiragem (f) | oplage (de) | ['ɔplaxə] |

| livraria (f) | boekhandel (de) | ['bukən·'handəl] |
| biblioteca (f) | bibliotheek (de) | [bibliɔ'tēk] |

novela (f)	novelle (de)	[nɔ'velə]
conto (m)	verhaal (het)	[vər'hāl]
romance (m)	roman (de)	[rɔ'man]
romance (m) policial	detectiveroman (de)	[de'tɛktif·rɔ'man]

memórias (f pl)	memoires	[memu'arəs]
lenda (f)	legende (de)	[le'xɛndə]
mito (m)	mythe (de)	['mitə]

poesia (f)	gedichten	[xə'dihtən]
autobiografia (f)	autobiografie (de)	['autɔ·biɔxra'fi]
obras (f pl) escolhidas	bloemlezing (de)	[blum'lezin]
ficção (f) científica	sciencefiction (de)	['sajəns·'fikʃən]

título (m)	naam (de)	[nām]
introdução (f)	inleiding (de)	[in'lɛjdin]
folha (f) de rosto	voorblad (het)	['vōr·blat]

capítulo (m)	hoofdstuk (het)	['hōftstʉk]
excerto (m)	fragment (het)	[frax'mɛnt]
episódio (m)	episode (de)	[ɛpi'zɔdə]

tema (m)	intrige (de)	[in'trĩʒə]
conteúdo (m)	inhoud (de)	['inhaut]
índice (m)	inhoudsopgave (de)	['inhauts·'ɔpxavə]
protagonista (m)	hoofdpersonage (het)	[hōft·pɛrsɔ'naʒə]

tomo, volume (m)	boekdeel (het)	['bukdēl]
capa (f)	omslag (de/het)	['ɔmslax]
encadernação (f)	boekband (de)	['buk·bant]
marcador (m) de livro	bladwijzer (de)	[blat·'wɛjzər]

página (f)	pagina (de)	['paxina]
folhear (vt)	bladeren	['bladerən]
margem (f)	marges	['marʒəs]
anotação (f)	annotatie (de)	[anɔ'tatsi]
nota (f) de rodapé	opmerking (de)	['ɔpmɛrkin]

texto (m)	tekst (de)	[tɛkst]
fonte (f)	lettertype (het)	['lɛtər·tipə]
gralha (f)	drukfout (de)	['drʉk·faut]

tradução (f)	vertaling (de)	[vər'talin]
traduzir (vt)	vertalen	[vər'talən]
original (m)	origineel (het)	[ɔriʒi'nēl]

famoso	beroemd	[bə'rumt]
desconhecido	onbekend	[ɔmbə'kɛnt]
interessante	interessant	[interə'sant]
best-seller (m)	bestseller (de)	[bɛst'sɛlər]

dicionário (m)	woordenboek (het)	['wõrdən·buk]
manual (m) escolar	leerboek (het)	['lēr·buk]
enciclopédia (f)	encyclopedie (de)	[ɛnsiklɔpə'di]

158. Caça. Pesca

caça (f)	jacht (de)	[jaxt]
caçar (vi)	jagen	['jaxən]
caçador (m)	jager (de)	['jaxər]

atirar (vi)	schieten	['sxitən]
caçadeira (f)	geweer (het)	[xə'wēr]
cartucho (m)	patroon (de)	[pa'trõn]
chumbo (m) de caça	hagel (de)	['haxəl]

armadilha (f)	val (de)	[val]
armadilha (com corda)	valstrik (de)	['valstrək]
cair na armadilha	in de val trappen	[in də val t'rapən]
pôr a armadilha	een val zetten	[en val 'zetən]

caçador (m) furtivo	stroper (de)	['strɔpər]
caça (f)	wild (het)	[wilt]
cão (m) de caça	jachthond (de)	['jaxt·hɔnt]
safári (m)	safari (de)	[sa'fari]
animal (m) empalhado	opgezet dier (het)	['ɔpxezət dīr]

pescador (m)	visser (de)	['visər]
pesca (f)	visvangst (de)	['visvaŋst]
pescar (vt)	vissen	['visən]

cana (f) de pesca	hengel (de)	['hɛŋəl]
linha (f) de pesca	vislijn (de)	['vis·lɛjn]
anzol (m)	haak (de)	[hāk]

| boia (f) | dobber (de) | ['dɔbər] |
| isca (f) | aas (het) | [ās] |

| lançar a linha | de hengel uitwerpen | [də 'hɛŋɛl œʏt'wɛrpən] |
| morder (vt) | bijten | ['bɛjtən] |

| pesca (f) | vangst (de) | ['vaŋst] |
| buraco (m) no gelo | wak (het) | [wak] |

| rede (f) | net (het) | [nɛt] |
| barco (m) | boot (de) | [bõt] |

pescar com rede	vissen met netten	['visən mɛt 'nɛtən]
lançar a rede	het net uitwerpen	[ət nɛt œʏt'wɛrpən]
puxar a rede	het net binnenhalen	[də nɛt 'binənhalən]
cair nas malhas	in het net vallen	[in ət nɛt 'valən]

baleeiro (m)	walvisvangst (de)	['walvis·vaŋst]
baleeira (f)	walvisvaarder (de)	['walvis·'vārdər]
arpão (m)	harpoen (de)	[har'pun]

T&P Books. Vocabulário Português-Holandês - 9000 palavras

159. Jogos. Bilhar

bilhar (m)	biljart (het)	[bi'ljart]
sala (f) de bilhar	biljartzaal (de)	[bi'ljart·zāl]
bola (f) de bilhar	biljartbal (de)	[bi'ljart·bal]

embolsar uma bola	een bal in het gat jagen	[en 'bal in het xat 'jaxən]
taco (m)	keu (de)	['kø]
caçapa (f)	gat (het)	[xat]

160. Jogos. Jogar cartas

ouros (m pl)	ruiten	['rœytən]
espadas (f pl)	schoppen	['sxɔpən]
copas (f pl)	klaveren	['klavərən]
paus (m pl)	harten	['hartən]

ás (m)	aas (de)	[ās]
rei (m)	koning (de)	['kɔniŋ]
dama (f)	dame (de)	['damə]
valete (m)	boer (de)	[bur]

carta (f) de jogar	speelkaart (de)	['spēl·kārt]
cartas (f pl)	kaarten	['kārtən]
trunfo (m)	troef (de)	['truf]
baralho (m)	pak (het) kaarten	[pak 'kārtən]

ponto (m)	punt (het)	[pʉnt]
dar, distribuir (vt)	uitdelen	['œytdelən]
embaralhar (vt)	schudden	['sxʉdən]
vez, jogada (f)	beurt (de)	['børt]
batoteiro (m)	valsspeler (de)	['vals·spelər]

161. Casino. Roleta

casino (m)	casino (het)	[ka'sinɔ]
roleta (f)	roulette (de)	[ru'letə]
aposta (f)	inzet (de)	['inzɛt]
apostar (vt)	een bod doen	[en 'bɔt dun]

vermelho (m)	rood (de)	[rōt]
preto (m)	zwart (de)	[zwart]
apostar no vermelho	inzetten op rood	['inzɛtən ɔp rōt]
apostar no preto	inzetten op zwart	['inzɛtən ɔp 'zwart]

crupiê (m, f)	croupier (de)	[kru'pje]
girar a roda	de cilinder draaien	[dɛ si'lindər 'drāin]
regras (f pl) do jogo	spelregels	['spɛl·'rexəls]
ficha (f)	fiche (de)	['fiʃə]
ganhar (vi, vt)	winnen	['winən]
ganho (m)	winst (de)	[winst]

| perder (dinheiro) | verliezen | [vər'lizən] |
| perda (f) | verlies (het) | [vər'lis] |

jogador (m)	speler (de)	['spelər]
blackjack (m)	blackjack (het)	[blɛk'dʒɛk]
jogo (m) de dados	dobbelspel (het)	['dɔbəl·spɛl]
dados (m pl)	dobbelstenen	['dɔbəl·'stɛnən]
máquina (f) de jogo	speelautomaat (de)	['spēl·autɔ'māt]

162. Descanso. Jogos. Diversos

passear (vi)	wandelen	['wandələn]
passeio (m)	wandeling (de)	['wandəliŋ]
viagem (f) de carro	trip (de)	[trip]
aventura (f)	avontuur (het)	[avɔn'tūr]
piquenique (m)	picknick (de)	['piknik]

jogo (m)	spel (het)	[spɛl]
jogador (m)	speler (de)	['spelər]
partida (f)	partij (de)	[par'tɛj]

colecionador (m)	collectioneur (de)	[kɔlektsjɔ'nør]
colecionar (vt)	collectioneren	[kɔlektsjɔ'nerən]
coleção (f)	collectie (de)	[kɔ'lɛksi]

palavras (f pl) cruzadas	kruiswoordraadsel (het)	['krœyswōrt·'rādsəl]
hipódromo (m)	hippodroom (de)	[hipɔ'drōm]
discoteca (f)	discotheek (de)	[diskɔ'tēk]

| sauna (f) | sauna (de) | ['sauna] |
| lotaria (f) | loterij (de) | [lɔtə'rɛj] |

campismo (m)	trektocht (de)	['trɛk·tɔxt]
acampamento (m)	kamp (het)	[kamp]
tenda (f)	tent (de)	[tɛnt]
bússola (f)	kompas (het)	[kɔm'pas]
campista (m)	rugzaktoerist (de)	['rʉxzak·tu'rist]

ver (vt), assistir à ...	bekijken	[bə'kɛjkən]
telespectador (m)	kijker (de)	['kɛjkər]
programa (m) de TV	televisie-uitzending (de)	[telə'vizi-'œytsɛndiŋ]

163. Fotografia

| máquina (f) fotográfica | fotocamera (de) | ['fotɔ·'kaməra] |
| foto, fotografia (f) | foto (de) | ['fotɔ] |

fotógrafo (m)	fotograaf (de)	[fotɔx'rāf]
estúdio (m) fotográfico	fotostudio (de)	[fotɔ·'stʉdiɔ]
álbum (m) de fotografias	fotoalbum (het)	[fotɔ·'albʉm]
objetiva (f)	lens (de), objectief (het)	[lɛns], [ɔbjek'tif]
teleobjetiva (f)	telelens (de)	[telə·'lɛns]

filtro (m)	filter (de/het)	['filtər]
lente (f)	lens (de)	[lɛns]

ótica (f)	optiek (de)	[ɔp'tik]
abertura (f)	diafragma (het)	[dia'fraxma]
exposição (f)	belichtingstijd (de)	[bə'lixtiŋs·tɛjt]
visor (m)	zoeker (de)	['zukər]

câmara (f) digital	digitale camera (de)	[dixi'talə 'kaməra]
tripé (m)	statief (het)	[sta'tif]
flash (m)	flits (de)	[flits]

fotografar (vt)	fotograferen	[fotɔxra'ferən]
tirar fotos	foto's maken	['fotɔs 'makən]
fotografar-se	zich laten fotograferen	[zih 'latən fotɔxra'ferən]

foco (m)	focus (de)	['fokəs]
focar (vt)	scherpstellen	['sxɛrpstɛlən]
nítido	scherp	[sxɛrp]
nitidez (f)	scherpte (de)	['sxɛrptə]

contraste (m)	contrast (het)	[kɔn'trast]
contrastante	contrastrijk	[kɔn'trastrɛjk]

retrato (m)	kiekje (het)	['kikjə]
negativo (m)	negatief (het)	[nexa'tif]
filme (m)	filmpje (het)	['filmpjə]
fotograma (m)	beeld (het)	[bēlt]
imprimir (vt)	afdrukken	['afdrʉkən]

164. Praia. Natação

praia (f)	strand (het)	[strant]
areia (f)	zand (het)	[zant]
deserto	leeg	[lēx]

bronzeado (m)	bruine kleur (de)	['brœynə 'klør]
bronzear-se (vr)	zonnebaden	['zɔnə·badən]
bronzeado	gebruind	[xə'brœynt]
protetor (m) solar	zonnecrème (de)	['zɔnə·krɛːm]

biquíni (m)	bikini (de)	[bi'kini]
fato (m) de banho	badpak (het)	['bad·pak]
calção (m) de banho	zwembroek (de)	['zwɛm·bruk]

piscina (f)	zwembad (het)	['zwɛm·bat]
nadar (vi)	zwemmen	['zwɛmən]
duche (m)	douche (de)	[duʃ]
mudar de roupa	zich omkleden	[zix 'ɔmkledən]
toalha (f)	handdoek (de)	['handuk]

barco (m)	boot (de)	[bōt]
lancha (f)	motorboot (de)	['mɔtɔr·bōt]
esqui (m) aquático	waterski's	['watər·skis]

barco (m) de pedais	waterfiets (de)	['watər·fits]
surf (m)	surfen (het)	['sʉrfən]
surfista (m)	surfer (de)	['sʉrfər]

equipamento (m) de mergulho	scuba, aqualong (de)	['skʉba], [akwa'lɔŋ]
barbatanas (f pl)	zwemvliezen	['zwɛm·vlizən]
máscara (f)	duikmasker (het)	['dœʏk·'maskər]
mergulhador (m)	duiker (de)	['dœʏkər]
mergulhar (vi)	duiken	['dœʏkən]
debaixo d'água	onder water	['ɔndər 'watər]

guarda-sol (m)	parasol (de)	[para'sɔl]
espreguiçadeira (f)	ligstoel (de)	['lix·stul]
óculos (m pl) de sol	zonnebril (de)	[zɔnə·bril]
colchão (m) de ar	luchtmatras (de/het)	['lʉxt·ma'tras]

| brincar (vi) | spelen | ['spelən] |
| ir nadar | gaan zwemmen | [xān 'zwɛmən] |

bola (f) de praia	bal (de)	[bal]
encher (vt)	opblazen	['ɔpblazən]
inflável, de ar	lucht-, opblaasbare	[lʉxt], [ɔpblās'barə]

onda (f)	golf (de)	[xɔlf]
boia (f)	boei (de)	[buj]
afogar-se (pessoa)	verdrinken	[vər'drinkən]

salvar (vt)	redden	['rɛdən]
colete (m) salva-vidas	reddingsvest (de)	['rɛdiŋs·vɛst]
observar (vt)	waarnemen	['wārnemən]
nadador-salvador (m)	redder (de)	['rɛdər]

EQUIPAMENTO TÉCNICO. TRANSPORTES

Equipamento técnico. Transportes

165. Computador

computador (m)	computer (de)	[kɔm'pjutər]
portátil (m)	laptop (de)	['laptɔp]
ligar (vt)	aanzetten	['ānzɛtən]
desligar (vt)	uitzetten	['œytzɛtən]
teclado (m)	toetsenbord (het)	['tutsən·bɔrt]
tecla (f)	toets (de)	[tuts]
rato (m)	muis (de)	[mœys]
tapete (m) de rato	muismat (de)	['mœys·mat]
botão (m)	knopje (het)	['knɔpjə]
cursor (m)	cursor (de)	['kʉrzɔr]
monitor (m)	monitor (de)	['mɔnitɔr]
ecrã (m)	scherm (het)	[sxɛrm]
disco (m) rígido	harde schijf (de)	['hardə sxɛjf]
capacidade (f) do disco rígido	volume (het) van de harde schijf	[vɔ'lʉmə van də 'hardə sxɛjf]
memória (f)	geheugen (het)	[xə'høxən]
memória RAM (f)	RAM-geheugen (het)	[rɛm-xə'høxən]
ficheiro (m)	bestand (het)	[bə'stant]
pasta (f)	folder (de)	['fɔldər]
abrir (vt)	openen	['ɔpənən]
fechar (vt)	sluiten	['slœytən]
guardar (vt)	opslaan	['ɔpslān]
apagar, eliminar (vt)	verwijderen	[vər'wɛjdərən]
copiar (vt)	kopiëren	[kɔpi'erən]
ordenar (vt)	sorteren	[sɔr'terən]
copiar (vt)	overplaatsen	[ɔvər'platsən]
programa (m)	programma (het)	[prɔ'xrama]
software (m)	software (de)	[sɔft'wɛr]
programador (m)	programmeur (de)	[prɔxra'mør]
programar (vt)	programmeren	[prɔxra'merən]
hacker (m)	hacker (de)	['hakər]
senha (f)	wachtwoord (het)	['waxt·wõrt]
vírus (m)	virus (het)	['virʉs]
detetar (vt)	ontdekken	[ɔn'dɛkən]

| byte (m) | byte (de) | [bajt] |
| megabyte (m) | megabyte (de) | ['mexabajt] |

| dados (m pl) | data (de) | ['data] |
| base (f) de dados | databank (de) | ['data·bank] |

cabo (m)	kabel (de)	['kabəl]
desconectar (vt)	afsluiten	['afslœʏtən]
conetar (vt)	aansluiten op	['ānslœʏtən ɔp]

166. Internet. E-mail

internet (f)	internet (het)	['intɛrnɛt]
browser (m)	browser (de)	['brausər]
motor (m) de busca	zoekmachine (de)	['zuk·ma'ʃinə]
provedor (m)	internetprovider (de)	['intɛrnɛt·prɔ'vajdər]

webmaster (m)	webmaster (de)	[wɛb·'mastər]
website, sítio web (m)	website (de)	[wɛbsajt]
página (f) web	webpagina (de)	[wɛb·'paxina]

| endereço (m) | adres (het) | [ad'rɛs] |
| livro (m) de endereços | adresboek (het) | [ad'rɛs·buk] |

caixa (f) de correio	postvak (het)	['pɔst·vak]
correio (m)	post (de)	[pɔst]
cheia (caixa de correio)	vol	[vɔl]

mensagem (f)	bericht (het)	[bə'rixt]
mensagens (f pl) recebidas	binnenkomende berichten	['binənkɔmɛndə bə'rixtən]
mensagens (f pl) enviadas	uitgaande berichten	['œʏtxāndə bə'rihtən]
remetente (m)	verzender (de)	[vər'zɛndər]
enviar (vt)	verzenden	[vər'zɛndən]
envio (m)	verzending (de)	[vər'zɛndiŋ]

| destinatário (m) | ontvanger (de) | [ɔnt'faŋər] |
| receber (vt) | ontvangen | [ɔnt'faŋən] |

| correspondência (f) | correspondentie (de) | [kɔrɛspon'dɛntsi] |
| corresponder-se (vr) | corresponderen | [kɔrɛspon'derən] |

ficheiro (m)	bestand (het)	[bə'stant]
fazer download, baixar	downloaden	[daun'loudən]
criar (vt)	creëren	[kre'jerən]
apagar, eliminar (vt)	verwijderen	[vər'wɛjdərən]
eliminado	verwijderd	[vər'wɛjdərt]

conexão (f)	verbinding (de)	[vər'bindiŋ]
velocidade (f)	snelheid (de)	['snɛlhɛjt]
modem (m)	modem (de)	['mɔdɛm]
acesso (m)	toegang (de)	['tuxaŋ]
porta (f)	poort (de)	[pōrt]
conexão (f)	aansluiting (de)	['ānslœʏtiŋ]
conetar (vi)	zich aansluiten	[zix 'ānslœʏtən]

| escolher (vt) | selecteren | [selɛk'terən] |
| buscar (vt) | zoeken | ['zukən] |

167. Eletricidade

eletricidade (f)	elektriciteit (de)	[elɛktrisi'tɛjt]
elétrico	elektrisch	[e'lɛktris]
central (f) elétrica	elektriciteitscentrale (de)	[elɛktrisi'tɛjt·sən'tralə]
energia (f)	energie (de)	[enɛr'ʒi]
energia (f) elétrica	elektrisch vermogen (het)	[e'lɛktris vər'mɔxən]

lâmpada (f)	lamp (de)	[lamp]
lanterna (f)	zaklamp (de)	['zak·lamp]
poste (m) de iluminação	straatlantaarn (de)	['strāt·lan'tārn]

luz (f)	licht (het)	[lixt]
ligar (vt)	aandoen	['āndun]
desligar (vt)	uitdoen	['œʏtdun]
apagar a luz	het licht uitdoen	[ət 'lixt 'œʏtdun]

fundir (vi)	doorbranden	['dōrbrandən]
curto-circuito (m)	kortsluiting (de)	['kort·slœʏtiŋ]
rutura (f)	onderbreking (de)	['ɔndər'brekiŋ]
contacto (m)	contact (het)	[kɔn'takt]

interruptor (m)	schakelaar (de)	['sxakəlār]
tomada (f)	stopcontact (het)	['stɔp·kɔn'takt]
ficha (f)	stekker (de)	['stɛkər]
extensão (f)	verlengsnoer (de)	[vər'lɛŋ·snur]

fusível (m)	zekering (de)	['zekəriŋ]
fio, cabo (m)	kabel (de)	['kabəl]
instalação (f) elétrica	bedrading (de)	[bə'dradiŋ]

ampere (m)	ampère (de)	[am'pɛrə]
amperagem (f)	stroomsterkte (de)	[strōm·'stɛrktə]
volt (m)	volt (de)	[vɔlt]
voltagem (f)	spanning (de)	['spaniŋ]

| aparelho (m) elétrico | elektrisch toestel (het) | [e'lɛktris 'tustəl] |
| indicador (m) | indicator (de) | [indi'katɔr] |

eletricista (m)	elektricien (de)	[elɛktri'sjen]
soldar (vt)	solderen	[sɔl'derən]
ferro (m) de soldar	soldeerbout (de)	[sɔl'dēr·baut]
corrente (f) elétrica	stroom (de)	[strōm]

168. Ferramentas

ferramenta (f)	werktuig (het)	['wɛrktœʏx]
ferramentas (f pl)	gereedschap (het)	[xə'rētsxap]
equipamento (m)	uitrusting (de)	['œʏtrystiŋ]

martelo (m)	hamer (de)	['hamər]
chave (f) de fendas	schroevendraaier (de)	['sxruvən·'drājər]
machado (m)	bijl (de)	[bɛjl]

serra (f)	zaag (de)	[zāx]
serrar (vt)	zagen	['zaxən]
plaina (f)	schaaf (de)	[sxāf]
aplainar (vt)	schaven	['sxavən]
ferro (m) de soldar	soldeerbout (de)	[sɔl'dēr·baut]
soldar (vt)	solderen	[sɔl'derən]

lima (f)	vijl (de)	[vɛjl]
tenaz (f)	nijptang (de)	['nɛjp·taŋ]
alicate (m)	combinatietang (de)	[kɔmbi'natsi·taŋ]
formão (m)	beitel (de)	['bɛjtəl]

broca (f)	boorkop (de)	['bōrkɔp]
berbequim (f)	boormachine (de)	[bōr·ma'ʃinə]
furar (vt)	boren	['bɔrən]

| faca (f) | mes (het) | [mɛs] |
| lâmina (f) | lemmet (het) | ['lemət] |

afiado	scherp	[sxɛrp]
cego	bot	[bɔt]
embotar-se (vr)	bot raken	[bɔt 'rakən]
afiar, amolar (vt)	slijpen	['slɛjpən]

parafuso (m)	bout (de)	['baut]
porca (f)	moer (de)	[mur]
rosca (f)	schroefdraad (de)	['sxruf·drāt]
parafuso (m) para madeira	houtschroef (de)	['haut·sxruf]

| prego (m) | spijker (de) | ['spɛjkər] |
| cabeça (f) do prego | kop (de) | [kɔp] |

régua (f)	liniaal (de/het)	[lini'āl]
fita (f) métrica	rolmeter (de)	['rɔl·metər]
nível (m)	waterpas (de/het)	['watərpas]
lupa (f)	loep (de)	[lup]

medidor (m)	meetinstrument (het)	['mēt·instrʉ'mɛnt]
medir (vt)	opmeten	['ɔpmetən]
escala (f)	schaal (de)	[sxāl]
indicação (f), registo (m)	gegevens	[xə'xevəns]

| compressor (m) | compressor (de) | [kɔm'presɔr] |
| microscópio (m) | microscoop (de) | [mikrɔ'skōp] |

bomba (f)	pomp (de)	[pɔmp]
robô (m)	robot (de)	['robɔt]
laser (m)	laser (de)	['lezər]

chave (f) de boca	moersleutel (de)	['mur·'sløtəl]
fita (f) adesiva	plakband (de)	['plak·bant]
cola (f)	lijm (de)	[lɛjm]

lixa (f)	schuurpapier (het)	[sxūr·pa'pir]
mola (f)	veer (de)	[vēr]
íman (m)	magneet (de)	[max'nēt]
luvas (f pl)	handschoenen	['xand 'sxunən]

corda (f)	touw (het)	['tau]
cordel (m)	snoer (het)	[snur]
fio (m)	draad (de)	[drāt]
cabo (m)	kabel (de)	['kabəl]

marreta (f)	moker (de)	['mɔkər]
pé de cabra (m)	breekijzer (het)	['brē'kɛjzər]
escada (f) de mão	ladder (de)	['ladər]
escadote (m)	trapje (het)	['trapje]

enroscar (vt)	aanschroeven	['ānsxruvən]
desenroscar (vt)	losschroeven	[lɔs'sxruvən]
apertar (vt)	dichtpersen	['dixtpɛrsən]
colar (vt)	vastlijmen	[vast'lɛjmən]
cortar (vt)	snijden	['snɛjdən]

falha (mau funcionamento)	defect (het)	[de'fɛkt]
conserto (m)	reparatie (de)	[repa'ratsi]
consertar, reparar (vt)	repareren	[repa'rerən]
regular, ajustar (vt)	regelen	['rexələn]

verificar (vt)	checken	['ʧɛkən]
verificação (f)	controle (de)	[kɔn'trɔlə]
indicação (f), registo (m)	gegevens	[xə'xevəns]

seguro	degelijk	['dexələk]
complicado	ingewikkeld	[inxe'wikəlt]

enferrujar (vi)	roesten	['rustən]
enferrujado	roestig	['rustəx]
ferrugem (f)	roest (de/het)	[rust]

Transportes

169. Avião

avião (m)	vliegtuig (het)	['vlixtœʏx]
bilhete (m) de avião	vliegticket (het)	['vlix·'tikət]
companhia (f) aérea	luchtvaart-	['lʉxtvārt
	maatschappij (de)	mātsxa'pɛj]
aeroporto (m)	luchthaven (de)	['lʉxthavən]
supersónico	supersonisch	[sʉpər'sɔnis]

comandante (m) do avião	gezagvoerder (de)	[xəzax·'vurdər]
tripulação (f)	bemanning (de)	[bə'maniŋ]
piloto (m)	piloot (de)	[pi'lōt]
hospedeira (f) de bordo	stewardess (de)	[stʉwər'dɛs]
copiloto (m)	stuurman (de)	['stūrman]

asas (f pl)	vleugels	['vløxəls]
cauda (f)	staart (de)	[stārt]
cabine (f) de pilotagem	cabine (de)	[ka'binə]
motor (m)	motor (de)	['mɔtɔr]
trem (m) de aterragem	landingsgestel (het)	['landiŋs·xə'stɛl]
turbina (f)	turbine (de)	[tʉr'binə]

hélice (f)	propeller (de)	[prɔ'pelər]
caixa-preta (f)	zwarte doos (de)	['zwartə dōs]
coluna (f) de controlo	stuur (het)	[stūr]
combustível (m)	brandstof (de)	['brandstɔf]

instruções (f pl) de segurança	veiligheidskaart (de)	['vɛjləxhɛjts·kārt]
máscara (f) de oxigénio	zuurstofmasker (het)	['zūrstɔf·'maskər]
uniforme (m)	uniform (het)	['juniform]
colete (m) salva-vidas	reddingsvest (de)	['rɛdiŋs·vɛst]
paraquedas (m)	parachute (de)	[para'ʃʉtə]

descolagem (f)	opstijgen (het)	['ɔpstɛjxən]
descolar (vi)	opstijgen	['ɔpstɛjxən]
pista (f) de descolagem	startbaan (de)	['start·bān]

visibilidade (f)	zicht (het)	[zixt]
voo (m)	vlucht (de)	[vlʉxt]

altura (f)	hoogte (de)	['hōxtə]
poço (m) de ar	luchtzak (de)	['lʉxt·zak]

assento (m)	plaats (de)	[plāts]
auscultadores (m pl)	koptelefoon (de)	['kɔp·telə'fōn]
mesa (f) rebatível	tafeltje (het)	['tafɛltʃə]
vigia (f)	venster (het)	['vɛnstər]
passagem (f)	gangpad (het)	['haŋpat]

170. Comboio

comboio (m)	trein (de)	[trɛjn]
comboio (m) suburbano	elektrische trein (de)	[ɛ'lɛktrisə trɛjn]
comboio (m) rápido	sneltrein (de)	['snɛl·trɛjn]
locomotiva (f) diesel	diesellocomotief (de)	['dizəl·lɔkɔmɔ'tif]
locomotiva (f) a vapor	stoomlocomotief (de)	[stōm·lɔkɔmɔ'tif]
carruagem (f)	rijtuig (het)	['rɛjtœʏx]
carruagem restaurante (f)	restauratierijtuig (het)	[rɛstɔ'ratsi·'rɛjtœʏx]
carris (m pl)	rails	['rɛjls]
caminho de ferro (m)	spoorweg (de)	['spōr·wɛx]
travessa (f)	dwarsligger (de)	['dwars·lixə]
plataforma (f)	perron (het)	[pɛ'rɔn]
linha (f)	spoor (het)	[spōr]
semáforo (m)	semafoor (de)	[səma'fōr]
estação (f)	halte (de)	['haltə]
maquinista (m)	machinist (de)	[maʃi'nist]
bagageiro (m)	kruier (de)	['krœʏər]
hospedeiro, -a (da carruagem)	conducteur (de)	[kɔndɥk'tør]
passageiro (m)	passagier (de)	[pasa'xir]
revisor (m)	controleur (de)	[kɔntrɔ'lør]
corredor (m)	gang (de)	[xaŋ]
freio (m) de emergência	noodrem (de)	['nōd·rɛm]
compartimento (m)	coupé (de)	[ku'pɛ]
cama (f)	bed (het)	[bɛt]
cama (f) de cima	bovenste bed (het)	['bɔvənstə bɛt]
cama (f) de baixo	onderste bed (het)	['ɔndərstə bɛt]
roupa (f) de cama	beddengoed (het)	['bɛdən·xut]
bilhete (m)	kaartje (het)	['kārtʃə]
horário (m)	dienstregeling (de)	[dinst·'rexəliŋ]
painel (m) de informação	informatiebord (het)	[infɔr'matsi·bɔrt]
partir (vt)	vertrekken	[vər'trɛkən]
partida (f)	vertrek (het)	[vər'trɛk]
chegar (vi)	aankomen	['ānkɔmən]
chegada (f)	aankomst (de)	['ānkɔmst]
chegar de comboio	aankomen per trein	['ānkɔmən pɛr trɛjn]
apanhar o comboio	in de trein stappen	[in də 'trɛjn 'stapən]
sair do comboio	uit de trein stappen	['œʏt də 'trɛjn 'stapən]
acidente (m) ferroviário	treinwrak (het)	['trɛjn·wrak]
descarrilar (vi)	ontspoord zijn	[ɔnt'spōrt zɛjn]
locomotiva (f) a vapor	stoomlocomotief (de)	[stōm·lɔkɔmɔ'tif]
fogueiro (m)	stoker (de)	['stɔkər]
fornalha (f)	stookplaats (de)	['stōk·plāts]
carvão (m)	steenkool (de)	['stēn·kōl]

171. Barco

navio (m)	schip (het)	[sxip]
embarcação (f)	vaartuig (het)	['vārtœʏx]

vapor (m)	stoomboot (de)	['stōm·bōt]
navio (m)	motorschip (het)	['mɔtɔr·sxip]
transatlântico (m)	lijnschip (het)	['lɛjn·sxip]
cruzador (m)	kruiser (de)	['krœʏsər]

iate (m)	jacht (het)	[jaxt]
rebocador (m)	sleepboot (de)	['slēp·bōt]
barcaça (f)	duwbak (de)	['dʉwbak]
ferry (m)	ferryboot (de)	['fɛri·bōt]

veleiro (m)	zeilboot (de)	['zɛjl·bōt]
bergantim (m)	brigantijn (de)	[brixan'tɛjn]

quebra-gelo (m)	ijsbreker (de)	['ɛjs·brekər]
submarino (m)	duikboot (de)	['dœʏk·bōt]

bote, barco (m)	boot (de)	[bōt]
bote, dingue (m)	sloep (de)	[slup]
bote (m) salva-vidas	reddingssloep (de)	['rɛdiŋs·slup]
lancha (f)	motorboot (de)	['mɔtɔr·bōt]

capitão (m)	kapitein (de)	[kapi'tɛjn]
marinheiro (m)	zeeman (de)	['zēman]
marujo (m)	matroos (de)	[ma'trōs]
tripulação (f)	bemanning (de)	[bə'maniŋ]

contramestre (m)	bootsman (de)	['bōtsman]
grumete (m)	scheepsjongen (de)	['sxēps·'joŋən]
cozinheiro (m) de bordo	kok (de)	[kɔk]
médico (m) de bordo	scheepsarts (de)	['sxēps·arts]

convés (m)	dek (het)	[dɛk]
mastro (m)	mast (de)	[mast]
vela (f)	zeil (het)	[zɛjl]

porão (m)	ruim (het)	[rœʏm]
proa (f)	voorsteven (de)	['vōrstevən]
popa (f)	achtersteven (de)	['axtər·stevən]
remo (m)	roeispaan (de)	['rujs·pān]
hélice (f)	schroef (de)	[sxruf]

camarote (m)	kajuit (de)	[kajœʏt]
sala (f) dos oficiais	officierskamer (de)	[ɔfi'sir·'kamər]
sala (f) das máquinas	machinekamer (de)	[ma'ʃinə·'kamər]
ponte (m) de comando	brug (de)	[brʉx]
sala (f) de comunicações	radiokamer (de)	['radiɔ·'kamər]
onda (f) de rádio	radiogolf (de)	['radiɔ·xɔlf]
diário (m) de bordo	logboek (het)	['lɔxbuk]
luneta (f)	verrekijker (de)	['vɛrəkɛjkər]
sino (m)	klok (de)	[klɔk]

bandeira (f)	vlag (de)	[vlax]
cabo (m)	kabel (de)	['kabəl]
nó (m)	knoop (de)	[knōp]

| corrimão (m) | leuning (de) | ['løniŋ] |
| prancha (f) de embarque | trap (de) | [trap] |

âncora (f)	anker (het)	['ankər]
recolher a âncora	het anker lichten	[ət 'ankər 'lixtən]
lançar a âncora	het anker neerlaten	[ət 'ankər 'nērlatən]
amarra (f)	ankerketting (de)	['ankər·'ketiŋ]

porto (m)	haven (de)	['havən]
cais, amarradouro (m)	kaai (de)	[kāj]
atracar (vi)	aanleggen	['ānlexən]
desatracar (vi)	wegvaren	['wɛxvarən]

viagem (f)	reis (de)	[rɛjs]
cruzeiro (m)	cruise (de)	[krus]
rumo (m), rota (f)	koers (de)	[kurs]
itinerário (m)	route (de)	['rutə]

canal (m) navegável	vaarwater (het)	['vār·watər]
banco (m) de areia	zandbank (de)	['zant·bank]
encalhar (vt)	stranden	['strandən]

tempestade (f)	storm (de)	[stɔrm]
sinal (m)	signaal (het)	[si'njāl]
afundar-se (vr)	zinken	['zinkən]
Homem ao mar!	Man overboord!	[man ɔvər'bōrt]
SOS	SOS	[ɛs ɔ ɛs]
boia (f) salva-vidas	reddingsboei (de)	['rɛdiŋs·bui]

172. Aeroporto

aeroporto (m)	luchthaven (de)	['lʉxthavən]
avião (m)	vliegtuig (het)	['vlixtœɣx]
companhia (f) aérea	luchtvaart-maatschappij (de)	['lʉxtvārt mātsxa'pɛj]

| controlador (m) de tráfego aéreo | luchtverkeersleider (de) | ['lʉxt·verkērs·'lɛjdər] |

partida (f)	vertrek (het)	[vər'trɛk]
chegada (f)	aankomst (de)	['ānkɔmst]
chegar (~ de avião)	aankomen	['ānkɔmən]

| hora (f) de partida | vertrektijd (de) | [vər'trɛk·tɛjt] |
| hora (f) de chegada | aankomstuur (het) | ['ānkɔmst·'ūr] |

| estar atrasado | vertraagd zijn | [vər'trāxt zɛjn] |
| atraso (m) de voo | vluchtvertraging (de) | ['vlʉxt·vərt'raxiŋ] |

| painel (m) de informação | informatiebord (het) | [infɔr'matsi·bɔrt] |
| informação (f) | informatie (de) | [infɔr'matsi] |

155

| anunciar (vt) | aankondigen | ['ānkɔndəxən] |
| voo (m) | vlucht (de) | [vlʉxt] |

| alfândega (f) | douane (de) | [du'anə] |
| funcionário (m) da alfândega | douanier (de) | [dua'njē] |

declaração (f) alfandegária	douaneaangifte (de)	[du'anə·'ānxiftə]
preencher (vt)	invullen	['invʉlən]
preencher a declaração	een douaneaangifte invullen	[en du'anə·'ānxiftə 'invʉlən]
controlo (m) de passaportes	paspoortcontrole (de)	['paspōrt·kɔn'trɔlə]

bagagem (f)	bagage (de)	[ba'xaʒə]
bagagem (f) de mão	handbagage (de)	[hant·ba'xaʒə]
carrinho (m)	bagagekarretje (het)	[ba'xaʒə·'karɛtʃə]

aterragem (f)	landing (de)	['landiŋ]
pista (f) de aterragem	landingsbaan (de)	['landiŋs·bān]
aterrar (vi)	landen	['landən]
escada (f) de avião	vliegtuigtrap (de)	['vlixtœɤx·trap]

check-in (m)	inchecken (het)	['intʃɛkən]
balcão (m) do check-in	incheckbalie (de)	['intʃɛk·'bali]
fazer o check-in	inchecken	['intʃɛkən]
cartão (m) de embarque	instapkaart (de)	['instap·kārt]
porta (f) de embarque	gate (de)	[gejt]

trânsito (m)	transit (de)	['transit]
esperar (vi, vt)	wachten	['waxtən]
sala (f) de espera	wachtzaal (de)	['waxt·zāl]
despedir-se de ...	begeleiden	[bəxə'lɛjdən]
despedir-se (vr)	afscheid nemen	['afsxɛjt 'nemən]

173. Bicicleta. Motocicleta

bicicleta (f)	fiets (de)	[fits]
scotter, lambreta (f)	bromfiets (de)	['brɔmfits]
mota (f)	motorfiets (de)	['mɔtɔrfits]

ir de bicicleta	met de fiets rijden	[mɛt də fits 'rɛjdən]
guiador (m)	stuur (het)	[stūr]
pedal (m)	pedaal (de/het)	[pe'dāl]
travões (m pl)	remmen	['rɛmən]
selim (m)	fietszadel (de/het)	['fits·zadəl]

bomba (f) de ar	pomp (de)	[pɔmp]
porta-bagagens (m)	bagagedrager (de)	[ba'xaʒə·'draxər]
lanterna (f)	fietslicht (het)	['fits·lixt]
capacete (m)	helm (de)	[hɛlm]

roda (f)	wiel (het)	[wil]
guarda-lamas (m)	spatbord (het)	['spat·bɔrt]
aro (m)	velg (de)	[vɛlx]
raio (m)	spaak (de)	[spāk]

Carros

174. Tipos de carros

carro, automóvel (m)	auto (de)	['autɔ]
carro (m) desportivo	sportauto (de)	[spɔrt·'autɔ]
limusine (f)	limousine (de)	[limu'zinə]
todo o terreno (m)	terreinwagen (de)	[te'rɛjn·'waxən]
descapotável (m)	cabriolet (de)	[kabriɔ'let]
minibus (m)	minibus (de)	['minibʉs]
ambulância (f)	ambulance (de)	[ambʉ'lansə]
limpa-neve (m)	sneeuwruimer (de)	['snēw·'rœʏmər]
camião (m)	vrachtwagen (de)	['vraht·'waxən]
camião-cisterna (m)	tankwagen (de)	['tank·'waxən]
carrinha (f)	bestelwagen (de)	[bə'stɛl·'waxən]
camião-trator (m)	trekker (de)	['trɛkər]
atrelado (m)	aanhangwagen (de)	['ānhaŋ·'wahən]
confortável	comfortabel	[kɔmfɔr'tabəl]
usado	tweedehands	[twēdə'hants]

175. Carros. Carroçaria

capô (m)	motorkap (de)	['motɔr·kap]
guarda-lamas (m)	spatbord (het)	['spat·bɔrt]
tejadilho (m)	dak (het)	[dak]
para-brisa (m)	voorruit (de)	['vōr·rœʏt]
espelho (m) retrovisor	achterruit (de)	['axtər·rœʏt]
lavador (m)	ruitensproeier (de)	['rœʏtən·'sprujər]
limpa-para-brisas (m)	wisserbladen	['wisər·bladən]
vidro (m) lateral	zijruit (de)	['zɛj·rœʏt]
elevador (m) do vidro	raamlift (de)	['rām·lift]
antena (f)	antenne (de)	[an'tɛnə]
teto solar (m)	zonnedak (het)	['zɔnə·dak]
para-choques (m pl)	bumper (de)	['bʉmpər]
bagageira (f)	koffer (de)	['kɔfər]
bagageira (f) de tejadilho	imperiaal (de/het)	[imperi'jāl]
porta (f)	portier (het)	[pɔ'rtīr]
maçaneta (f)	handvat (het)	['hand·fat]
fechadura (f)	slot (het)	[slɔt]
matrícula (f)	nummerplaat (de)	['nʉmər·plāt]
silenciador (m)	knalpot (de)	['knal·pot]

tanque (m) de gasolina	benzinetank (de)	[bɛn'zinə·tank]
tubo (m) de escape	uitlaatpijp (de)	['œytlāt·pɛjp]

acelerador (m)	gas (het)	[xas]
pedal (m)	pedaal (de/het)	[pe'dāl]
pedal (m) do acelerador	gaspedaal (de/het)	[xas·pe'dāl]

travão (m)	rem (de)	[rɛm]
pedal (m) do travão	rempedaal (de/het)	[rɛm·pə'dāl]
travar (vt)	remmen	['rɛmən]
travão (m) de mão	handrem (de)	['hand·rɛm]

embraiagem (f)	koppeling (de)	['kɔpəliŋ]
pedal (m) da embraiagem	koppelingspedaal (de/het)	['kɔpəliŋs·pə'dāl]
disco (m) de embraiagem	koppelingsschijf (de)	['kɔpəliŋs·sxɛjf]
amortecedor (m)	schokdemper (de)	['sxɔk·dɛmpər]

roda (f)	wiel (het)	[wil]
pneu (m) sobresselente	reservewiel (het)	[re'zɛrvə·wil]
pneu (m)	band (de)	[bant]
tampão (m) de roda	wieldop (de)	['wil·dɔp]

rodas (f pl) motrizes	aandrijfwielen	['āndrɛjf·'wilən]
de tração dianteira	met voorwielaandrijving	[mɛt 'vōr·wilān·'drɛjviŋ]
de tração traseira	met achterwielaandrijving	[mɛt 'axtər·wilān·'drɛjviŋ]
de tração às 4 rodas	met vierwielaandrijving	[mɛt 'vir·wilān·'drɛjviŋ]

caixa (f) de mudanças	versnellingsbak (de)	[vər'sneliŋs·bak]
automático	automatisch	[autɔ'matis]
mecânico	mechanisch	[me'xanis]
alavanca (f) das mudanças	versnellingspook (de)	[vər'sneliŋs·pōk]

farol (m)	voorlicht (het)	['vōrlixt]
faróis, luzes	voorlichten	['vōrlixtən]

médios (m pl)	dimlicht (het)	['dim·lixt]
máximos (m pl)	grootlicht (het)	[xrōt·'liht]
luzes (f pl) de stop	stoplicht (het)	['stɔp·lixt]

mínimos (m pl)	standlichten	['stant·'lixtən]
luzes (f pl) de emergência	noodverlichting (de)	['nōtvər·'lixtiŋ]
faróis (m pl) antinevoeiro	mistlichten	['mist·'lixtən]
pisca-pisca (m)	pinker (de)	['pinkər]
luz (f) de marcha atrás	achteruitrijdlicht (het)	['axtərœyt·rɛjt·'lixt]

176. Carros. Habitáculo

interior (m) do carro	interieur (het)	[intə'rør]
de couro, de pele	leren	['lerən]
de veludo	fluwelen	[flʉ'welən]
estofos (m pl)	bekleding (de)	[bə'klediŋ]

indicador (m)	toestel (het)	['tustɛl]
painel (m) de instrumentos	instrumentenbord (het)	[instrʉ'mɛntən·bɔrt]

| velocímetro (m) | snelheidsmeter (de) | ['snɛlhɛjts·'metər] |
| ponteiro (m) | pijltje (het) | ['pɛjltjə] |

conta-quilómetros (m)	kilometerteller (de)	[kiləmetər·'tɛlər]
sensor (m)	sensor (de)	['sɛnsɔr]
nível (m)	niveau (het)	[ni'vɔ]
luz (f) avisadora	controlelampje (het)	[kɔn'trɔlə·'lampjə]

volante (m)	stuur (het)	[stūr]
buzina (f)	toeter (de)	['tutər]
botão (m)	knopje (het)	['knɔpjə]
interruptor (m)	schakelaar (de)	['sxakəlār]

assento (m)	stoel (de)	[stul]
costas (f pl) do assento	rugleuning (de)	['rʉx·'løniŋ]
cabeceira (f)	hoofdsteun (de)	['hōft'støn]
cinto (m) de segurança	veiligheidsgordel (de)	['vɛjləxhɛjts·'xɔrdəl]
apertar o cinto	de gordel aandoen	[də 'xɔrdəl 'āndun]
regulação (f)	regeling (de)	['rexəliŋ]

| airbag (m) | airbag (de) | ['ɛjrbax] |
| ar (m) condicionado | airconditioner (de) | [ɛr·kɔn'diʃənər] |

rádio (m)	radio (de)	['radiɔ]
leitor (m) de CD	CD-speler (de)	[se'de-'spelər]
ligar (vt)	aanzetten	['ānzɛtən]
antena (f)	antenne (de)	[an'tɛnə]
porta-luvas (m)	handschoenenkastje (het)	['xand·'sxunən·'kaçə]
cinzeiro (m)	asbak (de)	['asbak]

177. Carros. Motor

motor (m)	motor (de)	['mɔtɔr]
diesel	diesel-	['dizəl]
a gasolina	benzine-	[bɛn'zinə]

cilindrada (f)	motorinhoud (de)	['mɔtɔr·'inhaut]
potência (f)	vermogen (het)	[vər'mɔxən]
cavalo-vapor (m)	paardenkracht (de)	['pārdən·kraxt]
pistão (m)	zuiger (de)	['zœɣxər]
cilindro (m)	cilinder (de)	[si'lindər]
válvula (f)	klep (de)	[klɛp]

injetor (m)	injectie (de)	[inj'eksi]
gerador (m)	generator (de)	[xenə'ratɔr]
carburador (m)	carburator (de)	[karbʉ'ratɔr]
óleo (m) para motor	motorolie (de)	['mɔtɔr·ɔli]

radiador (m)	radiator (de)	[radi'atɔr]
refrigerante (m)	koelvloeistof (de)	['kul·vlujstɔf]
ventilador (m)	ventilator (de)	[vɛnti'latɔr]

| bateria (f) | accu (de) | ['akʉ] |
| dispositivo (m) de arranque | starter (de) | ['startər] |

| ignição (f) | contact (het) | [kɔn'takt] |
| vela (f) de ignição | bougie (de) | [bu'ʒi] |

borne (m)	pool (de)	[pōl]
borne (m) positivo	positieve pool (de)	[pɔzi'tivə pōl]
borne (m) negativo	negatieve pool (de)	[nexa'tivə pōl]
fusível (m)	zekering (de)	['zekəriŋ]

filtro (m) de ar	luchtfilter (de)	['lʉxt·'filtər]
filtro (m) de óleo	oliefilter (de)	['ɔli·'filtər]
filtro (m) de combustível	benzinefilter (de)	[bɛn'zinə·'filtər]

178. Carros. Batidas. Reparação

acidente (m) de carro	auto-ongeval (het)	['auto-'ɔŋɛval]
acidente (m) rodoviário	verkeersongeluk (het)	[vər'kērs·'ɔŋəlʉk]
ir contra ...	aanrijden	['ānrɛjdən]
sofrer um acidente	verongelukken	[və'rɔnxəlʉkən]
danos (m pl)	beschadiging (de)	[bə'sxadəxiŋ]
intato	heelhuids	['hēlhœvts]

avaria (no motor, etc.)	pech (de)	[pɛx]
avariar (vi)	kapot gaan	[ka'pɔt xān]
cabo (m) de reboque	sleeptouw (het)	['slēp·tau]

furo (m)	lek (het)	[lɛk]
estar furado	lekke krijgen	['lɛkə 'krɛjxən]
encher (vt)	oppompen	['ɔpɔmpən]
pressão (f)	druk (de)	[drʉk]
verificar (vt)	checken	['tʃɛkən]

reparação (f)	reparatie (de)	[repa'ratsi]
oficina (f)	garage (de)	[xa'raʒə]
de reparação de carros		
peça (f) sobresselente	wisselstuk (het)	['wisəl·stʉk]
peça (f)	onderdeel (het)	['ɔndərdēl]

parafuso (m)	bout (de)	['baut]
parafuso (m)	schroef (de)	[sxruf]
porca (f)	moer (de)	[mur]
anilha (f)	sluitring (de)	['slœytriŋ]
rolamento (m)	kogellager (de/het)	['kɔxəllahər]

tubo (m)	pijp (de)	[pɛjp]
junta (f)	pakking (de)	['pakiŋ]
fio, cabo (m)	kabel (de)	['kabəl]

macaco (m)	dommekracht (de)	['dɔməkraxt]
chave (f) de boca	moersleutel (de)	['mur·'sløtəl]
martelo (m)	hamer (de)	['hamər]
bomba (f)	pomp (de)	[pɔmp]
chave (f) de fendas	schroevendraaier (de)	['sxruvən·'drājər]
extintor (m)	brandblusser (de)	['brant·blʉsər]
triângulo (m) de emergência	gevarendriehoek (de)	[xə'varən·'drihuk]

parar (vi) (motor)	afslaan	['afslān]
paragem (f)	uitvallen (het)	['œytvalən]
estar quebrado	zijn gebroken	[zɛjn xə'brɔkən]

superaquecer-se (vr)	oververhitten	[ɔvərvər'hitən]
entupir-se (vr)	verstopt raken	[vər'stɔpt 'rakən]
congelar-se (vr)	bevriezen	[bə'vrizən]
rebentar (vi)	barsten	['barstən]

pressão (f)	druk (de)	[drʉk]
nível (m)	niveau (het)	[ni'vɔ]
frouxo	slap	[slap]

mossa (f)	deuk (de)	['døk]
ruído (m)	geklop (het)	[xə'klɔp]
fissura (f)	barst (de)	[barst]
arranhão (m)	kras (de)	[kras]

179. Carros. Estrada

estrada (f)	weg (de)	[wɛx]
autoestrada (f)	snelweg (de)	['snɛlwɛx]
rodovia (f)	autoweg (de)	['autɔwɛx]
direção (f)	richting (de)	['rixtiŋ]
distância (f)	afstand (de)	['afstant]

ponte (f)	brug (de)	[brʉx]
parque (m) de estacionamento	parking (de)	['parkiŋ]
praça (f)	plein (het)	[plɛjn]
nó (m) rodoviário	verkeersknooppunt (het)	[vər'kērs·'knōp·pʉnt]
túnel (m)	tunnel (de)	['tʉnəl]

posto (m) de gasolina	benzinestation (het)	[bɛn'zinə·sta'tsjɔn]
parque (m) de estacionamento	parking (de)	['parkiŋ]
bomba (f) de gasolina	benzinepomp (de)	[bɛn'zinə·pɔmp]
oficina (f) de reparação de carros	garage (de)	[xa'raʒə]
abastecer (vt)	tanken	['tankən]
combustível (m)	brandstof (de)	['brandstɔf]
bidão (m) de gasolina	jerrycan (de)	['dʒɛrikən]

asfalto (m)	asfalt (het)	['asfalt]
marcação (f) de estradas	markering (de)	[mar'keriŋ]
lancil (m)	trottoirband (de)	[trɔtu'ar·bant]
proteção (f) guard-rail	geleiderail (de)	[xəlɛjdə'rel]
valeta (f)	greppel (de)	['xrepəl]
berma (f) da estrada	vluchtstrook (de)	['vlʉxt·strɔk]
poste (m) de luz	lichtmast (de)	['lixt·mast]

conduzir, guiar (vt)	besturen	[bə'stʉrən]
virar (ex. ~ à direita)	afslaan	['afslān]
dar retorno	U-bocht maken	[ju-bɔxt 'makən]
marcha-atrás (f)	achteruit (de)	['axtərœyt]
buzinar (vi)	toeteren	['tutərən]

buzina (f)	toeter (de)	['tutər]
atolar-se (vr)	vastzitten	['vastzitən]
patinar (na lama)	spinnen	['spinən]
desligar (vt)	uitzetten	['œytzɛtən]

velocidade (f)	snelheid (de)	['snɛlhɛjt]
exceder a velocidade	een snelheidsovertreding maken	[ən 'snɛlhɛjts·ɔvər'trediŋ 'makən]
multar (vt)	bekeuren	[bə'kørən]
semáforo (m)	verkeerslicht (het)	[vər'kērs·lixt]
carta (f) de condução	rijbewijs (het)	['rɛj·bɛwɛjs]

passagem (f) de nível	overgang (de)	['ɔvərxaŋ]
cruzamento (m)	kruispunt (het)	['krœys·pynt]
passadeira (f)	zebrapad (het)	['zɛbra·pat]
curva (f)	bocht (de)	[bɔxt]
zona (f) pedonal	voetgangerszone (de)	['vutxaŋərs·'zɔnə]

180. Sinais de trânsito

código (m) da estrada	verkeersregels	[vər'kērs·'rexəls]
sinal (m) de trânsito	verkeersbord (het)	[vər'kērs·bɔrt]
ultrapassagem (f)	inhalen (het)	['inhalən]
curva (f)	bocht (de)	[bɔxt]
inversão (f) de marcha	U-bocht, kering (de)	[ju-bɔxt], ['kɛriŋ]
rotunda (f)	Rotonde (de)	[rɔ'tondə]

sentido proibido	Verboden richting	[vər'bodən 'rixtiŋ]
trânsito proibido	Verboden toegang	[vər'bodən 'tuxaŋ]
proibição de ultrapassar	Inhalen verboden	['inhalən vər'bodən]
estacionamento proibido	Parkeerverbod	['parkēr·vər'bɔt]
paragem proibida	Verbod stil te staan	[vər'bɔt 'stil tə stãn]

curva (f) perigosa	Gevaarlijke bocht	[xe'vārləkə bɔht]
descida (f) perigosa	Gevaarlijke daling	[xe'vārləkə 'daliŋ]
trânsito de sentido único	Eenrichtingsweg	[ēn'rixtiŋs·wɛx]
passadeira (f)	Voetgangers	['vutxaŋərs]
pavimento (m) escorregadio	Slipgevaar	['slipxəvār]
cedência de passagem	Voorrang verlenen	['vōrraŋ vər'lenən]

PESSOAS. EVENTOS

Eventos

181. Férias. Evento

festa (f)	feest (het)	[fēst]
festa (f) nacional	nationale feestdag (de)	[natsjɔ'nalə 'fēstdax]
feriado (m)	feestdag (de)	['fēst·dax]
festejar (vt)	herdenken	['hɛrdɛŋkən]

evento (festa, etc.)	gebeurtenis (de)	[xə'børtənis]
evento (banquete, etc.)	evenement (het)	[ɛvənə'mɛnt]
banquete (m)	banket (het)	[ban'ket]
receção (f)	receptie (de)	[re'sɛpsi]
festim (m)	feestmaal (het)	['fēst·māl]

aniversário (m)	verjaardag (de)	[vər'jār·dax]
jubileu (m)	jubileum (het)	[jubi'lejum]
celebrar (vt)	vieren	['virən]

Ano (m) Novo	Nieuwjaar (het)	[niu'jār]
Feliz Ano Novo!	Gelukkig Nieuwjaar!	[xə'lʉkəx niu'jār]
Pai (m) Natal	Sinterklaas (de)	[sintər·'klās]

Natal (m)	Kerstfeest (het)	['kɛrstfēst]
Feliz Natal!	Vrolijk kerstfeest!	['vrɔlək 'kɛrstfēst]
árvore (f) de Natal	kerstboom (de)	['kɛrst·bōm]
fogo (m) de artifício	vuurwerk (het)	['vūr·wɛrk]

boda (f)	bruiloft (de)	['brœylɔft]
noivo (m)	bruidegom (de)	['brœydəxɔm]
noiva (f)	bruid (de)	['brœyd]

| convidar (vt) | uitnodigen | ['œytnɔdixən] |
| convite (m) | uitnodigingskaart (de) | [œyt'nɔdixiŋs·kārt] |

convidado (m)	gast (de)	[xast]
visitar (vt)	op bezoek gaan	[ɔp bə'zuk xān]
receber os hóspedes	gasten verwelkomen	['xastən vər'wɛlkɔmən]

presente (m)	geschenk, cadeau (het)	[xə'sxɛnk]
oferecer (vt)	geven	['xevən]
receber presentes	geschenken ontvangen	[xə'sxɛnkən ɔnt'vaŋən]
ramo (m) de flores	boeket (het)	[bu'kɛt]

felicitações (f pl)	felicitaties	[felisi'tatsis]
felicitar (dar os parabéns)	feliciteren	[felisi'terən]
cartão (m) de parabéns	wenskaart (de)	['wɛns·kārt]

| enviar um postal | een kaartje versturen | [en 'kārtʃe vər'stʉrən] |
| receber um postal | een kaartje ontvangen | [en 'kārtʃe ɔnt'vaŋən] |

brinde (m)	toast (de)	[tɔst]
oferecer (vt)	aanbieden	[ām'bidən]
champanhe (m)	champagne (de)	[ʃʌm'panjə]

divertir-se (vr)	plezier hebben	[plɛ'zir 'hɛbən]
diversão (f)	plezier (het)	[plɛ'zir]
alegria (f)	vreugde (de)	['vrøhdə]

| dança (f) | dans (de) | [dans] |
| dançar (vi) | dansen | ['dansən] |

| valsa (f) | wals (de) | [wals] |
| tango (m) | tango (de) | ['tangɔ] |

182. Funerais. Enterro

cemitério (m)	kerkhof (het)	['kɛrkhɔf]
sepultura (f), túmulo (m)	graf (het)	[xraf]
cruz (f)	kruis (het)	['krœɣs]
lápide (f)	grafsteen (de)	['xraf·stēn]
cerca (f)	omheining (de)	[ɔm'hɛjniŋ]
capela (f)	kapel (de)	[ka'pɛl]

morte (f)	dood (de)	[dōt]
morrer (vi)	sterven	['stɛrvən]
defunto (m)	overledene (de)	[ɔvər'ledenə]
luto (m)	rouw (de)	['rau]

enterrar, sepultar (vt)	begraven	[bə'xravən]
agência (f) funerária	begrafenis-onderneming (de)	[bə'xrafənis ɔndər'nemiŋ]
funeral (m)	begrafenis (de)	[bə'xrafənis]
coroa (f) de flores	krans (de)	[krans]
caixão (m)	doodskist (de)	['dōd·skist]
carro (m) funerário	lijkwagen (de)	['lɛjk·waxən]
mortalha (f)	lijkkleed (de)	['lɛjk·klēt]

procissão (f) funerária	begrafenisstoet (de)	[bə'xrafənis·stut]
urna (f) funerária	urn (de)	[jurn]
crematório (m)	crematorium (het)	[krema'tɔrijum]

obituário (m), necrologia (f)	overlijdensbericht (het)	[ɔvər'lɛjdəns·bə'rixt]
chorar (vi)	huilen	['hœɣlən]
soluçar (vi)	snikken	['snikən]

183. Guerra. Soldados

| pelotão (m) | peloton (het) | [pelɔ'tɔn] |
| companhia (f) | compagnie (de) | [kɔmpa'njɪ] |

regimento (m)	regiment (het)	[rexi'mɛnt]
exército (m)	leger (het)	['lexər]
divisão (f)	divisie (de)	[di'vizi]

| destacamento (m) | sectie (de) | ['sɛksi] |
| hoste (f) | troep (de) | [trup] |

| soldado (m) | soldaat (de) | [sɔl'dāt] |
| oficial (m) | officier (de) | [ɔfi'sir] |

soldado (m) raso	soldaat (de)	[sɔl'dāt]
sargento (m)	sergeant (de)	[sɛr'ʒant]
tenente (m)	luitenant (de)	[lœʏtə'nant]
capitão (m)	kapitein (de)	[kapi'tɛjn]
major (m)	majoor (de)	[ma'jōr]
coronel (m)	kolonel (de)	[kɔlɔ'nɛl]
general (m)	generaal (de)	[xenə'rāl]

marujo (m)	matroos (de)	[ma'trōs]
capitão (m)	kapitein (de)	[kapi'tɛjn]
contramestre (m)	bootsman (de)	['bōtsman]

artilheiro (m)	artillerist (de)	[artile'rist]
soldado (m) paraquedista	valschermjager (de)	['valsxɛrm·'jaxər]
piloto (m)	piloot (de)	[pi'lōt]
navegador (m)	stuurman (de)	['stūrman]
mecânico (m)	mecanicien (de)	[mekani'sjen]

sapador (m)	sappeur (de)	[sa'pør]
paraquedista (m)	parachutist (de)	[paraʃʉ'tist]
explorador (m)	verkenner (de)	[vər'kenər]
franco-atirador (m)	scherpschutter (de)	['sxɛrp·sxʉtər]

patrulha (f)	patrouille (de)	[pa'trujə]
patrulhar (vt)	patrouilleren	[patru'jerən]
sentinela (f)	wacht (de)	[waxt]

| guerreiro (m) | krijger (de) | ['krɛjxə] |
| patriota (m) | patriot (de) | [patri'ɔt] |

| herói (m) | held (de) | [hɛlt] |
| heroína (f) | heldin (de) | [hɛl'din] |

| traidor (m) | verrader (de) | [və'radər] |
| trair (vt) | verraden | [və'radən] |

| desertor (m) | deserteur (de) | [dezɛr'tør] |
| desertar (vt) | deserteren | [dezɛr'terən] |

mercenário (m)	huurling (de)	['hūrliŋ]
recruta (m)	rekruut (de)	[rek'rūt]
voluntário (m)	vrijwilliger (de)	[vrɛj'wiləxər]

morto (m)	gedode (de)	[xə'dɔdə]
ferido (m)	gewonde (de)	[xə'wɔndə]
prisioneiro (m) de guerra	krijgsgevangene (de)	['krɛjxs·xə'vaŋənə]

184. Guerra. Ações militares. Parte 1

guerra (f)	oorlog (de)	['ōrlɔx]
guerrear (vt)	oorlog voeren	['ōrlɔx 'vurən]
guerra (f) civil	burgeroorlog (de)	['bʉrxər·'ōrlɔx]
perfidamente	achterbaks	['axtərbaks]
declaração (f) de guerra	oorlogsverklaring (de)	['ōrlɔxs·vər'klariŋ]
declarar (vt) guerra	verklaren	[vər'klarən]
agressão (f)	agressie (de)	[ax'rɛsi]
atacar (vt)	aanvallen	['ānvalən]
invadir (vt)	binnenvallen	['binənvalən]
invasor (m)	invaller (de)	['invalə]
conquistador (m)	veroveraar (de)	[və'rɔvərār]
defesa (f)	verdediging (de)	[vər'dedəxiŋ]
defender (vt)	verdedigen	[vər'dedixən]
defender-se (vr)	zich verdedigen	[zih vər'dedixən]
inimigo (m)	vijand (de)	['vɛjant]
adversário (m)	tegenstander (de)	['texən·'standər]
inimigo	vijandelijk	[vɛ'jandələk]
estratégia (f)	strategie (de)	[stratə'xi]
tática (f)	tactiek (de)	[tak'tik]
ordem (f)	order (de)	['ɔrdər]
comando (m)	bevel (het)	[bə'vɛl]
ordenar (vt)	bevelen	[bə'velən]
missão (f)	opdracht (de)	['ɔpdraxt]
secreto	geheim	[xə'hɛjm]
batalha (f)	slag (de)	[slax]
batalha (f)	veldslag (de)	['vɛlt·slax]
combate (m)	strijd (de)	[strɛjt]
ataque (m)	aanval (de)	['ānval]
assalto (m)	bestorming (de)	[bə'stɔrmiŋ]
assaltar (vt)	bestormen	[bə'stɔrmən]
assédio, sítio (m)	bezetting (de)	[bə'zɛtiŋ]
ofensiva (f)	aanval (de)	['ānval]
passar à ofensiva	in het offensief te gaan	[in ət ɔfɛn'sif te xān]
retirada (f)	terugtrekking (de)	[te'rʉx·trɛkiŋ]
retirar-se (vr)	zich terugtrekken	[zih tə'rʉxtrɛkən]
cerco (m)	omsingeling (de)	[ɔm'siŋəliŋ]
cercar (vt)	omsingelen	[ɔm'siŋələn]
bombardeio (m)	bombardement (het)	[bɔmbardə'mɛnt]
lançar uma bomba	een bom gooien	[en bɔm 'xōjən]
bombardear (vt)	bombarderen	[bɔmbar'derən]
explosão (f)	ontploffing (de)	[ɔnt'plɔfiŋ]

tiro (m)	schot (het)	[sxɔt]
disparar um tiro	een schot lossen	[en sxɔt 'lɔsən]
tiroteio (m)	schieten (het)	['sxitən]

apontar para ...	mikken op	['mikən ɔp]
apontar (vt)	aanleggen	['ānlexən]
acertar (vt)	treffen	['trefən]

afundar (um navio)	zinken	['zinkən]
brecha (f)	kogelgat (het)	['kɔxəlxat]
afundar-se (vr)	zinken	['zinkən]

frente (m)	front (het)	[frɔnt]
evacuação (f)	evacuatie (de)	[ɛvakʉ'atsi]
evacuar (vt)	evacueren	[ɛvakʉ'erən]

trincheira (f)	loopgraaf (de)	['lōpxrāf]
arame (m) farpado	prikkeldraad (de)	['prikəl·drāt]
obstáculo (m) anticarro	verdedigingsobstakel (het)	[vər'dedəhiŋ·ɔp'stakəl]
torre (f) de vigia	wachttoren (de)	['waxt·tɔrən]

hospital (m)	hospitaal (het)	['hɔspitāl]
ferir (vt)	verwonden	[vər'wɔndən]
ferida (f)	wond (de)	[wɔnt]
ferido (m)	gewonde (de)	[xə'wɔndə]
ficar ferido	gewond raken	[xə'wɔnt 'rakən]
grave (ferida ~)	ernstig	['ɛrnstəx]

185. Guerra. Ações militares. Parte 2

cativeiro (m)	krijgsgevangenschap (de)	['krɛjxs·xə'vaŋənsxap]
capturar (vt)	krijgsgevangen nemen	['krɛjxs·xə'vaŋən 'nemən]
estar em cativeiro	krijgsgevangene zijn	['krɛjxs·xə'vaŋənə zɛjn]
ser aprisionado	krijgsgevangen genomen worden	['krɛjxs·xə'vaŋən xə'nɔmən 'wɔrdən]

campo (m) de concentração	concentratiekamp (het)	[kɔnsən'tratsi·kamp]
prisioneiro (m) de guerra	krijgsgevangene (de)	['krɛjxs·xə'vaŋənə]
escapar (vi)	vluchten	['vlʉxtən]

trair (vt)	verraden	[və'radən]
traidor (m)	verrader (de)	[və'radər]
traição (f)	verraad (het)	[və'rāt]

| fuzilar, executar (vt) | fusilleren | [fʉzi'jerən] |
| fuzilamento (m) | executie (de) | [ɛkse'kʉtsi] |

equipamento (m)	uitrusting (de)	['œytrystiŋ]
platina (f)	schouderstuk (het)	['sxaudər·'stʉk]
máscara (f) antigás	gasmasker (het)	[xas·'maskər]

rádio (m)	portofoon (de)	[pɔrtɔ'fōn]
cifra (f), código (m)	geheime code (de)	[xə'hɛjmə 'kɔdə]
conspiração (f)	samenzwering (de)	['samənzweriŋ]

167

senha (f)	wachtwoord (het)	['waxt·wõrt]
mina (f)	mijn (de)	[mɛjn]
minar (vt)	ondermijnen	['ɔndər'mɛjnən]
campo (m) minado	mijnenveld (het)	['mɛjnən·vɛlt]

alarme (m) aéreo	luchtalarm (het)	['lʉxt·a'larm]
alarme (m)	alarm (het)	[a'larm]
sinal (m)	signaal (het)	[si'njãl]
sinalizador (m)	vuurpijl (de)	['vũr·pɛjl]

estado-maior (m)	staf (de)	['staf]
reconhecimento (m)	verkenning (de)	[vər'keniŋ]
situação (f)	toestand (de)	['tustant]
relatório (m)	rapport (het)	[ra'pɔrt]
emboscada (f)	hinderlaag (de)	['hindər·lãx]
reforço (m)	versterking (de)	[vər'stɛrkiŋ]
alvo (m)	doel (het)	[dul]
campo (m) de tiro	proefterrein (het)	['pruf·te'rɛjn]
manobras (f pl)	manoeuvres	[ma'nøvrɛs]

pânico (m)	paniek (de)	[pa'nik]
devastação (f)	verwoesting (de)	[vər'wustiŋ]
ruínas (f pl)	verwoestingen	[vər'wustiŋən]
destruir (vt)	verwoesten	[vər'wustən]

sobreviver (vi)	overleven	[ɔvər'levən]
desarmar (vt)	ontwapenen	[ɔnt'wapənən]
manusear (vt)	behandelen	[bə'handələn]

| Firmes! | Geeft acht! | [xẽft 'aht] |
| Descansar! | Op de plaats rust! | [ɔp də plãts 'rʉst] |

façanha (f)	heldendaad (de)	['hɛldən·dãt]
juramento (m)	eed (de)	[ẽd]
jurar (vi)	zweren	['zwerən]

condecoração (f)	decoratie (de)	[dekɔ'ratsi]
condecorar (vt)	onderscheiden	['ɔndər'sxɛjdən]
medalha (f)	medaille (de)	[me'dajə]
ordem (f)	orde (de)	['ɔrdə]

vitória (f)	overwinning (de)	[ɔvər'winiŋ]
derrota (f)	verlies (het)	[vər'lis]
armistício (m)	wapenstilstand (de)	['wapən·'stilstant]

bandeira (f)	wimpel (de)	['wimpəl]
glória (f)	roem (de)	[rum]
desfile (m) militar	parade (de)	[pa'radə]
marchar (vi)	marcheren	[mar'ʃerən]

186. Armas

| arma (f) | wapens | ['wapəns] |
| arma (f) de fogo | vuurwapens | [vũr·'wapəns] |

arma (f) branca	koude wapens	['kaudə 'wapəns]
arma (f) química	chemische wapens	['hemisə 'wapəns]
nuclear	kern-, nucleair	[kɛrn], [nʉkle'ɛr]
arma (f) nuclear	kernwapens	[kɛrn·'wapəns]

| bomba (f) | bom (de) | [bɔm] |
| bomba (f) atómica | atoombom (de) | [a'tōm·bɔm] |

pistola (f)	pistool (het)	[pi'stōl]
caçadeira (f)	geweer (het)	[xə'wēr]
pistola-metralhadora (f)	machinepistool (het)	[ma'ʃinə·pis'tōl]
metralhadora (f)	machinegeweer (het)	[ma'ʃinə·xə'wēr]

boca (f)	loop (de)	[lōp]
cano (m)	loop (de)	[lōp]
calibre (m)	kaliber (het)	[ka'libər]

gatilho (m)	trekker (de)	['trɛkər]
mira (f)	korrel (de)	['kɔrəl]
carregador (m)	magazijn (het)	[maxa'zɛjn]
coronha (f)	geweerkolf (de)	[xə'wēr·kɔlf]

| granada (f) de mão | granaat (de) | [xra'nāt] |
| explosivo (m) | explosieven | [ɛksplɔ'zivən] |

bala (f)	kogel (de)	['kɔxəl]
cartucho (m)	patroon (de)	[pa'trōn]
carga (f)	lading (de)	['ladiŋ]
munições (f pl)	ammunitie (de)	[amʉ'nitsi]

bombardeiro (m)	bommenwerper (de)	['bɔmən·'wɛrpər]
avião (m) de caça	straaljager (de)	['strāl·'jaxər]
helicóptero (m)	helikopter (de)	[heli'kɔptər]

canhão (m) antiaéreo	afweergeschut (het)	['afwēr·xəsxʉt]
tanque (m)	tank (de)	[tank]
canhão (de um tanque)	kanon (het)	[ka'nɔn]

artilharia (f)	artillerie (de)	[artile'ri]
canhão (m)	kanon (het)	[ka'nɔn]
fazer a pontaria	aanleggen	['ānlexən]

obus (m)	projectiel (het)	[prɔjek'til]
granada (f) de morteiro	mortiergranaat (de)	[mɔr'tir·xra'nāt]
morteiro (m)	mortier (de)	[mɔr'tir]
estilhaço (m)	granaatscherf (de)	[xra'nāt·'sxerf]

submarino (m)	duikboot (de)	['dœʏk·bōt]
torpedo (m)	torpedo (de)	[tɔr'pedɔ]
míssil (m)	raket (de)	[ra'kɛt]

carregar (uma arma)	laden	['ladən]
atirar, disparar (vi)	schieten	['sxitən]
apontar para ...	richten op	['rixtən ɔp]
baioneta (f)	bajonet (de)	[bajo'nɛt]
espada (f)	degen (de)	['dexən]

sabre (m)	sabel (de)	['sabəl]
lança (f)	speer (de)	[spẽr]
arco (m)	boog (de)	[bōx]
flecha (f)	pijl (de)	[pɛjl]
mosquete (m)	musket (de)	[mʉs'kɛt]
besta (f)	kruisboog (de)	['krœys·bōx]

187. Povos da antiguidade

primitivo	primitief	[primi'tif]
pré-histórico	voorhistorisch	['vōrhis'tɔris]
antigo	eeuwenoude	[ēwə'naudə]

Idade (f) da Pedra	Steentijd (de)	['stēn·tɛjt]
Idade (f) do Bronze	Bronstijd (de)	['brɔns·tɛjt]
período (m) glacial	IJstijd (de)	['ɛjs·tɛjt]

tribo (f)	stam (de)	[stam]
canibal (m)	menseneter (de)	['mɛnsən·'ɛtər]
caçador (m)	jager (de)	['jaxər]
caçar (vi)	jagen	['jaxən]
mamute (m)	mammoet (de)	[ma'mut]

caverna (f)	grot (de)	[xrɔt]
fogo (m)	vuur (het)	[vūr]
fogueira (f)	kampvuur (het)	['kampvūr]
pintura (f) rupestre	rotstekening (de)	['rɔts·tekəniŋ]

ferramenta (f)	werkinstrument (het)	['wɛrk·instrʉ'mɛnt]
lança (f)	speer (de)	[spẽr]
machado (m) de pedra	stenen bijl (de)	['stenən bɛjl]
guerrear (vt)	oorlog voeren	['ōrlɔx 'vurən]
domesticar (vt)	temmen	['tɛmən]

ídolo (m)	idool (het)	[i'dōl]
adorar, venerar (vt)	aanbidden	[ãm'bidən]

superstição (f)	bijgeloof (het)	['bɛjxəlōf]
ritual (m)	ritueel (het)	[ritʉ'ēl]

evolução (f)	evolutie (de)	[ɛvɔ'lʉtsi]
desenvolvimento (m)	ontwikkeling (de)	[ɔnt'wikəliŋ]

desaparecimento (m)	verdwijning (de)	[vərd'wɛjniŋ]
adaptar-se (vr)	zich aanpassen	[zix 'ãnpasən]

arqueologia (f)	archeologie (de)	[arheɔlɔ'xi]
arqueólogo (m)	archeoloog (de)	[arheɔ'lōx]
arqueológico	archeologisch	[arheɔ'lɔxis]

local (m) das escavações	opgravingsplaats (de)	['ɔpxraviŋs·plãts]
escavações (f pl)	opgravingen	['ɔpxraviŋən]
achado (m)	vondst (de)	[vɔntst]
fragmento (m)	fragment (het)	[frax'mɛnt]

188. Idade média

povo (m)	volk (het)	[vɔlk]
povos (m pl)	volkeren	['vɔlkərən]
tribo (f)	stam (de)	[stam]
tribos (f pl)	stammen	['stamən]

bárbaros (m pl)	barbaren	[bar'barən]
gauleses (m pl)	Galliërs	['xaliers]
godos (m pl)	Goten	['xɔtən]
eslavos (m pl)	Slaven	['slavən]
víquingues (m pl)	Vikings	['vikiŋs]

| romanos (m pl) | Romeinen | [rɔ'mɛjnən] |
| romano | Romeins | [rɔ'mɛjns] |

bizantinos (m pl)	Byzantijnen	[bizan'tɛjnən]
Bizâncio	Byzantium (het)	[bi'zantijum]
bizantino	Byzantijns	[bizan'tɛjns]

imperador (m)	keizer (de)	['kɛjzər]
líder (m)	opperhoofd (het)	['ɔpərhõft]
poderoso	machtig	['mahtəx]
rei (m)	koning (de)	['kɔniŋ]
governante (m)	heerser (de)	['hẽrsər]

cavaleiro (m)	ridder (de)	['ridər]
senhor feudal (m)	feodaal (de)	[feɔ'dāl]
feudal	feodaal	[feɔ'dāl]
vassalo (m)	vazal (de)	[va'zal]

duque (m)	hertog (de)	['hɛrtɔx]
conde (m)	graaf (de)	[xrāf]
barão (m)	baron (de)	[ba'rɔn]
bispo (m)	bisschop (de)	['bisxɔp]

armadura (f)	harnas (het)	['harnas]
escudo (m)	schild (het)	[sxilt]
espada (f)	zwaard (het)	[zwārt]
viseira (f)	vizier (het)	[vi'zir]
cota (f) de malha	maliënkolder (de)	['malien·'kɔldər]

| cruzada (f) | kruistocht (de) | ['krœys·tɔxt] |
| cruzado (m) | kruisvaarder (de) | ['krœys·'vārdər] |

território (m)	gebied (het)	[xə'bit]
atacar (vt)	aanvallen	['ānvalən]
conquistar (vt)	veroveren	[və'rɔvərən]
ocupar, invadir (vt)	innemen	['innemən]

assédio, sítio (m)	bezetting (de)	[bə'zɛtiŋ]
sitiado	belegerd	[bə'lexert]
assediar, sitiar (vt)	belegeren	[bə'lexerən]
inquisição (f)	inquisitie (de)	[inkvi'zitsi]
inquisidor (m)	inquisiteur (de)	[inkvizi'tør]

tortura (f)	foltering (de)	['fɔltərɪŋ]
cruel	wreed	[wrēt]
herege (m)	ketter (de)	['kɛtər]
heresia (f)	ketterij (de)	[kɛtə'rɛj]

navegação (f) marítima	zeevaart (de)	['zē·vārt]
pirata (m)	piraat (de)	[pi'rāt]
pirataria (f)	piraterij (de)	[piratə'rɛj]
abordagem (f)	enteren (het)	['ɛntərən]
presa (f), butim (m)	buit (de)	['bœyt]
tesouros (m pl)	schatten	['sxatən]

descobrimento (m)	ontdekking (de)	[ɔn'dɛkɪŋ]
descobrir (novas terras)	ontdekken	[ɔn'dɛkən]
expedição (f)	expeditie (de)	[ɛkspe'ditsi]

mosqueteiro (m)	musketier (de)	[mʉskə'tir]
cardeal (m)	kardinaal (de)	[kardi'nāl]
heráldica (f)	heraldiek (de)	[hɛral'dik]
heráldico	heraldisch	[hɛ'raldis]

189. Líder. Chefe. Autoridades

rei (m)	koning (de)	['kɔnɪŋ]
rainha (f)	koningin (de)	[kɔnɪŋ'in]
real	koninklijk	['kɔninklək]
reino (m)	koninkrijk (het)	['kɔninkrɛjk]

| príncipe (m) | prins (de) | [prins] |
| princesa (f) | prinses (de) | [prin'sɛs] |

presidente (m)	president (de)	[prezi'dɛnt]
vice-presidente (m)	vicepresident (de)	['visə·prezi'dɛnt]
senador (m)	senator (de)	[se'natɔr]

monarca (m)	monarch (de)	[mɔ'narx]
governante (m)	heerser (de)	['hērsər]
ditador (m)	dictator (de)	[dik'tatɔr]
tirano (m)	tiran (de)	[ti'ran]
magnata (m)	magnaat (de)	[max'nāt]

diretor (m)	directeur (de)	[dirɛk'tør]
chefe (m)	chef (de)	[ʃɛf]
dirigente (m)	beheerder (de)	[bə'hērdər]
patrão (m)	baas (de)	[bās]
dono (m)	eigenaar (de)	['ɛjxənār]

líder, chefe (m)	leider (de)	['lɛjdər]
chefe (~ de delegação)	hoofd (het)	[hõft]
autoridades (f pl)	autoriteiten	[autori'tɛjtən]
superiores (m pl)	superieuren	[sʉpə'rørən]

| governador (m) | gouverneur (de) | [xuvɛr'nør] |
| cônsul (m) | consul (de) | ['kɔnsʉl] |

diplomata (m)	diplomaat (de)	[diplɔ'māt]
Presidente (m) da Câmara	burgemeester (de)	[bʉrxə-'mēstər]
xerife (m)	sheriff (de)	['ʃerif]

imperador (m)	keizer (de)	['kɛjzər]
czar (m)	tsaar (de)	[tsār]
faraó (m)	farao (de)	['faraɔ]
cã (m)	kan (de)	[kan]

190. Estrada. Caminho. Direções

| estrada (f) | weg (de) | [wɛx] |
| caminho (m) | route (de) | ['rutə] |

rodovia (f)	autoweg (de)	['autɔwɛx]
autoestrada (f)	snelweg (de)	['snɛlwɛx]
estrada (f) nacional	rijksweg (de)	['rɛjks·wɛx]

| estrada (f) principal | hoofdweg (de) | ['hōft·wɛx] |
| caminho (m) de terra batida | landweg (de) | ['land·wɛx] |

| trilha (f) | pad (het) | [pat] |
| vereda (f) | paadje (het) | ['pādjə] |

Onde?	Waar?	[wār]
Para onde?	Waarheen?	[wār'hēn]
De onde?	Waarvandaan?	[ʋār·van'dān]

| direção (f) | richting (de) | ['rixtiŋ] |
| indicar (orientar) | aanwijzen | ['ānwɛjzən] |

para esquerda	naar links	[nār 'links]
para direita	naar rechts	[nār 'rɛxts]
em frente	rechtdoor	[rɛx'dōr]
para trás	terug	[te'rʉx]

curva (f)	bocht (de)	[bɔxt]
virar (ex. ~ à direita)	afslaan	['afslān]
dar retorno	U-bocht maken	[ju-bɔxt 'makən]

| estar visível | zichtbaar worden | ['zixtbār 'wɔrdən] |
| aparecer (vi) | verschijnen | [vər'sxɛjnən] |

paragem (pausa)	stop (de)	[stɔp]
descansar (vi)	zich verpozen	[zix vər'pozən]
descanso (m)	rust (de)	[rʉst]

| perder-se (vr) | verdwalen (de weg kwijt zijn) | [vərd'walən] |

conduzir (caminho)	leiden naar …	['lɛjdən nār]
chegar a …	bereiken	[bə'rɛjkən]
trecho (m)	deel (het)	[dēl]
asfalto (m)	asfalt (het)	['asfalt]
lancil (m)	trottoirband (de)	[trɔtu'ar·bant]

valeta (f)	greppel (de)	['xrepəl]
tampa (f) de esgoto	putdeksel (het)	[pʉt'dɛksəl]
berma (f) da estrada	vluchtstrook (de)	['vlʉxt·strɔk]
buraco (m)	kuil (de)	['kœʏl]

| ir (a pé) | gaan | [xãn] |
| ultrapassar (vt) | inhalen | ['inhalən] |

| passo (m) | stap (de) | [stap] |
| a pé | te voet | [tə 'vut] |

bloquear (vt)	blokkeren (de weg ~)	[blɔ'kerən]
cancela (f)	slagboom (de)	['slaxbõm]
beco (m) sem saída	doodlopende straat (de)	[dõd'lɔpəndə strãt]

191. Viloação da lei. Criminosos. Parte 1

bandido (m)	bandiet (de)	[ban'dit]
crime (m)	misdaad (de)	['misdãt]
criminoso (m)	misdadiger (de)	[mis'dadixər]

ladrão (m)	dief (de)	[dif]
roubar (vt)	stelen	['stelən]
furto (m)	stelen (de)	['stelən]
furto (m)	diefstal (de)	['difstal]

raptar (ex. ~ uma criança)	kidnappen	[kid'nɛpən]
rapto (m)	kidnapping (de)	[kid'nɛpiŋ]
raptor (m)	kidnapper (de)	[kid'nɛpər]

| resgate (m) | losgeld (het) | ['lɔshəlt] |
| pedir resgate | eisen losgeld | ['ɛjsən 'lɔshəlt] |

roubar (vt)	overvallen	[ɔvər'valən]
assalto, roubo (m)	overval (de)	[ɔvər'val]
assaltante (m)	overvaller (de)	[ɔvər'valər]

extorquir (vt)	afpersen	['afpɛrsən]
extorsionário (m)	afperser (de)	['afpɛrsər]
extorsão (f)	afpersing (de)	['afpɛrsiŋ]

matar, assassinar (vt)	vermoorden	[vər'mõrdən]
homicídio (m)	moord (de)	[mõrt]
homicida, assassino (m)	moordenaar (de)	['mõrdənãr]

tiro (m)	schot (het)	[sxɔt]
dar um tiro	een schot lossen	[en sxɔt 'lɔsən]
matar a tiro	neerschieten	[nẽr'sxitən]
atirar, disparar (vi)	schieten	['sxitən]
tiroteio (m)	schieten (het)	['sxitən]

incidente (m)	ongeluk (het)	['ɔnxəlʉk]
briga (~ de rua)	gevecht (het)	[xə'vɛht]
Socorro!	Help!	[hɛlp]

vítima (f)	slachtoffer (het)	['slaxtɔfər]
danificar (vt)	beschadigen	[bə'sxadəxən]
dano (m)	schade (de)	['sxadə]
cadáver (m)	lijk (het)	[lɛjk]
grave	zwaar	[zwãr]

atacar (vt)	aanvallen	['ãnvalən]
bater (espancar)	slaan	[slãn]
espancar (vt)	in elkaar slaan	[in ɛl'kãr slãn]
tirar, roubar (dinheiro)	ontnemen	[ɔnt'nemən]
esfaquear (vt)	steken	['stekən]
mutilar (vt)	verminken	[vər'minkən]
ferir (vt)	verwonden	[vər'wɔndən]

chantagem (f)	chantage (de)	[ʃʌn'taʒə]
chantagear (vt)	chanteren	[ʃʌn'terən]
chantagista (m)	chanteur (de)	[ʃʌn'tør]

extorsão (em troca de proteção)	afpersing (de)	['afpɛrsiŋ]
extorsionário (m)	afperser (de)	['afpɛrsər]
gângster (m)	gangster (de)	['xɛŋstər]
máfia (f)	maffia (de)	['mafia]

carteirista (m)	kruimeldief (de)	['krœʏmɛldif]
assaltante, ladrão (m)	inbreker (de)	['inbrekər]
contrabando (m)	smokkelen (het)	['smɔkələn]
contrabandista (m)	smokkelaar (de)	['smɔkəlãr]

falsificação (f)	namaak (de)	['namãk]
falsificar (vt)	namaken	['namakən]
falsificado	vals, namaak-	[vals], ['namãk]

192. Viloação da lei. Criminosos. Parte 2

violação (f)	verkrachting (de)	[vər'kraxtiŋ]
violar (vt)	verkrachten	[vər'kraxtən]
violador (m)	verkrachter (de)	[vər'kraxtər]
maníaco (m)	maniak (de)	[mani'ak]

prostituta (f)	prostituee (de)	[prɔstitʉ'ẽ]
prostituição (f)	prostitutie (de)	[prɔsti'tʉtsi]
chulo (m)	pooier (de)	['põjər]

| toxicodependente (m) | drugsverslaafde (de) | ['drʉks·vər'slãfdə] |
| traficante (m) | drugshandelaar (de) | ['drʉks·'handəlãr] |

explodir (vt)	opblazen	['ɔpblazən]
explosão (f)	explosie (de)	[ɛks'plɔzi]
incendiar (vt)	in brand steken	[in brant 'stekən]
incendiário (m)	brandstichter (de)	['brant·stixtər]

| terrorismo (m) | terrorisme (het) | [tɛrɔ'rismə] |
| terrorista (m) | terrorist (de) | [tɛrɔ'rist] |

refém (m)	gijzelaar (de)	['xɛjzəlãr]
enganar (vt)	bedriegen	[bə'drixən]
engano (m)	bedrog (het)	[bə'drɔx]
vigarista (m)	oplichter (de)	['ɔplixtər]

subornar (vt)	omkopen	[ɔmkɔpən]
suborno (atividade)	omkoperij (de)	[ɔmkɔpərɛj]
suborno (dinheiro)	smeergeld (het)	['smēr·xɛlt]

veneno (m)	vergif (het)	[vər'xif]
envenenar (vt)	vergiftigen	[vər'xiftixən]
envenenar-se (vr)	vergif innemen	[vər'xif 'innemən]

| suicídio (m) | zelfmoord (de) | ['zɛlf·mõrt] |
| suicida (m) | zelfmoordenaar (de) | ['zɛlf·mõrdə'nãr] |

ameaçar (vt)	bedreigen	[bə'drɛjxən]
ameaça (f)	bedreiging (de)	[bə'drɛjxiŋ]
atentar contra a vida de ...	een aanslag plegen	[en 'ānslax 'plexən]
atentado (m)	aanslag (de)	['ānslax]

| roubar (o carro) | stelen | ['stelən] |
| desviar (o avião) | kapen | ['kapən] |

| vingança (f) | wraak (de) | [wrãk] |
| vingar (vt) | wreken | ['wrekən] |

torturar (vt)	martelen	['martələn]
tortura (f)	foltering (de)	['fɔltəriŋ]
atormentar (vt)	folteren	['fɔltərən]

pirata (m)	piraat (de)	[pi'rãt]
desordeiro (m)	straatschender (de)	['strãt·sxəndə]
armado	gewapend	[xə'wapənt]
violência (f)	geweld (het)	[xə'wɛlt]
ilegal	onwettig	[ɔn'wɛtəx]

| espionagem (f) | spionage (de) | [spijo'naʒə] |
| espionar (vi) | spioneren | [spijo'nerən] |

193. Polícia. Lei. Parte 1

| justiça (f) | justitie (de) | [jus'titsi] |
| tribunal (m) | gerechtshof (het) | [xə'rɛhtshɔf] |

juiz (m)	rechter (de)	['rɛxtər]
jurados (m pl)	jury (de)	['ʒuri]
tribunal (m) do júri	juryrechtspraak (de)	['ʒuri·'rɛxtsprãk]
julgar (vt)	berechten	[bə'rɛxtən]

advogado (m)	advocaat (de)	[atvɔ'kãt]
réu (m)	beklaagde (de)	[bə'klãxdə]
banco (m) dos réus	beklaagdenbank (de)	[bə'klãxdən·bank]
acusação (f)	beschuldiging (de)	[bə'sxuldəxiŋ]

acusado (m)	beschuldigde (de)	[bə'sxʉldəxdə]
sentença (f)	vonnis (het)	['vɔnis]
sentenciar (vt)	veroordelen	[və'rȫrdələn]

culpado (m)	schuldige (de)	['sxʉldixə]
punir (vt)	straffen	['strafən]
punição (f)	bestraffing (de)	[bə'strafiŋ]

multa (f)	boete (de)	['butə]
prisão (f) perpétua	levenslange opsluiting (de)	['levənslaŋə 'ɔpslœytiŋ]
pena (f) de morte	doodstraf (de)	['dōd·straf]
cadeira (f) elétrica	elektrische stoel (de)	[ɛ'lɛktrisə stul]
forca (f)	schavot (het)	[sxa'vɔt]

| executar (vt) | executeren | [ɛksekʉ'terən] |
| execução (f) | executie (de) | [ɛkse'kʉtsi] |

prisão (f)	gevangenis (de)	[xə'vaŋənis]
cela (f) de prisão	cel (de)	[sɛl]
escolta (f)	konvooi (het)	[kɔn'vōj]
guarda (m) prisional	gevangenisbewaker (de)	[xə'vaŋənis·bə'wakər]
preso (m)	gedetineerde (de)	[xədeti'nērdə]

| algemas (f pl) | handboeien | ['hant·bujən] |
| algemar (vt) | handboeien omdoen | ['hantbujən 'ɔmdun] |

fuga, evasão (f)	ontsnapping (de)	[ɔnt'snapiŋ]
fugir (vi)	ontsnappen	[ɔnt'snapən]
desaparecer (vi)	verdwijnen	[vərd'wɛjnən]
soltar, libertar (vt)	vrijlaten	['vrɛjlatən]
amnistia (f)	amnestie (de)	[amnɛs'ti]

polícia (instituição)	politie (de)	[pɔ'litsi]
polícia (m)	politieagent (de)	[pɔ'litsi·a'xɛnt]
esquadra (f) de polícia	politiebureau (het)	[pɔ'litsi·bʉ'rɔ]
cassetete (m)	knuppel (de)	['knʉpəl]
megafone (m)	megafoon (de)	[mexa'fōn]

carro (m) de patrulha	patrouilleerwagen (de)	[patru'jēr·'waxən]
sirene (f)	sirene (de)	[si'renə]
ligar a sirene	de sirene aansteken	[də si'renə 'ānstekən]
toque (m) da sirene	geloei (het) van de sirene	[xə'lui van də si'renə]

cena (f) do crime	plaats delict (de)	[plāts dɛ'likt]
testemunha (f)	getuige (de)	[xə'tœyxə]
liberdade (f)	vrijheid (de)	['vrɛjhɛjt]
cúmplice (m)	handlanger (de)	['hantlaŋər]
escapar (vi)	ontvluchten	[ɔn'flʉxtən]
traço (não deixar ~s)	spoor (het)	[spōr]

194. Polícia. Lei. Parte 2

| procura (f) | opsporing (de) | ['ɔpspɔriŋ] |
| procurar (vt) | opsporen | ['ɔpspɔrən] |

suspeita (f)	verdenking (de)	[vər'dɛnkiŋ]
suspeito	verdacht	[vər'daxt]
parar (vt)	aanhouden	['ānhaudən]
deter (vt)	tegenhouden	['texən·'haudən]

caso (criminal)	strafzaak (de)	['straf·zāk]
investigação (f)	onderzoek (het)	['ɔndərzuk]
detetive (m)	detective (de)	[de'tɛktif]
investigador (m)	onderzoeksrechter (de)	['ɔndərzuks 'rɛxtər]
versão (f)	versie (de)	['vɛrsi]

motivo (m)	motief (het)	[mɔ'tif]
interrogatório (m)	verhoor (het)	[vər'hōr]
interrogar (vt)	ondervragen	['ɔndər'vraxən]
questionar (vt)	ondervragen	['ɔndər'vraxən]
verificação (f)	controle (de)	[kɔn'trɔlə]

batida (f) policial	razzia (de)	['razia]
busca (f)	huiszoeking (de)	['hœys·'zukiŋ]
perseguição (f)	achtervolging (de)	['axtərvɔlxiŋ]
perseguir (vt)	achtervolgen	['axtərvɔlxən]
seguir (vt)	opsporen	['ɔpspɔrən]

prisão (f)	arrest (het)	[a'rɛst]
prender (vt)	arresteren	[arɛ'sterən]
pegar, capturar (vt)	vangen, aanhouden	['vaŋən], [ān'haudən]
captura (f)	aanhouding (de)	['ānhaudiŋ]

documento (m)	document (het)	[dɔkʉ'mɛnt]
prova (f)	bewijs (het)	[bə'wɛjs]
provar (vt)	bewijzen	[bə'wɛjzən]
pegada (f)	voetspoor (het)	['vutspōr]
impressões (f pl) digitais	vingerafdrukken	['viŋər·'afdrʉkən]
prova (f)	bewijs (het)	[bə'wɛjs]

álibi (m)	alibi (het)	['alibi]
inocente	onschuldig	[ɔn'sxʉldəx]
injustiça (f)	onrecht (het)	['ɔnrɛxt]
injusto	onrechtvaardig	['ɔnrɛxt 'vārdəx]

criminal	crimineel	[krimi'nēl]
confiscar (vt)	confisqueren	[kɔnfi'skerən]
droga (f)	drug (de)	[drʉx]
arma (f)	wapen (het)	['wapən]
desarmar (vt)	ontwapenen	[ɔnt'wapənən]
ordenar (vt)	bevelen	[bə'velən]
desaparecer (vi)	verdwijnen	[vərd'wɛjnən]

lei (f)	wet (de)	[wɛt]
legal	wettelijk	['wɛtələk]
ilegal	onwettelijk	[ɔn'wɛtələk]

| responsabilidade (f) | verantwoordelijkheid (de) | [vərant·'wōrdələk 'hɛjt] |
| responsável | verantwoordelijk | [vərant·'wōrdələk] |

NATUREZA

A Terra. Parte 1

195. Espaço sideral

cosmos (m)	kosmos (de)	['kɔsmɔs]
cósmico	kosmisch	['kɔsmis]
espaço (m) cósmico	kosmische ruimte (de)	['kɔsmisə 'rœʏmtə]
mundo (m)	wereld (de)	['werəlt]
universo (m)	heelal (het)	[hẽ'lal]
galáxia (f)	sterrenstelsel (het)	['stɛrən·'stɛlsəl]
estrela (f)	ster (de)	[stɛr]
constelação (f)	sterrenbeeld (het)	['stɛrən·bẽlt]
planeta (m)	planeet (de)	[pla'nẽt]
satélite (m)	satelliet (de)	[satə'lit]
meteorito (m)	meteoriet (de)	[meteɔ'rit]
cometa (m)	komeet (de)	[kɔ'mẽt]
asteroide (m)	asteroïde (de)	[aste'rɔidə]
órbita (f)	baan (de)	[bãn]
girar (vi)	draaien	['drãjən]
atmosfera (f)	atmosfeer (de)	[atmɔ'sfẽr]
Sol (m)	Zon (de)	[zɔn]
Sistema (m) Solar	zonnestelsel (het)	['zɔnə·stɛlsəl]
eclipse (m) solar	zonsverduistering (de)	['zɔns·vər'dœʏsteriŋ]
Terra (f)	Aarde (de)	['ãrdə]
Lua (f)	Maan (de)	[mãn]
Marte (m)	Mars (de)	[mars]
Vénus (f)	Venus (de)	['venʉs]
Júpiter (m)	Jupiter (de)	[jupi'tɛr]
Saturno (m)	Saturnus (de)	[sa'tʉrnʉs]
Mercúrio (m)	Mercurius (de)	[mər'kʉrijus]
Urano (m)	Uranus (de)	[u'ranʉs]
Neptuno (m)	Neptunus (de)	[nep'tʉnʉs]
Plutão (m)	Pluto (de)	['plʉtɔ]
Via Láctea (f)	Melkweg (de)	['mɛlk·wɛx]
Ursa Maior (f)	Grote Beer (de)	['xrotə bẽr]
Estrela Polar (f)	Poolster (de)	['põlstər]
marciano (m)	marsmannetje (het)	['mars·'manɛtʃə]
extraterrestre (m)	buitenaards wezen (het)	['bœʏtən·ãrts 'wezən]

| alienígena (m) | bovenaards (het) | ['bɔvən·ārts] |
| disco (m) voador | vliegende schotel (de) | ['vlixəndə 'sxɔtəl] |

nave (f) espacial	ruimtevaartuig (het)	['rœymtə·'vārtœyx]
estação (f) orbital	ruimtestation (het)	['rœymtə·sta'tsjɔn]
lançamento (m)	start (de)	[start]

motor (m)	motor (de)	['mɔtɔr]
bocal (m)	straalpijp (de)	['strāl·pɛjp]
combustível (m)	brandstof (de)	['brandstɔf]

cabine (f)	cabine (de)	[ka'binə]
antena (f)	antenne (de)	[an'tɛnə]
vigia (f)	patrijspoort (de)	[pa'trɛjs·pōrt]
bateria (f) solar	zonnebatterij (de)	['zɔnə·batə'rɛj]
traje (m) espacial	ruimtepak (het)	['rœymtə·pak]

| imponderabilidade (f) | gewichtloosheid (de) | [xə'wixtlō'shɛjt] |
| oxigénio (m) | zuurstof (de) | ['zūrstɔf] |

| acoplagem (f) | koppeling (de) | ['kɔpəliŋ] |
| fazer uma acoplagem | koppeling maken | ['kɔpəliŋ 'makən] |

observatório (m)	observatorium (het)	[ɔbsərva'tɔrijum]
telescópio (m)	telescoop (de)	[telə'skōp]
observar (vt)	waarnemen	['wārnemən]
explorar (vt)	exploreren	[ɛksplɔ'rerən]

196. A Terra

Terra (f)	Aarde (de)	['ārdə]
globo terrestre (Terra)	aardbol (de)	['ārd·bɔl]
planeta (m)	planeet (de)	[pla'nēt]

atmosfera (f)	atmosfeer (de)	[atmɔ'sfēr]
geografia (f)	aardrijkskunde (de)	['ārdrɛjkskʉndə]
natureza (f)	natuur (de)	[na'tūr]

globo (mapa esférico)	wereldbol (de)	['werəld·bɔl]
mapa (m)	kaart (de)	[kārt]
atlas (m)	atlas (de)	['atlas]

| Europa (f) | Europa (het) | [ø'rɔpa] |
| Ásia (f) | Azië (het) | ['āzijə] |

| África (f) | Afrika (het) | ['afrika] |
| Austrália (f) | Australië (het) | [ɔu'straliə] |

América (f)	Amerika (het)	[a'merika]
América (f) do Norte	Noord-Amerika (het)	[nōrd-a'merika]
América (f) do Sul	Zuid-Amerika (het)	['zœyd-a'merika]

| Antártida (f) | Antarctica (het) | [an'tarktika] |
| Ártico (m) | Arctis (de) | ['arktis] |

197. Pontos cardeais

norte (m)	noorden (het)	['nɔrdən]
para norte	naar het noorden	[nār ət 'nɔrdən]
no norte	in het noorden	[in ət 'nɔrdən]
do norte	noordelijk	['nɔrdələk]

sul (m)	zuiden (het)	['zœʏdən]
para sul	naar het zuiden	[nār ət zœʏdən]
no sul	in het zuiden	[in ət 'zœʏdən]
do sul	zuidelijk	['zœʏdələk]

oeste, ocidente (m)	westen (het)	['wɛstən]
para oeste	naar het westen	[nār ət 'wɛstən]
no oeste	in het westen	[in ət 'wɛstən]
ocidental	westelijk	['wɛstələk]

leste, oriente (m)	oosten (het)	['ōstən]
para leste	naar het oosten	[nār ət 'ōstən]
no leste	in het oosten	[in ət 'ōstən]
oriental	oostelijk	['ōstələk]

198. Mar. Oceano

mar (m)	zee (de)	[zē]
oceano (m)	oceaan (de)	[ɔse'ān]
golfo (m)	golf (de)	[xɔlf]
estreito (m)	straat (de)	[strāt]

terra (f) firme	grond (de)	['xrɔnt]
continente (m)	continent (het)	[kɔnti'nɛnt]
ilha (f)	eiland (het)	['ɛjlant]
península (f)	schiereiland (het)	['sxir·ɛjlant]
arquipélago (m)	archipel (de)	[arxipɛl]

baía (f)	baai, bocht (de)	[bāj], [bɔxt]
porto (m)	haven (de)	['havən]
lagoa (f)	lagune (de)	[la'xʉnə]
cabo (m)	kaap (de)	[kāp]

atol (m)	atol (de)	[a'tɔl]
recife (m)	rif (het)	[rif]
coral (m)	koraal (het)	[kɔ'rāl]
recife (m) de coral	koraalrif (het)	[kɔ'rāl·rif]

profundo	diep	[dip]
profundidade (f)	diepte (de)	['diptə]
abismo (m)	diepzee (de)	[dip·zē]
fossa (f) oceânica	trog (de)	[trɔx]

corrente (f)	stroming (de)	['strɔmiŋ]
banhar (vt)	omspoelen	['ɔmspulən]
litoral (m)	oever (de)	['uvər]

costa (f)	kust (de)	[kʊst]
maré (f) alta	vloed (de)	['vlut]
refluxo (m), maré (f) baixa	eb (de)	[ɛb]
restinga (f)	ondiepte (de)	[ɔn'diptə]
fundo (m)	bodem (de)	['bɔdəm]

onda (f)	golf (de)	[xɔlf]
crista (f) da onda	golfkam (de)	['xɔlfkam]
espuma (f)	schuim (het)	['sxœʏm]

tempestade (f)	storm (de)	[stɔrm]
furacão (m)	orkaan (de)	[ɔr'kãn]
tsunami (m)	tsunami (de)	[tsʉ'nami]
calmaria (f)	windstilte (de)	['wind·stiltə]
calmo	kalm	[kalm]

| polo (m) | pool (de) | [pōl] |
| polar | polair | [pɔ'lɛr] |

latitude (f)	breedtegraad (de)	['brētə·xrāt]
longitude (f)	lengtegraad (de)	['lɛŋtə·xrāt]
paralela (f)	parallel (de)	[para'lɛl]
equador (m)	evenaar (de)	['ɛvənār]

céu (m)	hemel (de)	['heməl]
horizonte (m)	horizon (de)	['hɔrizɔn]
ar (m)	lucht (de)	[lʉxt]

farol (m)	vuurtoren (de)	['vūr·tɔrən]
mergulhar (vi)	duiken	['dœʏkən]
afundar-se (vr)	zinken	['zinkən]
tesouros (m pl)	schatten	['sxatən]

199. Nomes de Mares e Oceanos

Oceano (m) Atlântico	Atlantische Oceaan (de)	[at'lantisə ɔse'ãn]
Oceano (m) Índico	Indische Oceaan (de)	['indisə ɔse'ãn]
Oceano (m) Pacífico	Stille Oceaan (de)	['stilə ɔse'ãn]
Oceano (m) Ártico	Noordelijke IJszee (de)	['nōrdələkə 'ɛjs·zē]

Mar (m) Negro	Zwarte Zee (de)	['zwartə zē]
Mar (m) Vermelho	Rode Zee (de)	['rodə zē]
Mar (m) Amarelo	Gele Zee (de)	['xelə zē]
Mar (m) Branco	Witte Zee (de)	['witə zē]

Mar (m) Cáspio	Kaspische Zee (de)	['kaspisə zē]
Mar (m) Morto	Dode Zee (de)	['dodə zē]
Mar (m) Mediterrâneo	Middellandse Zee (de)	['midəlandsə zē]

| Mar (m) Egeu | Egeïsche Zee (de) | [ɛ'xejsə zē] |
| Mar (m) Adriático | Adriatische Zee (de) | [adri'atisə zē] |

| Mar (m) Arábico | Arabische Zee (de) | [a'rabisə zē] |
| Mar (m) do Japão | Japanse Zee (de) | [ja'pansə zē] |

| Mar (m) de Bering | Beringzee (de) | ['beriŋ·zē] |
| Mar (m) da China Meridional | Zuid-Chinese Zee (de) | ['zœyd-ʃi'nesə zē] |

Mar (m) de Coral	Koraalzee (de)	[ko'rāl·zē]
Mar (m) de Tasman	Tasmanzee (de)	['tasman·zē]
Mar (m) do Caribe	Caribische Zee (de)	[ka'ribisə zē]

| Mar (m) de Barents | Barentszzee (de) | ['barənts·zē] |
| Mar (m) de Kara | Karische Zee (de) | ['karisə zē] |

Mar (m) do Norte	Noordzee (de)	['nōrd·zē]
Mar (m) Báltico	Baltische Zee (de)	['baltisə zē]
Mar (m) da Noruega	Noorse Zee (de)	['nōrsə zē]

200. Montanhas

montanha (f)	berg (de)	[bɛrx]
cordilheira (f)	bergketen (de)	['bɛrx·'ketən]
serra (f)	gebergte (het)	[xə'bɛrxtə]

cume (m)	bergtop (de)	['bɛrx·tɔp]
pico (m)	bergpiek (de)	['bɛrx·pik]
sopé (m)	voet (de)	[vut]
declive (m)	helling (de)	['heliŋ]

vulcão (m)	vulkaan (de)	[vʉl'kān]
vulcão (m) ativo	actieve vulkaan (de)	[ak'tivə vʉl'kān]
vulcão (m) extinto	uitgedoofde vulkaan (de)	['œytxədōfdə vyl'kān]

erupção (f)	uitbarsting (de)	['œytbarstiŋ]
cratera (f)	krater (de)	['kratər]
magma (m)	magma (het)	['maxma]
lava (f)	lava (de)	['lava]
fundido (lava ~a)	gloeiend	['xlʉjənt]

desfiladeiro (m)	kloof (de)	[klōf]
garganta (f)	bergkloof (de)	['bɛrx·klōf]
fenda (f)	spleet (de)	[splet]
precipício (m)	afgrond (de)	['afxrɔnt]

passo, colo (m)	bergpas (de)	['bɛrx·pas]
planalto (m)	plateau (het)	[pla'tɔ]
falésia (f)	klip (de)	[klip]
colina (f)	heuvel (de)	['hØvəl]

glaciar (m)	gletsjer (de)	['xletʃər]
queda (f) d'água	waterval (de)	['watər·val]
géiser (m)	geiser (de)	['xɛjzər]
lago (m)	meer (het)	[mēr]

planície (f)	vlakte (de)	['vlaktə]
paisagem (f)	landschap (het)	['landsxap]
eco (m)	echo (de)	['ɛxɔ]
alpinista (m)	alpinist (de)	[alpi'nist]

escalador (m)	bergbeklimmer (de)	['bɛrx·bə'klimər]
conquistar (vt)	trotseren	[trɔ'tserən]
subida, escalada (f)	beklimming (de)	[bə'klimiŋ]

201. Nomes de montanhas

Alpes (m pl)	Alpen (de)	['alpən]
monte Branco (m)	Mont Blanc (de)	[mɔn blan]
Pirineus (m pl)	Pyreneeën (de)	[pirə'nêən]
Cárpatos (m pl)	Karpaten (de)	[kar'patən]
montes (m pl) Urais	Oeralgebergte (het)	[ural·xə'bɛrxtə]
Cáucaso (m)	Kaukasus (de)	[kau'kazus]
Elbrus (m)	Elbroes (de)	[ɛlb'rus]
Altai (m)	Altaj (de)	[al'taj]
Tian Shan (m)	Tiensjan (de)	[ti'enɕan]
Pamir (m)	Pamir (de)	[pa'mir]
Himalaias (m pl)	Himalaya (de)	[hima'laja]
monte (m) Everest	Everest (de)	['ɛverɛst]
Cordilheira (f) dos Andes	Andes (de)	['andɛs]
Kilimanjaro (m)	Kilimanjaro (de)	[kiliman'dʒarɔ]

202. Rios

rio (m)	rivier (de)	[ri'vir]
fonte, nascente (f)	bron (de)	[brɔn]
leito (m) do rio	rivierbedding (de)	[ri'vir·'bɛdiŋ]
bacia (f)	rivierbekken (het)	[ri'vir·'bɛkən]
desaguar no ...	uitmonden in ...	['œytmɔndən in]
afluente (m)	zijrivier (de)	[zɛj·ri'vir]
margem (do rio)	oever (de)	['uvər]
corrente (f)	stroming (de)	['strɔmiŋ]
rio abaixo	stroomafwaarts	[strõm·'afwārts]
rio acima	stroomopwaarts	[strõm·'ɔpwārts]
inundação (f)	overstroming (de)	[ɔvər'strɔmiŋ]
cheia (f)	overstroming (de)	[ɔvər'strɔmiŋ]
transbordar (vi)	buiten zijn oevers treden	['bœytən zɛjn 'uvərs 'trɛdən]
inundar (vt)	overstromen	[ɔvər'strɔmən]
banco (m) de areia	zandbank (de)	['zant·bank]
rápidos (m pl)	stroomversnelling (de)	[strõm·vər'sneliŋ]
barragem (f)	dam (de)	[dam]
canal (m)	kanaal (het)	[ka'nāl]
reservatório (m) de água	spaarbekken (het)	['spār·bɛkən]
eclusa (f)	sluis (de)	['slœys]
corpo (m) de água	waterlichaam (het)	['watər·'lixām]

pântano (m)	moeras (het)	[mu'ras]
tremedal (m)	broek (het)	[bruk]
remoinho (m)	draaikolk (de)	['drāj·kɔlk]

arroio, regato (m)	stroom (de)	[strõm]
potável	drink-	[drink]
doce (água)	zoet	[zut]

gelo (m)	ijs (het)	[ɛjs]
congelar-se (vr)	bevriezen	[bə'vrizən]

203. Nomes de rios

rio Sena (m)	Seine (de)	['sɛjnə]
rio Loire (m)	Loire (de)	[lu'arə]

rio Tamisa (m)	Theems (de)	['tɛjms]
rio Reno (m)	Rijn (de)	['rɛjn]
rio Danúbio (m)	Donau (de)	['dɔnau]

rio Volga (m)	Wolga (de)	['wɔlxa]
rio Don (m)	Don (de)	[dɔn]
rio Lena (m)	Lena (de)	['lena]

rio Amarelo (m)	Gele Rivier (de)	['xelə ri'vir]
rio Yangtzé (m)	Blauwe Rivier (de)	['blauə ri'vir]
rio Mekong (m)	Mekong (de)	[me'kɔŋ]
rio Ganges (m)	Ganges (de)	['xaŋəs]

rio Nilo (m)	Nijl (de)	['nɛjl]
rio Congo (m)	Kongo (de)	['kɔnxɔ]
rio Cubango (m)	Okavango (de)	[ɔka'vanxɔ]
rio Zambeze (m)	Zambezi (de)	[zam'bezi]
rio Limpopo (m)	Limpopo (de)	[lim'pɔpɔ]
rio Mississípi (m)	Mississippi (de)	[misi'sipi]

204. Floresta

floresta (f), bosque (m)	bos (het)	[bɔs]
florestal	bos-	[bɔs]

mata (f) cerrada	oerwoud (het)	['urwaut]
arvoredo (m)	bosje (het)	['bɔɕə]
clareira (f)	open plek (de)	['ɔpən plek]

matagal (m)	struikgewas (het)	['strœyk·xə'was]
mato (m)	struiken	['strœykən]

vereda (f)	paadje (het)	['pādjə]
ravina (f)	ravijn (het)	[ra'vɛjn]
árvore (f)	boom (de)	[bõm]
folha (f)	blad (het)	[blat]

folhagem (f)	gebladerte (het)	[xə'bladərtə]
queda (f) das folhas	vallende bladeren	['valəndə 'bladerən]
cair (vi)	vallen	['valən]
topo (m)	boomtop (de)	['bōm·tɔp]

ramo (m)	tak (de)	[tak]
galho (m)	ent (de)	[ɛnt]
botão, rebento (m)	knop (de)	[knɔp]
agulha (f)	naald (de)	[nālt]
pinha (f)	dennenappel (de)	['dɛnən·'apəl]

buraco (m) de árvore	boom holte (de)	[bōm 'hɔltə]
ninho (m)	nest (het)	[nɛst]
toca (f)	hol (het)	[hɔl]

tronco (m)	stam (de)	[stam]
raiz (f)	wortel (de)	['wɔrtəl]
casca (f) de árvore	schors (de)	[sxɔrs]
musgo (m)	mos (het)	[mɔs]

arrancar pela raiz	ontwortelen	[ɔnt'wɔrtələn]
cortar (vt)	kappen	['kapən]
desflorestar (vt)	ontbossen	[ɔn'bɔsən]
toco, cepo (m)	stronk (de)	[strɔnk]

fogueira (f)	kampvuur (het)	['kampvūr]
incêndio (m) florestal	bosbrand (de)	['bɔs·brant]
apagar (vt)	blussen	['blʉsən]

guarda-florestal (m)	boswachter (de)	[bɔs·'waxtər]
proteção (f)	bescherming (de)	[bə'sxɛrmiŋ]
proteger (a natureza)	beschermen	[bə'sxɛrmən]
caçador (m) furtivo	stroper (de)	['strɔpər]
armadilha (f)	val (de)	[val]

colher (cogumelos, bagas)	plukken	['plʉkən]
perder-se (vr)	verdwalen	[vərd'walən]
	(de weg kwijt zijn)	

205. Recursos naturais

recursos (m pl) naturais	natuurlijke rijkdommen	[na'tūrləkə 'rɛjkdɔmən]
minerais (m pl)	delfstoffen	['dɛlfstɔfən]
depósitos (m pl)	lagen	['laxən]
jazida (f)	veld (het)	[vɛlt]

extrair (vt)	winnen	['winən]
extração (f)	winning (de)	['winiŋ]
minério (m)	erts (het)	[ɛrts]
mina (f)	mijn (de)	[mɛjn]
poço (m) de mina	mijnschacht (de)	['mɛjn·sxaxt]
mineiro (m)	mijnwerker (de)	['mɛjn·wɛrkər]
gás (m)	gas (het)	[xas]
gasoduto (m)	gasleiding (de)	[xas·'lɛjdiŋ]

petróleo (m)	olie (de)	['ɔli]
oleoduto (m)	olieleiding (de)	['ɔli·'lɛjdiŋ]
poço (m) de petróleo	oliebron (de)	['ɔli·brɔn]
torre (f) petrolífera	boortoren (de)	[bōr·'tɔrən]
petroleiro (m)	tanker (de)	['tankər]

areia (f)	zand (het)	[zant]
calcário (m)	kalksteen (de)	['kalkstēn]
cascalho (m)	grind (het)	[xrint]
turfa (f)	veen (het)	[vēn]
argila (f)	klei (de)	[klɛj]
carvão (m)	steenkool (de)	['stēn·kōl]

ferro (m)	ijzer (het)	['ɛjzər]
ouro (m)	goud (het)	['xaut]
prata (f)	zilver (het)	['zilvər]
níquel (m)	nikkel (het)	['nikəl]
cobre (m)	koper (het)	['kɔpər]

zinco (m)	zink (het)	[zink]
manganês (m)	mangaan (het)	[man'xān]
mercúrio (m)	kwik (het)	['kwik]
chumbo (m)	lood (het)	[lōt]

mineral (m)	mineraal (het)	[minə'rāl]
cristal (m)	kristal (het)	[kris'tal]
mármore (m)	marmer (het)	['marmər]
urânio (m)	uraan (het)	[ju'rān]

A Terra. Parte 2

206. Tempo

tempo (m)	weer (het)	[wĕr]
previsão (f) do tempo	weersvoorspelling (de)	['wĕrs·vōr'spɛliŋ]
temperatura (f)	temperatuur (de)	[tɛmpəra'tūr]
termómetro (m)	thermometer (de)	['tɛrmɔmetər]
barómetro (m)	barometer (de)	['barɔ'metər]
húmido	vochtig	['vɔhtəx]
humidade (f)	vochtigheid (de)	['vɔhtixhɛjt]
calor (m)	hitte (de)	['hitə]
cálido	heet	[hĕt]
está muito calor	het is heet	[ət is hĕt]
está calor	het is warm	[ət is warm]
quente	warm	[warm]
está frio	het is koud	[ət is 'kaut]
frio	koud	['kaut]
sol (m)	zon (de)	[zɔn]
brilhar (vi)	schijnen	['sxɛjnən]
de sol, ensolarado	zonnig	['zɔnɛx]
nascer (vi)	opgaan	['ɔpxān]
pôr-se (vr)	ondergaan	['ɔndərxān]
nuvem (f)	wolk (de)	[wɔlk]
nublado	bewolkt	[bə'wɔlkt]
nuvem (f) preta	regenwolk (de)	['rexən·wɔlk]
escuro, cinzento	somber	['sɔmbər]
chuva (f)	regen (de)	['rexən]
está a chover	het regent	[ət 'rexənt]
chuvoso	regenachtig	['rexənaxtəx]
chuviscar (vi)	motregenen	['mɔtrexənən]
chuva (f) torrencial	plensbui (de)	['plɛnsbœy]
chuvada (f)	stortbui (de)	['stɔrt·bœy]
forte (chuva)	hard	[hart]
poça (f)	plas (de)	[plas]
molhar-se (vr)	nat worden	[nat 'wɔrdən]
nevoeiro (m)	mist (de)	[mist]
de nevoeiro	mistig	['mistəx]
neve (f)	sneeuw (de)	[snĕw]
está a nevar	het sneeuwt	[ət 'snĕwt]

207. Tempo extremo. Catástrofes naturais

trovoada (f)	noodweer (het)	['nɔtwer]
relâmpago (m)	bliksem (de)	['bliksəm]
relampejar (vi)	flitsen	['flitsən]

trovão (m)	donder (de)	['dɔndər]
trovejar (vi)	donderen	['dɔndərən]
está a trovejar	het dondert	[ət 'dɔndərt]

| granizo (m) | hagel (de) | ['haxəl] |
| está a cair granizo | het hagelt | [ət 'haxəlt] |

| inundar (vt) | overstromen | [ɔvər'strɔmən] |
| inundação (f) | overstroming (de) | [ɔvər'strɔmiŋ] |

terremoto (m)	aardbeving (de)	['ārd·beviŋ]
abalo, tremor (m)	aardschok (de)	['ārd·sxɔk]
epicentro (m)	epicentrum (het)	[ɛpi'sɛntrʉm]

| erupção (f) | uitbarsting (de) | ['œytbarstiŋ] |
| lava (f) | lava (de) | ['lava] |

turbilhão (m)	wervelwind (de)	['wɛrvəl·vint]
tornado (m)	windhoos (de)	['windhōs]
tufão (m)	tyfoon (de)	[taj'fōn]

furacão (m)	orkaan (de)	[ɔr'kān]
tempestade (f)	storm (de)	[stɔrm]
tsunami (m)	tsunami (de)	[tsʉ'nami]

ciclone (m)	cycloon (de)	[si'klōn]
mau tempo (m)	onweer (het)	['ɔnwēr]
incêndio (m)	brand (de)	[brant]
catástrofe (f)	ramp (de)	[ramp]
meteorito (m)	meteoriet (de)	[meteɔ'rit]

avalanche (f)	lawine (de)	[la'winə]
deslizamento (m) de neve	sneeuwverschuiving (de)	['snēw·'fɛrsxœyviŋ]
nevasca (f)	sneeuwjacht (de)	['snēw·jaxt]
tempestade (f) de neve	sneeuwstorm (de)	['snēw·stɔrm]

208. Ruídos. Sons

silêncio (m)	stilte (de)	['stiltə]
som (m)	geluid (het)	[xə'lœyt]
ruído, barulho (m)	lawaai (het)	[la'wai]
fazer barulho	lawaai maken	[la'wai 'makən]
ruidoso, barulhento	lawaaierig	[la'wājərəx]

alto (adv)	luid	['lœyt]
alto (adj)	luid	['lœyt]
constante (ruído, etc.)	aanhoudend	['ānhaudənt]

grito (m)	schreeuw (de)	[sxrēw]
gritar (vi)	schreeuwen	['sxrēwən]
sussurro (m)	gefluister (het)	[xə'flœystər]
sussurrar (vt)	fluisteren	['flœystərən]

| latido (m) | geblaf (het) | [xə'blaf] |
| latir (vi) | blaffen | ['blafən] |

gemido (m)	gekreun (het)	[xə'krøn]
gemer (vi)	kreunen	['krønən]
tosse (f)	hoest (de)	[hust]
tossir (vi)	hoesten	['hustən]

assobio (m)	gefluit (het)	[xə'flœyt]
assobiar (vi)	fluiten	['flœytən]
batida (f)	geklop (het)	[xə'klɔp]
bater (vi)	kloppen	['klɔpən]

| estalar (vi) | kraken | ['krakən] |
| estalido (m) | gekraak (het) | [xə'krãk] |

sirene (f)	sirene (de)	[si'renə]
apito (m)	fluit (de)	['flœyt]
apitar (vi)	fluiten	['flœytən]
buzina (f)	toeter (de)	['tutər]
buzinar (vi)	toeteren	['tutərən]

209. Inverno

inverno (m)	winter (de)	['wintər]
de inverno	winter-	['wintər]
no inverno	in de winter	[in də 'wintər]

neve (f)	sneeuw (de)	[snēw]
está a nevar	het sneeuwt	[ət 'snēwt]
queda (f) de neve	sneeuwval (de)	['snēw·fal]
amontoado (m) de neve	sneeuwhoop (de)	['snēw·hõp]

floco (m) de neve	sneeuwvlok (de)	['snēw·flɔk]
bola (f) de neve	sneeuwbal (de)	['snēw·bal]
boneco (m) de neve	sneeuwman (de)	['snēw·man]
sincelo (m)	ijspegel (de)	['ɛjspexəl]

dezembro (m)	december (de)	[de'sɛmbər]
janeiro (m)	januari (de)	[janʉ'ari]
fevereiro (m)	februari (de)	[febru'ari]

| gelo (m) | vorst (de) | [vɔrst] |
| gelado, glacial | vries- | [vris] |

abaixo de zero	onder nul	['ɔndər nʉl]
geada (f)	eerste vorst (de)	['ērstə vɔrst]
geada (f) branca	rijp (de)	[rɛjp]
frio (m)	koude (de)	['kaudə]

está frio	het is koud	[ət is 'kaut]
casaco (m) de peles	bontjas (de)	[bɔnt jas]
mitenes (f pl)	wanten	['wantən]

adoecer (vi)	ziek worden	[zik 'wɔrdən]
constipação (f)	verkoudheid (de)	[vər'kauthɛjt]
constipar-se (vr)	verkouden raken	[vər'kaudən 'rakən]

gelo (m)	ijs (het)	[ɛjs]
gelo (m) na estrada	ijzel (de)	['ɛjzəl]
congelar-se (vr)	bevriezen	[bə'vrizən]
bloco (m) de gelo	ijsschol (de)	['ɛjs·sxɔl]

esqui (m)	ski's	[skis]
esquiador (m)	skiër (de)	['skiər]
esquiar (vi)	skiën	['skiən]
patinar (vi)	schaatsen	['sxātsən]

Fauna

210. Mamíferos. Predadores

predador (m)	roofdier (het)	['rōf·dīr]
tigre (m)	tijger (de)	['tɛjxər]
leão (m)	leeuw (de)	[lēw]
lobo (m)	wolf (de)	[wɔlf]
raposa (f)	vos (de)	[vɔs]

jaguar (m)	jaguar (de)	['jaguar]
leopardo (m)	luipaard (de)	['lœypārt]
chita (f)	jachtluipaard (de)	['jaxt·lœypārt]

pantera (f)	panter (de)	['pantər]
puma (m)	poema (de)	['puma]
leopardo-das-neves (m)	sneeuwluipaard (de)	['snēw·lœypārt]
lince (m)	lynx (de)	[links]

coiote (m)	coyote (de)	[kɔ'jot]
chacal (m)	jakhals (de)	['jakhals]
hiena (f)	hyena (de)	[hi'ena]

211. Animais selvagens

| animal (m) | dier (het) | [dīr] |
| besta (f) | beest (het) | [bēst] |

esquilo (m)	eekhoorn (de)	['ēkhōrn]
ouriço (m)	egel (de)	['exəl]
lebre (f)	haas (de)	[hās]
coelho (m)	konijn (het)	[kɔ'nɛjn]

texugo (m)	das (de)	[das]
guaxinim (m)	wasbeer (de)	['wasbēr]
hamster (m)	hamster (de)	['hamstər]
marmota (f)	marmot (de)	[mar'mɔt]

toupeira (f)	mol (de)	[mɔl]
rato (m)	muis (de)	[mœys]
ratazana (f)	rat (de)	[rat]
morcego (m)	vleermuis (de)	['vlēr·mœys]

arminho (m)	hermelijn (de)	[hɛrmə'lɛjn]
zibelina (f)	sabeldier (het)	['sabəl·dīr]
marta (f)	marter (de)	['martər]
doninha (f)	wezel (de)	['wezəl]
vison (m)	nerts (de)	[nɛrts]

| castor (m) | bever (de) | ['bɛvər] |
| lontra (f) | otter (de) | ['ɔtər] |

cavalo (m)	paard (het)	[pārt]
alce (m)	eland (de)	['ɛlant]
veado (m)	hert (het)	[hɛrt]
camelo (m)	kameel (de)	[ka'mēl]

bisão (m)	bizon (de)	[bi'zɔn]
auroque (m)	wisent (de)	['wīzɛnt]
búfalo (m)	buffel (de)	['bʉfəl]

zebra (f)	zebra (de)	['zɛbra]
antílope (m)	antilope (de)	[anti'lɔpə]
corça (f)	ree (de)	[rē]
gamo (m)	damhert (het)	['damhɛrt]
camurça (f)	gems (de)	[xɛms]
javali (m)	everzwijn (het)	['ɛvər·zwɛjn]

baleia (f)	walvis (de)	['walvis]
foca (f)	rob (de)	[rɔb]
morsa (f)	walrus (de)	['walrʉs]
urso-marinho (m)	zeebeer (de)	['zē·bēr]
golfinho (m)	dolfijn (de)	[dɔl'fɛjn]

urso (m)	beer (de)	[bēr]
urso (m) branco	ijsbeer (de)	['ɛjs·bēr]
panda (m)	panda (de)	['panda]

macaco (em geral)	aap (de)	[āp]
chimpanzé (m)	chimpansee (de)	[ʃimpan'sē]
orangotango (m)	orang-oetan (de)	[ɔ'raŋ-utaŋ]
gorila (m)	gorilla (de)	[xɔ'rila]
macaco (m)	makaak (de)	[ma'kāk]
gibão (m)	gibbon (de)	['xibɔn]

elefante (m)	olifant (de)	['ɔlifant]
rinoceronte (m)	neushoorn (de)	['nøshōrn]
girafa (f)	giraffe (de)	[xi'rafə]
hipopótamo (m)	nijlpaard (het)	['nɛjl·pārt]

| canguru (m) | kangoeroe (de) | ['kanxəru] |
| coala (m) | koala (de) | [kɔ'ala] |

mangusto (m)	mangoest (de)	[man'xust]
chinchila (m)	chinchilla (de)	[ʃin'ʃila]
doninha-fedorenta (f)	stinkdier (het)	['stink·dīr]
porco-espinho (m)	stekelvarken (het)	['stekəl·'varkən]

212. Animais domésticos

gata (f)	poes (de)	[pus]
gato (m) macho	kater (de)	['katər]
cão (m)	hond (de)	[hɔnt]

cavalo (m)	paard (het)	[pãrt]
garanhão (m)	hengst (de)	[hɛŋst]
égua (f)	merrie (de)	['mɛri]

vaca (f)	koe (de)	[ku]
touro (m)	bul, stier (de)	[bʉl], [stir]
boi (m)	os (de)	[ɔs]

ovelha (f)	schaap (het)	[sxãp]
carneiro (m)	ram (de)	[ram]
cabra (f)	geit (de)	[xɛjt]
bode (m)	bok (de)	[bɔk]

| burro (m) | ezel (de) | ['ezəl] |
| mula (f) | muilezel (de) | [mœɣlezəl] |

porco (m)	varken (het)	['varkən]
leitão (m)	biggetje (het)	['bixətʃə]
coelho (m)	konijn (het)	[kɔ'nɛjn]

| galinha (f) | kip (de) | [kip] |
| galo (m) | haan (de) | [hãn] |

pata (f)	eend (de)	[ēnt]
pato (macho)	woerd (de)	[wurt]
ganso (m)	gans (de)	[xans]

| peru (m) | kalkoen haan (de) | [kal'kun hãn] |
| perua (f) | kalkoen (de) | [kal'kun] |

animais (m pl) domésticos	huisdieren	['hœɣs·'dīrən]
domesticado	tam	[tam]
domesticar (vt)	temmen, tam maken	['tɛmən], [tam 'makən]
criar (vt)	fokken	['fɔkən]

quinta (f)	boerderij (de)	[burdə'rɛj]
aves (f pl) domésticas	gevogelte (het)	[xə'vɔxəltə]
gado (m)	rundvee (het)	['rʉntvē]
rebanho (m), manada (f)	kudde (de)	['kʉdə]

estábulo (m)	paardenstal (de)	['pãrdən·stal]
pocilga (f)	zwijnenstal (de)	['zwɛjnən·stal]
estábulo (m)	koeienstal (de)	['kujen·stal]
coelheira (f)	konijnenhok (het)	[kɔ'nɛjnən·hɔk]
galinheiro (m)	kippenhok (het)	['kipən·hɔk]

213. Cães. Raças de cães

cão (m)	hond (de)	[hɔnt]
cão pastor (m)	herdershond (de)	['hɛrdərs·hɔnt]
pastor-alemão (m)	Duitse herdershond (de)	['dœɣtsə 'herdərs·hɔnt]
caniche (m)	poedel (de)	['pudəl]
teckel (m)	teckel (de)	['tekəl]
buldogue (m)	buldog (de)	['bʉldɔx]

boxer (m)	boxer (de)	['bɔksər]
mastim (m)	mastiff (de)	[mas'tif]
rottweiler (m)	rottweiler (de)	[rɔt'wɛjlər]
dobermann (m)	doberman (de)	['dɔberman]
basset (m)	basset (de)	['basɛt]
pastor inglês (m)	bobtail (de)	['bɔbtəjl]
dálmata (m)	dalmatiër (de)	[dal'matʃər]
cocker spaniel (m)	cockerspaniël (de)	['kɔkər·spani'el]
terra-nova (m)	Newfoundlander (de)	[nu'faundləndər]
são-bernardo (m)	sint-bernard (de)	[sint-'bɛrnart]
husky (m)	husky (de)	['haski]
Chow-chow (m)	chowchow (de)	['ʧau·ʧau]
spitz alemão (m)	spits (de)	[spits]
carlindogue (m)	mopshond (de)	['mɔps·hɔnt]

214. Sons produzidos pelos animais

latido (m)	geblaf (het)	[xə'blaf]
latir (vi)	blaffen	['blafən]
miar (vi)	miauwen	[mi'auən]
ronronar (vi)	spinnen	['spinən]
mugir (vaca)	loeien	['lujən]
bramir (touro)	brullen	['brulən]
rosnar (vi)	grommen	['xrɔmən]
uivo (m)	gehuil (het)	[xe'hœɣl]
uivar (vi)	huilen	['hœɣlən]
ganir (vi)	janken	['jankən]
balir (vi)	mekkeren	['mekərən]
grunhir (porco)	knorren	['knɔrən]
guinchar (vi)	gillen	['xilən]
coaxar (sapo)	kwaken	['kwakən]
zumbir (inseto)	zoemen	['zumən]
estridular, ziziar (vi)	tjirpen	['ʧirpən]

215. Animais jovens

cria (f), filhote (m)	jong (het)	[jɔŋ]
gatinho (m)	poesje (het)	['puɕə]
ratinho (m)	muisje (het)	[mœɣɕə]
cãozinho (m)	puppy (de)	['pupi]
filhote (m) de lebre	jonge haas (de)	[jɔŋə hãs]
coelhinho (m)	konijntje (het)	[kɔ'nɛjntʃə]
lobinho (m)	wolfje (het)	['wɔlfjə]
raposinho (m)	vosje (het)	['vɔɕə]

ursinho (m)	beertje (het)	['bẽrtʃə]
leãozinho (m)	leeuwenjong (het)	['lẽwən joŋ]
filhote (m) de tigre	tijgertje (het)	['tɛjxərtʃə]
filhote (m) de elefante	olifantenjong (het)	['ɔlifantən·joŋ]

leitão (m)	biggetje (het)	['bixətʃə]
bezerro (m)	kalf (het)	[kalf]
cabrito (m)	geitje (het)	['xɛjtʃə]
cordeiro (m)	lam (het)	[lam]
cria (f) de veado	reekalf (het)	['rẽkalf]
cria (f) de camelo	jonge kameel (de)	['joŋə ka'mẽl]

| filhote (m) de serpente | slangenjong (het) | ['slaŋən·joŋ] |
| cria (f) de rã | kikkertje (het) | ['kikərtʃə] |

cria (f) de ave	vogeltje (het)	['vɔxəltʃə]
pinto (m)	kuiken (het)	['kœʏkən]
patinho (m)	eendje (het)	['ẽndjə]

216. Pássaros

pássaro (m), ave (f)	vogel (de)	['vɔxəl]
pombo (m)	duif (de)	['dœʏf]
pardal (m)	mus (de)	[mʉs]
chapim-real (m)	koolmees (de)	['kõlmẽs]
pega-rabuda (f)	ekster (de)	['ɛkstər]

corvo (m)	raaf (de)	[rãf]
gralha (f) cinzenta	kraai (de)	[krãj]
gralha-de-nuca-cinzenta (f)	kauw (de)	['kau]
gralha-calva (f)	roek (de)	[ruk]

pato (m)	eend (de)	[ẽnt]
ganso (m)	gans (de)	[xans]
faisão (m)	fazant (de)	[fa'zant]

águia (f)	arend (de)	['arənt]
açor (m)	havik (de)	['havik]
falcão (m)	valk (de)	[valk]
abutre (m)	gier (de)	[xir]
condor (m)	condor (de)	['kɔndɔr]

cisne (m)	zwaan (de)	[zwãn]
grou (m)	kraanvogel (de)	['krãn·vɔxəl]
cegonha (f)	ooievaar (de)	['õjevãr]

papagaio (m)	papegaai (de)	[papə'xãj]
beija-flor (m)	kolibrie (de)	[kɔ'libri]
pavão (m)	pauw (de)	['pau]

avestruz (m)	struisvogel (de)	['strœʏs·vɔxəl]
garça (f)	reiger (de)	['rɛjxər]
flamingo (m)	flamingo (de)	[fla'mingɔ]
pelicano (m)	pelikaan (de)	[peli'kãn]

| rouxinol (m) | nachtegaal (de) | ['nahtəxāl] |
| andorinha (f) | zwaluw (de) | ['zwaluv] |

tordo-zornal (m)	lijster (de)	['lɛjstər]
tordo-músico (m)	zanglijster (de)	[zaŋ·'lɛjstər]
melro-preto (m)	merel (de)	['merəl]

andorinhão (m)	gierzwaluw (de)	[xirz'waluw]
cotovia (f)	leeuwerik (de)	['lēwərik]
codorna (f)	kwartel (de)	['kwartəl]

pica-pau (m)	specht (de)	[spɛxt]
cuco (m)	koekoek (de)	['kukuk]
coruja (f)	uil (de)	['œyl]
corujão, bufo (m)	oehoe (de)	['uhu]
tetraz-grande (m)	auerhoen (het)	['auər·hun]
tetraz-lira (m)	korhoen (het)	['kɔrhun]
perdiz-cinzenta (f)	patrijs (de)	[pa'trɛjs]

estorninho (m)	spreeuw (de)	[sprēw]
canário (m)	kanarie (de)	[ka'nari]
galinha-do-mato (f)	hazelhoen (het)	['hazəlhun]
tentilhão (m)	vink (de)	[vink]
dom-fafe (m)	goudvink (de)	['xaudvink]

gaivota (f)	meeuw (de)	[mēw]
albatroz (m)	albatros (de)	[albatrɔs]
pinguim (m)	pinguïn (de)	['piŋgwin]

217. Pássaros. Canto e sons

cantar (vi)	fluiten, zingen	['flœytən], ['ziŋən]
gritar (vi)	schreeuwen	['sxrēwən]
cantar (o galo)	kraaien	['krājən]
cocorocó (m)	kukeleku	[kʉkelə'kʉ]

cacarejar (vi)	klokken	['klɔkən]
crocitar (vi)	krassen	['krasən]
grasnar (vi)	kwaken	['kwakən]
piar (vi)	piepen	['pipən]
chilrear, gorjear (vi)	tjilpen	['tʃilpən]

218. Peixes. Animais marinhos

brema (f)	brasem (de)	['brasəm]
carpa (f)	karper (de)	['karpər]
perca (f)	baars (de)	[bārs]
siluro (m)	meerval (de)	['mērval]
lúcio (m)	snoek (de)	[snuk]

| salmão (m) | zalm (de) | [zalm] |
| esturjão (m) | steur (de) | ['stør] |

arenque (m)	**haring (de)**	['hariŋ]
salmão (m)	**atlantische zalm (de)**	[at'lantisə zalm]
cavala, sarda (f)	**makreel (de)**	[ma'krēl]
solha (f)	**platvis (de)**	['platvis]
lúcio perca (m)	**snoekbaars (de)**	['snukbārs]
bacalhau (m)	**kabeljauw (de)**	[kabə'ljau]
atum (m)	**tonijn (de)**	[tɔ'nɛjn]
truta (f)	**forel (de)**	[fɔ'rɛl]
enguia (f)	**paling (de)**	[pa'liŋ]
raia elétrica (f)	**sidderrog (de)**	['sidər·rɔx]
moreia (f)	**murene (de)**	[mʉ'rɛnə]
piranha (f)	**piranha (de)**	[pi'ranja]
tubarão (m)	**haai (de)**	[hāj]
golfinho (m)	**dolfijn (de)**	[dɔl'fɛjn]
baleia (f)	**walvis (de)**	['walvis]
caranguejo (m)	**krab (de)**	[krab]
medusa, alforreca (f)	**kwal (de)**	['kwal]
polvo (m)	**octopus (de)**	['ɔktɔpʉs]
estrela-do-mar (f)	**zeester (de)**	['zē·stər]
ouriço-do-mar (m)	**zee-egel (de)**	[zē-'exəl]
cavalo-marinho (m)	**zeepaardje (het)**	['zē·pārtjə]
ostra (f)	**oester (de)**	['ustər]
camarão (m)	**garnaal (de)**	[xar'nāl]
lavagante (m)	**kreeft (de)**	[krēft]
lagosta (f)	**langoest (de)**	[lan'xust]

219. Amfíbios. Répteis

serpente, cobra (f)	**slang (de)**	[slaŋ]
venenoso	**giftig**	['xiftəx]
víbora (f)	**adder (de)**	['adər]
cobra-capelo, naja (f)	**cobra (de)**	['kɔbra]
pitão (m)	**python (de)**	['pitɔn]
jiboia (f)	**boa (de)**	['bɔa]
cobra-de-água (f)	**ringslang (de)**	['riŋ·slaŋ]
cascavel (f)	**ratelslang (de)**	['ratəl·slaŋ]
anaconda (f)	**anaconda (de)**	[ana'kɔnda]
lagarto (m)	**hagedis (de)**	['haxədis]
iguana (f)	**leguaan (de)**	[lexʉ'ān]
varano (m)	**varaan (de)**	[va'rān]
salamandra (f)	**salamander (de)**	[sala'mandər]
camaleão (m)	**kameleon (de)**	[kamele'ɔn]
escorpião (m)	**schorpioen (de)**	[sxɔrpi'un]
tartaruga (f)	**schildpad (de)**	['sxildpat]
rã (f)	**kikker (de)**	['kikər]

| sapo (m) | pad (de) | [pat] |
| crocodilo (m) | krokodil (de) | [krɔkɔ'dil] |

220. Insetos

inseto (m)	insect (het)	[in'sɛkt]
borboleta (f)	vlinder (de)	['vlindər]
formiga (f)	mier (de)	[mir]
mosca (f)	vlieg (de)	[vlix]
mosquito (m)	mug (de)	[mʉx]
escaravelho (m)	kever (de)	['kevər]

vespa (f)	wesp (de)	[wɛsp]
abelha (f)	bij (de)	[bɛj]
mamangava (f)	hommel (de)	['hɔməl]
moscardo (m)	horzel (de)	['hɔrsəl]

| aranha (f) | spin (de) | [spin] |
| teia (f) de aranha | spinnenweb (het) | ['spinən·wɛb] |

libélula (f)	libel (de)	[li'bɛl]
gafanhoto-do-campo (m)	sprinkhaan (de)	['sprinkhān]
traça (f)	nachtvlinder (de)	['naxt·'vlindər]

barata (f)	kakkerlak (de)	['kakərlak]
carraça (f)	teek (de)	[tēk]
pulga (f)	vlo (de)	[vlɔ]
borrachudo (m)	kriebelmug (de)	['kribəl·mʉx]

gafanhoto (m)	treksprinkhaan (de)	['trɛk·sprink'hān]
caracol (m)	slak (de)	[slak]
grilo (m)	krekel (de)	['krekəl]
pirilampo (m)	glimworm (de)	['xlim·wɔrm]
joaninha (f)	lieveheersbeestje (het)	[livə'hērs·'bestʃə]
besouro (m)	meikever (de)	['mɛjkəvər]

sanguessuga (f)	bloedzuiger (de)	['blud·zœʏxər]
lagarta (f)	rups (de)	[rʉps]
minhoca (f)	aardworm (de)	['ārd·wɔrm]
larva (f)	larve (de)	['larvə]

221. Animais. Partes do corpo

bico (m)	snavel (de)	['snavəl]
asas (f pl)	vleugels	['vløxəls]
pata (f)	poot (de)	[pōt]
plumagem (f)	verenkleed (het)	[verən·'klēt]
pena, pluma (f)	veer (de)	[vēr]
crista (f)	kuifje (het)	['kœʏfjə]

| brânquias, guelras (f pl) | kieuwen | ['kiuən] |
| ovas (f pl) | kuit, dril (de) | ['kœʏt], [dril] |

larva (f)	larve (de)	['larvə]
barbatana (f)	vin (de)	[vin]
escama (f)	schubben	['sxʉbən]

canino (m)	slagtand (de)	['slax·tant]
pata (f)	poot (de)	[põt]
focinho (m)	muil (de)	[mœʏl]
boca (f)	bek (de)	[bɛk]
cauda (f), rabo (m)	staart (de)	[stãrt]
bigodes (m pl)	snorharen	['snɔrharən]

| casco (m) | hoef (de) | [huf] |
| corno (m) | hoorn (de) | [hõrn] |

carapaça (f)	schild (het)	[sxilt]
concha (f)	schelp (de)	[sxɛlp]
casca (f) de ovo	eierschaal (de)	['ɛjer·sxãl]

| pelo (m) | vacht (de) | [vaxt] |
| pele (f), couro (m) | huid (de) | ['hœʏt] |

222. Ações dos animais

| voar (vi) | vliegen | ['vlixən] |
| dar voltas | cirkelen | ['sirkələn] |

| voar (para longe) | wegvliegen | ['wɛxvlixən] |
| bater as asas | klapwieken | ['klapwikən] |

| bicar (vi) | pikken | ['pikən] |
| incubar (vt) | broeden | ['brudən] |

| sair do ovo | uitbroeden | ['œʏtbrudən] |
| fazer o ninho | een nest bouwen | [en nɛst 'bauwən] |

rastejar (vi)	kruipen	['krœʏpən]
picar (vt)	steken	['stekən]
morder (vt)	bijten	['bɛjtən]

cheirar (vt)	snuffelen	['snʉfelən]
latir (vi)	blaffen	['blafən]
silvar (vi)	sissen	['sisən]

| assustar (vt) | doen schrikken | [dun 'sxrikən] |
| atacar (vt) | aanvallen | ['ãnvalən] |

roer (vt)	knagen	['knaxən]
arranhar (vt)	schrammen	['sxramən]
esconder-se (vr)	zich verbergen	[zih vər'bɛrxən]

brincar (vi)	spelen	['spelən]
caçar (vi)	jagen	['jaxən]
hibernar (vi)	winterslapen	['wintər·'slapən]
extinguir-se (vr)	uitsterven	['œʏtstɛrvən]

223. Animais. Habitats

hábitat	leefgebied (het)	['lēfxəbit]
migração (f)	migratie (de)	[mi'xratsi]
montanha (f)	berg (de)	[bɛrx]
recife (m)	rif (het)	[rif]
falésia (f)	klip (de)	[klip]
floresta (f)	bos (het)	[bɔs]
selva (f)	jungle (de)	[dʒəngl]
savana (f)	savanne (de)	[sa'vanə]
tundra (f)	toendra (de)	['tundra]
estepe (f)	steppe (de)	['stɛpə]
deserto (m)	woestijn (de)	[wus'tɛjn]
oásis (m)	oase (de)	[ɔ'azə]
mar (m)	zee (de)	[zē]
lago (m)	meer (het)	[mēr]
oceano (m)	oceaan (de)	[ɔse'ān]
pântano (m)	moeras (het)	[mu'ras]
de água doce	zoetwater-	[zut·'watər]
lagoa (f)	vijver (de)	['vɛjvər]
rio (m)	rivier (de)	[ri'vir]
toca (f) do urso	berenhol (het)	['berənhɔl]
ninho (m)	nest (het)	[nɛst]
buraco (m) de árvore	boom holte (de)	[bōm 'hɔltə]
toca (f)	hol (het)	[hɔl]
formigueiro (m)	mierenhoop (de)	['mirən·hōp]

224. Cuidados com os animais

jardim (m) zoológico	dierentuin (de)	['dīrən·tœyn]
reserva (f) natural	natuurreservaat (het)	[na'tūr·rezɛr'vāt]
viveiro (m)	fokkerij (de)	[fɔkə'rɛj]
jaula (f) de ar livre	openluchtkooi (de)	['ɔpənlʉxt·'kōj]
jaula, gaiola (f)	kooi (de)	[kōj]
casinha (f) de cão	hondenhok (het)	['hɔndən·hɔk]
pombal (m)	duiventil (de)	['dœyvən·'til]
aquário (m)	aquarium (het)	[ak'warijum]
delfinário (m)	dolfinarium (het)	[dɔlfi'narijum]
criar (vt)	fokken	['fɔkən]
ninhada (f)	nakomelingen	['nakɔməliŋən]
domesticar (vt)	temmen, tam maken	['tɛmən], [tam 'makən]
adestrar (vt)	dresseren	[drɛ'serən]
ração (f)	voeding (de)	['vudiŋ]
alimentar (vt)	voederen	['vudərən]

loja (f) de animais	dierenwinkel (de)	['dīrən·'winkəl]
açaime (m)	muilkorf (de)	[mœɣl·kɔrf]
coleira (f)	halsband (de)	['hals·bant]
nome (m)	naam (de)	[nãm]
pedigree (m)	stamboom (de)	['stam·bōm]

225. Animais. Diversos

alcateia (f)	meute (de)	['møtə]
bando (pássaros)	zwerm (de)	[zwɛrm]
cardume (peixes)	school (de)	[sxōl]
manada (cavalos)	kudde (de)	['kʉdə]

| macho (m) | mannetje (het) | ['manɛtʃə] |
| fêmea (f) | vrouwtje (het) | ['vrautʃə] |

faminto	hongerig	['hɔŋərəh]
selvagem	wild	[wilt]
perigoso	gevaarlijk	[xe'vārlək]

226. Cavalos

| cavalo (m) | paard (het) | [pārt] |
| raça (f) | ras (het) | [ras] |

| potro (m) | veulen (het) | ['vølən] |
| égua (f) | merrie (de) | ['mɛri] |

mustangue (m)	mustang (de)	[mʉstaŋ]
pónei (m)	pony (de)	['pɔni]
cavalo (m) de tiro	koudbloed (de)	['kaut·blut]

| crina (f) | manen | ['manən] |
| cauda (f) | staart (de) | [stārt] |

casco (m)	hoef (de)	[huf]
ferradura (f)	hoefijzer (het)	[huf·'ɛjzər]
ferrar (vt)	beslaan	[bə'slān]
ferreiro (m)	paardensmid (de)	[pārdən·'smit]

sela (f)	zadel (het)	['zadəl]
estribo (m)	stijgbeugel (de)	['stɛjx'bøxəl]
brida (f)	breidel (de)	['brɛjdəl]
rédeas (f pl)	leidsels	['lɛjdsəls]
chicote (m)	zweep (de)	[zwēp]

cavaleiro (m)	ruiter (de)	['rœɣtər]
colocar sela	zadelen	['zadələn]
montar no cavalo	een paard bestijgen	[en pārt bə'stɛjxə]

| galope (m) | galop (de) | [xa'lɔp] |
| galopar (vi) | galopperen | [xalɔ'perən] |

trote (m)	draf (de)	[draf]
a trote	in draf	[in draf]
ir a trote	draven	['dravən]
cavalo (m) de corrida	renpaard (het)	[ren'pārt]
corridas (f pl)	paardenrace (de)	['pārdən·rɛjs]
estábulo (m)	paardenstal (de)	['pārdən·stal]
alimentar (vt)	voederen	['vudərən]
feno (m)	hooi (het)	[hōj]
dar água	water geven	['watər 'xevən]
limpar (vt)	wassen	['wasən]
carroça (f)	paardenkar (de)	['pārdən·kar]
pastar (vi)	grazen	['xrazən]
relinchar (vi)	hinniken	['hinikən]
dar um coice	een trap geven	[en trap 'xevən]

Flora

227. Árvores

árvore (f)	boom (de)	[bõm]
decídua	loof-	[lõf]
conífera	dennen-	['dɛnən]
perene	groenblijvend	[xrun 'blɛjvənt]

macieira (f)	appelboom (de)	['apəl·bõm]
pereira (f)	perenboom (de)	['perən·bõm]
cerejeira (f)	zoete kers (de)	['zutə kɛrs]
ginjeira (f)	zure kers (de)	['zʉrə kɛrs]
ameixeira (f)	pruimelaar (de)	[prœʏmə·lãr]

bétula (f)	berk (de)	[bɛrk]
carvalho (m)	eik (de)	[ɛjk]
tília (f)	linde (de)	['lində]
choupo-tremedor (m)	esp (de)	[ɛsp]
bordo (m)	esdoorn (de)	['ɛsdõrn]
espruce-europeu (m)	spar (de)	[spar]
pinheiro (m)	den (de)	[dɛn]
alerce, lariço (m)	lariks (de)	['lariks]
abeto (m)	zilverspar (de)	['zilvər·spar]
cedro (m)	ceder (de)	['sedər]

choupo, álamo (m)	populier (de)	[pɔpʉ'lir]
tramazeira (f)	lijsterbes (de)	['lɛjstərbɛs]
salgueiro (m)	wilg (de)	[wilx]
amieiro (m)	els (de)	[ɛls]
faia (f)	beuk (de)	['bøk]
ulmeiro (m)	iep (de)	[jep]
freixo (m)	es (de)	[ɛs]
castanheiro (m)	kastanje (de)	[kas'tanjə]

magnólia (f)	magnolia (de)	[mah'nɔlija]
palmeira (f)	palm (de)	[palm]
cipreste (m)	cipres (de)	[sip'rɛs]

mangue (m)	mangrove (de)	[man'xrɔvə]
embondeiro, baobá (m)	baobab (de)	['baɔbap]
eucalipto (m)	eucalyptus (de)	[øka'liptʉs]
sequoia (f)	mammoetboom (de)	[ma'mut·bõm]

228. Arbustos

arbusto (m)	struik (de)	['strœʏk]
arbusto (m), moita (f)	heester (de)	['hẽstər]

| videira (f) | wijnstok (de) | ['wɛjn·stɔk] |
| vinhedo (m) | wijngaard (de) | ['wɛjnxārt] |

framboeseira (f)	frambozenstruik (de)	[fram'bɔsən·'strœʏk]
groselheira-preta (f)	zwarte bes (de)	['zwartə bɛs]
groselheira-vermelha (f)	rode bessenstruik (de)	['rɔdə 'bɛsən·strœʏk]
groselheira (f) espinhosa	kruisbessenstruik (de)	['krœʏs·'bɛsənstrœʏk]

acácia (f)	acacia (de)	[a'kaçia]
bérberis (f)	zuurbes (de)	['zūr·bɛs]
jasmim (m)	jasmijn (de)	[jas'mɛjn]

junípero (m)	jeneverbes (de)	[je'nɛvərbɛs]
roseira (f)	rozenstruik (de)	['rɔzən·strœʏk]
roseira (f) brava	hondsroos (de)	['hund·rōs]

229. Cogumelos

cogumelo (m)	paddenstoel (de)	['padənstul]
cogumelo (m) comestível	eetbare paddenstoel (de)	['ētbarə 'padənstul]
cogumelo (m) venenoso	giftige paddenstoel (de)	['xiftixə 'padənstul]
chapéu (m)	hoed (de)	[hut]
pé, caule (m)	steel (de)	[stēl]

boleto (m)	eekhoorntjesbrood (het)	[ē'hontʃes·brōt]
boleto (m) alaranjado	rosse populierboleet (de)	['rɔsə pɔpʉ'lir·bɔlēt]
míscaro (m) das bétulas	berkenboleet (de)	['bɛrkən·bɔlēt]
cantarela (f)	cantharel (de)	[kanta'rɛl]
rússula (f)	russula (de)	[rʉ'sʉla]

morchella (f)	morielje (de)	[mɔ'rilje]
agário-das-moscas (m)	vliegenzwam (de)	['vlixən·zwam]
cicuta (f) verde	groene knolamaniet (de)	['xrunə 'knɔl·ama'nit]

230. Frutos. Bagas

fruta (f)	vrucht (de)	[vrʉxt]
frutas (f pl)	vruchten (de)	['vrʉxtən]
maçã (f)	appel (de)	['apəl]
pera (f)	peer (de)	[pēr]
ameixa (f)	pruim (de)	['prœʏm]

morango (m)	aardbei (de)	['ārd·bɛj]
ginja (f)	zure kers (de)	['zʉrə kɛrs]
cereja (f)	zoete kers (de)	['zutə kɛrs]
uva (f)	druif (de)	[drœʏf]

framboesa (f)	framboos (de)	[fram'bōs]
groselha (f) preta	zwarte bes (de)	['zwartə bɛs]
groselha (f) vermelha	rode bes (de)	['rɔdə bɛs]
groselha (f) espinhosa	kruisbes (de)	['krœʏsbɛs]
oxicoco (m)	veenbes (de)	['vēnbɛs]

laranja (f)	sinaasappel (de)	['sinãsapəl]
tangerina (f)	mandarijn (de)	[manda'rɛjn]
ananás (m)	ananas (de)	['ananas]
banana (f)	banaan (de)	[ba'nãn]
tâmara (f)	dadel (de)	['dadəl]
limão (m)	citroen (de)	[si'trun]
damasco (m)	abrikoos (de)	[abri'kõs]
pêssego (m)	perzik (de)	['pɛrzik]
kiwi (m)	kiwi (de)	['kiwi]
toranja (f)	grapefruit (de)	['grepfrut]
baga (f)	bes (de)	[bɛs]
bagas (f pl)	bessen	['bɛsən]
arando (m) vermelho	vossenbes (de)	['vɔsənbɛs]
morango-silvestre (m)	bosaardbei (de)	[bɔs·ãrdbɛj]
mirtilo (m)	blauwe bosbes (de)	['blauə 'bɔsbɛs]

231. Flores. Plantas

flor (f)	bloem (de)	[blum]
ramo (m) de flores	boeket (het)	[bu'kɛt]
rosa (f)	roos (de)	[rõs]
tulipa (f)	tulp (de)	[tʉlp]
cravo (m)	anjer (de)	['anjer]
gladíolo (m)	gladiool (de)	[xladi'õl]
centáurea (f)	korenbloem (de)	['kɔrənblum]
campânula (f)	klokje (het)	['klɔkjə]
dente-de-leão (m)	paardenbloem (de)	['pãrdən·blum]
camomila (f)	kamille (de)	[ka'milə]
aloé (m)	aloë (de)	[a'lɔe]
cato (m)	cactus (de)	['kaktʉs]
fícus (m)	ficus (de)	['fikʉs]
lírio (m)	lelie (de)	['leli]
gerânio (m)	geranium (de)	[xə'ranijum]
jacinto (m)	hyacint (de)	[hia'sint]
mimosa (f)	mimosa (de)	[mi'mɔza]
narciso (m)	narcis (de)	[nar'sis]
capuchinha (f)	Oost-Indische kers (de)	[õst·'indisə kɛrs]
orquídea (f)	orchidee (de)	[ɔrxi'dẽ]
peónia (f)	pioenroos (de)	[pi'un·rõs]
violeta (f)	viooltje (het)	[vi'jõltʃə]
amor-perfeito (m)	driekleurig viooltje (het)	[dri'klørəx vi'õltʃə]
não-me-esqueças (m)	vergeet-mij-nietje (het)	[vər'xẽt-mɛj-'nitʃə]
margarida (f)	madeliefje (het)	[madɛ'lifʲə]
papoula (f)	papaver (de)	[pa'pavər]
cânhamo (m)	hennep (de)	['hɛnəp]

hortelã (f)	munt (de)	[mʉnt]
lírio-do-vale (m)	lelietje-van-dalen (het)	['leljetʃe-van-'dalən]
campânula-branca (f)	sneeuwklokje (het)	['snēw·'klɔkjə]

urtiga (f)	brandnetel (de)	['brant·netəl]
azeda (f)	veldzuring (de)	[vɛlt·'tsʉriŋ]
nenúfar (m)	waterlelie (de)	['watər·leli]
feto (m), samambaia (f)	varen (de)	['varən]
líquen (m)	korstmos (het)	['kɔrstmɔs]

estufa (f)	oranjerie (de)	[ɔranʒɛ'ri]
relvado (m)	gazon (het)	[xa'zɔn]
canteiro (m) de flores	bloemperk (het)	['blum·pɛrk]

planta (f)	plant (de)	[plant]
erva (f)	gras (het)	[xras]
folha (f) de erva	grasspriet (de)	['xras·sprit]

folha (f)	blad (het)	[blat]
pétala (f)	bloemblad (het)	['blum·blat]
talo (m)	stengel (de)	['stɛŋəl]
tubérculo (m)	knol (de)	[knɔl]

| broto, rebento (m) | scheut (de) | [sxøt] |
| espinho (m) | doorn (de) | [dōrn] |

florescer (vi)	bloeien	['blujən]
murchar (vi)	verwelken	[vər'wɛlkən]
cheiro (m)	geur (de)	[xør]
cortar (flores)	snijden	['snɛjdən]
colher (uma flor)	plukken	['plʉkən]

232. Cereais, grãos

grão (m)	graan (het)	[xrān]
cereais (plantas)	graangewassen	['xrān·xɛ'wasən]
espiga (f)	aar (de)	[ār]

trigo (m)	tarwe (de)	['tarwə]
centeio (m)	rogge (de)	['rɔxə]
aveia (f)	haver (de)	['havər]

| milho-miúdo (m) | gierst (de) | [xirst] |
| cevada (f) | gerst (de) | [xɛrst] |

milho (m)	maïs (de)	[majs]
arroz (m)	rijst (de)	[rɛjst]
trigo-sarraceno (m)	boekweit (de)	['bukwɛjt]

ervilha (f)	erwt (de)	[ɛrt]
feijão (m)	nierboon (de)	['nir·bōn]
soja (f)	soja (de)	['sɔja]
lentilha (f)	linze (de)	['linzə]
fava (f)	bonen	['bɔnən]

233. Vegetais. Verduras

legumes (m pl)	groenten	['xruntən]
verduras (f pl)	verse kruiden	['vɛrsə 'krœʏdən]
tomate (m)	tomaat (de)	[tɔ'mãt]
pepino (m)	augurk (de)	[au'xʉrk]
cenoura (f)	wortel (de)	['wɔrtəl]
batata (f)	aardappel (de)	['ãrd·apəl]
cebola (f)	ui (de)	['œʏ]
alho (m)	knoflook (de)	['knõflɔk]
couve (f)	kool (de)	[kõl]
couve-flor (f)	bloemkool (de)	['blum·kõl]
couve-de-bruxelas (f)	spruitkool (de)	['sprœʏt·kõl]
brócolos (m pl)	broccoli (de)	['brɔkɔli]
beterraba (f)	rode biet (de)	['rɔdə bit]
beringela (f)	aubergine (de)	[ɔbɛr'ʒinə]
curgete (f)	courgette (de)	[kur'ʒɛt]
abóbora (f)	pompoen (de)	[pɔm'pun]
nabo (m)	knolraap (de)	['knɔlrãp]
salsa (f)	peterselie (de)	[petər'sɛli]
funcho, endro (m)	dille (de)	['dilə]
alface (f)	sla (de)	[sla]
aipo (m)	selderij (de)	['sɛldɛrɛj]
espargo (m)	asperge (de)	[as'pɛrʒə]
espinafre (m)	spinazie (de)	[spi'nazi]
ervilha (f)	erwt (de)	[ɛrt]
fava (f)	bonen	['bɔnən]
milho (m)	maïs (de)	[majs]
feijão (m)	nierboon (de)	['nir·bõn]
pimentão (m)	peper (de)	['pepər]
rabanete (m)	radijs (de)	[ra'dɛjs]
alcachofra (f)	artisjok (de)	[arti'çɔk]

GEOGRAFIA REGIONAL

Países. Nacionalidades

234. Europa Ocidental

Europa (f)	Europa (het)	[ø'rɔpa]
União (f) Europeia	Europese Unie (de)	[ørɔ'pezə 'juni]
europeu (m)	Europeaan (de)	[ørɔpə'ān]
europeu	Europees	[ørɔ'pēs]
Áustria (f)	Oostenrijk (het)	['ōstənrɛjk]
austríaco (m)	Oostenrijker (de)	['ōstənrɛjkər]
austríaca (f)	Oostenrijkse (de)	['ōstənrɛjksə]
austríaco	Oostenrijks	['ōstənrɛjks]
Grã-Bretanha (f)	Groot-Brittannië (het)	[xrōt-bri'taniə]
Inglaterra (f)	Engeland (het)	['ɛŋɛlant]
inglês (m)	Engelsman (de)	['ɛŋɛlsman]
inglesa (f)	Engelse (de)	['ɛŋɛlsə]
inglês	Engels	['ɛŋɛls]
Bélgica (f)	België (het)	['bɛlxiə]
belga (m)	Belg (de)	[bɛlx]
belga (f)	Belgische (de)	['bɛlxisə]
belga	Belgisch	['bɛlxis]
Alemanha (f)	Duitsland (het)	['dœʏtslant]
alemão (m)	Duitser (de)	['dœʏtsər]
alemã (f)	Duitse (de)	['dœʏtsə]
alemão	Duits	['dœʏts]
Países (m pl) Baixos	Nederland (het)	['nedərlant]
Holanda (f)	Holland (het)	['hɔlant]
holandês (m)	Nederlander (de)	['nedərlandər]
holandesa (f)	Nederlandse (de)	['nedərlandsə]
holandês	Nederlands	['nedərlands]
Grécia (f)	Griekenland (het)	['xrikənlant]
grego (m)	Griek (de)	[xrik]
grega (f)	Griekse (de)	['xriksə]
grego	Grieks	[xriks]
Dinamarca (f)	Denemarken (het)	['denəmarkən]
dinamarquês (m)	Deen (de)	[dēn]
dinamarquesa (f)	Deense (de)	['dēnsə]
dinamarquês	Deens	[dēns]
Irlanda (f)	Ierland (het)	['īrlant]
irlandês (m)	Ier (de)	[īr]

| irlandesa (f) | Ierse (de) | ['īrsə] |
| irlandês | Iers | [īrs] |

Islândia (f)	IJsland (het)	['ɛjslant]
islandês (m)	IJslander (de)	['ɛjslandər]
islandesa (f)	IJslandse (de)	['ɛjslandsə]
islandês	IJslands	['ɛjslandsə]

Espanha (f)	Spanje (het)	['spanjə]
espanhol (m)	Spanjaard (de)	['spanjārt]
espanhola (f)	Spaanse (de)	['spānsə]
espanhol	Spaans	[spāns]

Itália (f)	Italië (het)	[i'taliə]
italiano (m)	Italiaan (de)	[itali'ān]
italiana (f)	Italiaanse (de)	[itali'ānsə]
italiano	Italiaans	[itali'āns]

Chipre (m)	Cyprus (het)	['siprʉs]
cipriota (m)	Cyprioot (de)	[sipri'ōt]
cipriota (f)	Cypriotische (de)	[sipri'ɔtisə]
cipriota	Cypriotisch	[sipri'ɔtis]

Malta (f)	Malta (het)	['malta]
maltês (m)	Maltees (de)	[mal'tēs]
maltesa (f)	Maltese (de)	[mal'tezə]
maltês	Maltees	[mal'tēs]

Noruega (f)	Noorwegen (het)	['nōrwexən]
norueguês (m)	Noor (de)	[nōr]
norueguesa (f)	Noorse (de)	['nōrsə]
norueguês	Noors	[nōrs]

Portugal (m)	Portugal (het)	[portʉxal]
português (m)	Portugees (de)	[portʉ'xēs]
portuguesa (f)	Portugese (de)	[portʉ'xesə]
português	Portugees	[portʉ'xēs]

Finlândia (f)	Finland (het)	['finlant]
finlandês (m)	Fin (de)	[fin]
finlandesa (f)	Finse (de)	['finsə]
finlandês	Fins	[fins]

França (f)	Frankrijk (het)	['frankrɛjk]
francês (m)	Fransman (de)	['fransman]
francesa (f)	Française (de)	[fran'sɛzə]
francês	Frans	[frans]

Suécia (f)	Zweden (het)	['zwedən]
sueco (m)	Zweed (de)	[zwēt]
sueca (f)	Zweedse (de)	['zwētsə]
sueco	Zweeds	[zwēts]

Suíça (f)	Zwitserland (het)	['zwitsərlant]
suíço (m)	Zwitser (de)	['zwitsər]
suíça (f)	Zwitserse (de)	['zwitsərsə]

suíço	Zwitsers	['zwitsərs]
Escócia (f)	Schotland (het)	['sxɔtlant]
escocês (m)	Schot (de)	[sxɔt]
escocesa (f)	Schotse (de)	['sxɔtsə]
escocês	Schots	[sxɔts]

Vaticano (m)	Vaticaanstad (de)	[vati'kān·stat]
Liechtenstein (m)	Liechtenstein (het)	['lixtɛnstɛjn]
Luxemburgo (m)	Luxemburg (het)	['lʉksɛmbʉrx]
Mónaco (m)	Monaco (het)	[mɔ'nakɔ]

235. Europa Central e de Leste

Albânia (f)	Albanië (het)	[al'baniə]
albanês (m)	Albanees (de)	[alba'nēs]
albanesa (f)	Albanese (de)	[alba'nesə]
albanês	Albanees	[alba'nēs]

Bulgária (f)	Bulgarije (het)	[bʉlxa'rɛjə]
búlgaro (m)	Bulgaar (de)	[bʉl'xār]
búlgara (f)	Bulgaarse (de)	[bʉl'xārsə]
búlgaro	Bulgaars	[bʉl'xārs]

Hungria (f)	Hongarije (het)	[hɔnxa'rɛjə]
húngaro (m)	Hongaar (de)	[hɔn'xār]
húngara (f)	Hongaarse (de)	[hɔn'xārsə]
húngaro	Hongaars	[hɔn'xārs]

Letónia (f)	Letland (het)	['lɛtlant]
letão (m)	Let (de)	[lɛt]
letã (f)	Letse (de)	['lɛtsə]
letão	Lets	[lɛts]

Lituânia (f)	Litouwen (het)	[li'tauən]
lituano (m)	Litouwer (de)	[li'tauər]
lituana (f)	Litouwse (de)	[li'tausə]
lituano	Litouws	[li'taus]

Polónia (f)	Polen (het)	['pɔlən]
polaco (m)	Pool (de)	[pōl]
polaca (f)	Poolse (de)	['pōlsə]
polaco	Pools	[pōls]

Roménia (f)	Roemenië (het)	[ru'meniə]
romeno (m)	Roemeen (de)	[ru'mēn]
romena (f)	Roemeense (de)	[ru'mēnsə]
romeno	Roemeens	[ru'mēns]

Sérvia (f)	Servië (het)	['sɛrviə]
sérvio (m)	Serviër (de)	['sɛrviər]
sérvia (f)	Servische (de)	['sɛrvisə]
sérvio	Servisch	['sɛrvis]
Eslováquia (f)	Slowakije (het)	[slɔwa'kɛjə]
eslovaco (m)	Slowaak (de)	[slɔ'wāk]

| eslovaca (f) | Slowaakse (de) | [slɔ'wāksə] |
| eslovaco | Slowaakse | [slɔ'wāksə] |

Croácia (f)	Kroatië (het)	[krɔ'asiə]
croata (m)	Kroaat (de)	[krɔ'āt]
croata (f)	Kroatische (de)	[krɔ'atisə]
croata	Kroatisch	[krɔ'atis]

República (f) Checa	Tsjechië (het)	['ʧɛxiə]
checo (m)	Tsjech (de)	[ʧɛx]
checa (f)	Tsjechische (de)	['ʧɛxisə]
checo	Tsjechisch	['ʧɛxis]

Estónia (f)	Estland (het)	['ɛstlant]
estónio (m)	Est (de)	[ɛst]
estónia (f)	Estse (de)	['ɛstsə]
estónio	Ests	['ɛsts]

Bósnia e Herzegovina (f)	Bosnië en Herzegovina (het)	['bɔsniə ən hɛrzə'xɔvina]
Macedónia (f)	Macedonië (het)	[make'dɔniə]
Eslovénia (f)	Slovenië (het)	[slɔ'vɛniə]
Montenegro (m)	Montenegro (het)	[mɔntə'nɛxrɔ]

236. Países da ex-URSS

Azerbaijão (m)	Azerbeidzjan (het)	[azərbej'dʒan]
azeri (m)	Azerbeidzjaan (de)	[azərbej'dʒān]
azeri (f)	Azerbeidjaanse (de)	[azərbej'dʒānsə]
azeri, azerbaijano	Azerbeidjaans	[azərbej'dʒāns]

Arménia (f)	Armenië (het)	[ar'meniə]
arménio (m)	Armeen (de)	[ar'mēn]
arménia (f)	Armeense (de)	[ar'mēnsə]
arménio	Armeens	[ar'mēns]

Bielorrússia (f)	Wit-Rusland (het)	[wit-'ruslant]
bielorrusso (m)	Wit-Rus (de)	[wit-'rus]
bielorrussa (f)	Wit-Russische (de)	[wit-'rusisə]
bielorrusso	Wit-Russisch	[wit-'rusis]

Geórgia (f)	Georgië (het)	[xe'orxiə]
georgiano (m)	Georgiër (de)	[xe'orxiər]
georgiana (f)	Georgische (de)	[xe'orxisə]
georgiano	Georgisch	[xe'orxis]

Cazaquistão (m)	Kazakstan (het)	[kazak'stan]
cazaque (m)	Kazak (de)	[ka'zak]
cazaque (f)	Kazakse (de)	[ka'zaksə]
cazaque	Kazakse	[ka'zaksə]

Quirguistão (m)	Kirgizië (het)	[kir'xiziə]
quirguiz (m)	Kirgiziër (de)	[kir'xiziər]
quirguiz (f)	Kirgizische (de)	[kir'xizisə]

quirguiz	Kirgizische	[kir'xizisə]
Moldávia (f)	Moldavië (het)	[mɔl'daviə]
moldavo (m)	Moldaviër (de)	[mɔl'daviər]
moldava (f)	Moldavische (de)	[mɔl'davisə]
moldavo	Moldavisch	[mɔl'davis]

Rússia (f)	Rusland (het)	['ruslant]
russo (m)	Rus (de)	[rus]
russa (f)	Russin (de)	[ru'sin]
russo	Russisch	['rusis]

Tajiquistão (m)	Tadzjikistan (het)	[ta'dʒikistan]
tajique (m)	Tadzjiek (de)	[ta'dʒik]
tajique (f)	Tadzjiekse (de)	[ta'dʒiksə]
tajique	Tadzjieks	[ta'dʒiks]

Turquemenistão (m)	Turkmenistan (het)	[turk'menistan]
turcomeno (m)	Turkmeen (de)	[turk'mēn]
turcomena (f)	Turkmeense (de)	[turk'mēnsə]
turcomeno	Turkmeens	[turk'mēns]

Uzbequistão (f)	Oezbekistan (het)	[uz'bekistan]
uzbeque (m)	Oezbeek (de)	[uz'bēk]
uzbeque (f)	Oezbeekse (de)	[uz'bēksə]
uzbeque	Oezbeeks	[uz'bēks]

Ucrânia (f)	Oekraïne (het)	[ukra'inə]
ucraniano (m)	Oekraïner (de)	[ukra'inər]
ucraniana (f)	Oekraïense (de)	[ukra'insə]
ucraniano	Oekraïens	[ukra'ins]

237. Asia

| Ásia (f) | Azië (het) | ['āzijə] |
| asiático | Aziatisch | [azi'atis] |

Vietname (m)	Vietnam (het)	[vjet'nam]
vietnamita (m)	Vietnamees (de)	[vjetna'mēs]
vietnamita (f)	Vietnamese (de)	[vjetna'mesə]
vietnamita	Vietnamees	[vjetna'mēs]

Índia (f)	India (het)	['india]
indiano (m)	Indiër (de)	['indier]
indiana (f)	Indische (de)	['indisə]
indiano	Indisch	['indis]

Israel (m)	Israël (het)	['israɛl]
israelita (m)	Israëliër (de)	[isra'ɛlier]
israelita (f)	Israëlische (de)	[isra'ɛlisə]
israelita	Israëlisch	[isra'ɛlis]

judeu (m)	Jood (de)	[jōt]
judia (f)	Jodin (de)	[jo'din]
judeu	Joods	[jōds]

China (f)	China (het)	['ʃina]
chinês (m)	Chinees (de)	[ʃi'nēs]
chinesa (f)	Chinese (de)	[ʃi'nesə]
chinês	Chinees	[ʃi'nēs]

coreano (m)	Koreaan (de)	[kɔre'ān]
coreana (f)	Koreaanse (de)	[kɔre'ānsə]
coreano	Koreaans	[kɔre'āns]

Líbano (m)	Libanon (het)	['libanɔn]
libanês (m)	Libanees (de)	[liba'nēs]
libanesa (f)	Libanese (de)	[liba'nesə]
libanês	Libanees	[liba'nēs]

Mongólia (f)	Mongolië (het)	[mɔn'xɔliə]
mongol (m)	Mongool (de)	[mɔn'xōl]
mongol (f)	Mongoolse (de)	[mɔn'xōlsə]
mongol	Mongools	[mɔn'xōls]

Malásia (f)	Maleisië (het)	[ma'lɛjziə]
malaio (m)	Maleisiër (de)	[ma'lɛjziər]
malaia (f)	Maleisische (de)	[ma'lɛjzisə]
malaio	Maleisisch	[ma'lɛjzis]

Paquistão (m)	Pakistan (het)	['pakistan]
paquistanês (m)	Pakistaan (de)	[paki'stan]
paquistanesa (f)	Pakistaanse (de)	[paki'stānsə]
paquistanês	Pakistaans	[paki'stāns]

Arábia (f) Saudita	Saoedi-Arabië (het)	[sa'udi-a'rabiə]
árabe (m)	Arabier (de)	[ara'bir]
árabe (f)	Arabische (de)	[a'rabisə]
árabe	Arabisch	[a'rabis]

Tailândia (f)	Thailand (het)	['tailant]
tailandês (m)	Thai (de)	['tai]
tailandesa (f)	Thaise (de)	['taisə]
tailandês	Thai	['tai]

Taiwan (m)	Taiwan (het)	[taj'wan]
taiwanês (m)	Taiwanees (de)	[tajwa'nēs]
taiwanesa (f)	Taiwanese (de)	[tajwa'nesə]
taiwanês	Taiwanees	[tajwa'nēs]

Turquia (f)	Turkije (het)	[tʉr'kɛjə]
turco (m)	Turk (de)	[tʉrk]
turca (f)	Turkse (de)	['tʉrksə]
turco	Turks	[tʉrks]

Japão (m)	Japan (het)	[ja'pan]
japonês (m)	Japanner (de)	[ja'panər]
japonesa (f)	Japanse (de)	[ja'pansə]
japonês	Japans	[ja'pans]

| Afeganistão (m) | Afghanistan (het) | [af'xanistan] |
| Bangladesh (m) | Bangladesh (het) | [banhla'dɛʃ] |

Indonésia (f)	Indonesië (het)	[indɔ'nɛsiə]
Jordânia (f)	Jordanië (het)	[jor'daniə]

Iraque (m)	Irak (het)	[i'rak]
Irão (m)	Iran (het)	[i'ran]
Camboja (f)	Cambodja (het)	[kam'bɔdja]
Kuwait (m)	Koeweit (het)	[ku'wɛjt]

Laos (m)	Laos (het)	['laɔs]
Myanmar (m), Birmânia (f)	Myanmar (het)	['mjanmar]
Nepal (m)	Nepal (het)	[ne'pal]
Emirados Árabes Unidos	Verenigde Arabische Emiraten	[və'rɛnixdə a'rabisə ɛmi'ratən]

Síria (f)	Syrië (het)	['siriə]
Palestina (f)	Palestijnse autonomie (de)	[pale'stɛjnsə autɔnɔ'mi]
Coreia do Sul (f)	Zuid-Korea (het)	['zœyd-kɔ'rea]
Coreia do Norte (f)	Noord-Korea (het)	[nõrd-kɔ'rea]

238. América do Norte

Estados Unidos da América	Verenigde Staten van Amerika	[və'rɛnixdə 'statən van a'merika]
americano (m)	Amerikaan (de)	[ameri'kān]
americana (f)	Amerikaanse (de)	[ameri'kānsə]
americano	Amerikaans	[ameri'kāns]

Canadá (m)	Canada (het)	['kanada]
canadiano (m)	Canadees (de)	[kana'dēs]
canadiana (f)	Canadese (de)	[kana'desə]
canadiano	Canadees	[kana'dēs]

México (m)	Mexico (het)	['meksikɔ]
mexicano (m)	Mexicaan (de)	[meksi'kān]
mexicana (f)	Mexicaanse (de)	[meksi'kānsə]
mexicano	Mexicaans	[meksi'kāns]

239. América Central do Sul

Argentina (f)	Argentinië (het)	[arxɛn'tiniə]
argentino (m)	Argentijn (de)	[arxɛn'tɛjn]
argentina (f)	Argentijnse (de)	[arxɛn'tɛjnsə]
argentino	Argentijns	[arxɛn'tɛjns]

Brasil (m)	Brazilië (het)	[bra'ziliə]
brasileiro (m)	Braziliaan (de)	[brazili'ān]
brasileira (f)	Braziliaanse (de)	[brazili'ānsə]
brasileiro	Braziliaans	[brazili'āns]

Colômbia (f)	Colombia (het)	[kɔ'lɔmbia]
colombiano (m)	Colombiaan (de)	[kɔlɔmbi'ān]
colombiana (f)	Colombiaanse (de)	[kɔlɔmbi'ānsə]

colombiano	Colombiaans	[kɔlɔmbi'ānsə]
Cuba (f)	Cuba (het)	['kʉba]
cubano (m)	Cubaan (de)	[kʉ'bān]
cubana (f)	Cubaanse (de)	[kʉ'bānsə]
cubano	Cubaans	[kʉ'bāns]

Chile (m)	Chili (het)	['ʃili]
chileno (m)	Chileen (de)	[ʃi'lēn]
chilena (f)	Chileense (de)	[ʃi'lēnsə]
chileno	Chileens	[ʃi'lēns]

Bolívia (f)	Bolivia (het)	[bɔ'livia]
Venezuela (f)	Venezuela (het)	[venəzʉ'ɛla]
Paraguai (m)	Paraguay (het)	['paragvaj]
Peru (m)	Peru (het)	[pe'ru]

Suriname (m)	Suriname (het)	[sʉri'namə]
Uruguai (m)	Uruguay (het)	['urugvaj]
Equador (m)	Ecuador (het)	[ɛkwa'dɔr]

Bahamas (f pl)	Bahama's	[ba'hamas]
Haiti (m)	Haïti (het)	[ha'iti]
República (f) Dominicana	Dominicaanse Republiek (de)	[dɔmini'kānsə repʉ'blik]
Panamá (m)	Panama (het)	['panama]
Jamaica (f)	Jamaica (het)	[ja'majka]

240. Africa

Egito (m)	Egypte (het)	[ɛ'xiptə]
egípcio (m)	Egyptenaar (de)	[ɛ'xiptənār]
egípcia (f)	Egyptische (de)	[ɛ'xiptisə]
egípcio	Egyptisch	[ɛ'xiptis]

Marrocos	Marokko (het)	[ma'rɔkɔ]
marroquino (m)	Marokkaan (de)	[marɔ'kān]
marroquina (f)	Marokkaanse (de)	[marɔ'kānsə]
marroquino	Marokkaans	[marɔ'kāns]

Tunísia (f)	Tunesië (het)	[tʉ'nɛziə]
tunisino (m)	Tunesiër (de)	[tʉ'nɛziər]
tunisina (f)	Tunesische (de)	[tʉ'nezisə]
tunisino	Tunesisch	[tʉ'nezis]

Gana (f)	Ghana (het)	['xana]
Zanzibar (m)	Zanzibar (het)	['zanzibar]
Quénia (f)	Kenia (het)	['kenia]
Líbia (f)	Libië (het)	['libiə]
Madagáscar (m)	Madagaskar (het)	[mada'xaskar]

Namíbia (f)	Namibië (het)	[na'mibiə]
Senegal (m)	Senegal (het)	[senexal]
Tanzânia (f)	Tanzania (het)	[tan'zania]
África do Sul (f)	Zuid-Afrika (het)	['zœɐd-'afrika]

africano (m)	Afrikaan (de)	[afri'kān]
africana (f)	Afrikaanse (de)	[afri'kānsə]
africano	Afrikaans	[afri'kāns]

241. Austrália. Oceania

Austrália (f)	Australië (het)	[ɔu'straliə]
australiano (m)	Australiër (de)	[ɔu'straliər]
australiana (f)	Australische (de)	[au'stralisə]
australiano	Australisch	[au'stralis]

Nova Zelândia (f)	Nieuw-Zeeland (het)	[niu-'zēlant]
neozelandês (m)	Nieuw-Zeelander (de)	[niu-'zēlandər]
neozelandesa (f)	Nieuw-Zeelandse (de)	[niu-'zēlantsə]
neozelandês	Nieuw-Zeelands	[niu-'zēlants]

| Tasmânia (f) | Tasmanië (het) | [taz'maniə] |
| Polinésia Francesa (f) | Frans-Polynesië | [frans-pɔli'nɛziə] |

242. Cidades

Amesterdão	Amsterdam	[amstɛr'dam]
Ancara	Ankara	[ankara]
Atenas	Athene	[a'tenə]

Bagdade	Bagdad	[bax'dat]
Banguecoque	Bangkok	['baŋkɔk]
Barcelona	Barcelona	[barse'lɔna]
Beirute	Beiroet	['bɛjrut]
Berlim	Berlijn	[bɛr'lɛjn]

Bombaim	Bombay, Mumbai	[bɔm'bɛj], [mumbaj]
Bona	Bonn	[bɔn]
Bordéus	Bordeaux	[bor'dɔ]
Bratislava	Bratislava	[brati'slava]
Bruxelas	Brussel	['brʉsɛl]
Bucareste	Boekarest	[buka'rɛst]
Budapeste	Boedapest	[buda'pɛst]

Cairo	Caïro	[ka'irɔ]
Calcutá	Calcutta	[kal'kʉta]
Chicago	Chicago	[ɕi'kagɔ]
Cidade do México	Mexico-Stad	['meksikɔ-stat]
Copenhaga	Kopenhagen	[kɔpən'haxən]

Dar es Salaam	Dar Es Salaam	[dar ɛs sa'lām]
Deli	Delhi	['dɛlhi]
Dubai	Dubai	[dʉ'bai]
Dublin, Dublim	Dublin	['dʉblin]
Düsseldorf	Düsseldorf	[dʉsəl'dɔrf]
Estocolmo	Stockholm	[stɔk'hɔlm]
Florença	Florence	[flɔ'rans]

Frankfurt	Frankfort	['frankfʉrt]
Genebra	Genève	[ʒe'nɛvə]
Haia	Den Haag	[dɛn hãx]
Hamburgo	Hamburg	['hambʉrx]
Hanói	Hanoi	[ha'nɔj]
Havana	Havana	[ha'vana]

Helsínquia	Helsinki	['hɛlsinki]
Hiroshima	Hiroshima	[hirɔ'ʃima]
Hong Kong	Hongkong	[hɔŋ'kɔŋ]
Istambul	Istanbul	[istan'bul]
Jerusalém	Jeruzalem	[jeruza'lɛm]

Kiev	Kiev	['kiev]
Kuala Lumpur	Kuala Lumpur	[kʉ'ala 'lʉmpʉr]
Lisboa	Lissabon	['lisabɔn]
Londres	Londen	['lɔndən]
Los Angeles	Los Angeles	[lɔs 'andʒələs]
Lion	Lyon	[li'ɔn]

Madrid	Madrid	[mad'rit]
Marselha	Marseille	[mar'sɛjə]
Miami	Miami	[ma'jami]
Montreal	Montreal	[mɔntrɛ'al]
Moscovo	Moskou	['mɔskau]
Munique	München	['mʉnxən]

Nairóbi	Nairobi	[naj'rɔbi]
Nápoles	Napels	['napɛls]
Nice	Nice	[nis]
Nova York	New York	[nʉ jork]

Oslo	Oslo	['ɔslɔ]
Ottawa	Ottawa	['ɔtawa]
Paris	Parijs	[pa'rɛjs]
Pequim	Peking	['pekiŋ]
Praga	Praag	[prãx]

Rio de Janeiro	Rio de Janeiro	[riɔ də ʒa'nɛjrɔ]
Roma	Rome	['rɔmə]
São Petersburgo	Sint-Petersburg	[sint-'petərsbʉrx]
Seul	Seoel	[sɛ'ul]

| Singapura | Singapore | [sinxa'pɔrə] |
| Sydney | Sydney | ['sidnɛj] |

Taipé	Taipei	[taj'pɛj]
Tóquio	Tokio	['tɔkiɔ]
Toronto	Toronto	[tɔ'rɔntɔ]
Varsóvia	Warschau	['warʃʌu]

| Veneza | Venetië | [ve'nɛtsiə] |
| Viena | Wenen | ['wenən] |

| Washington | Washington | ['waʃingtɔn] |
| Xangai | Sjanghai | [ɕan'xaj] |

243. Política. Governo. Parte 1

política (f)	politiek (de)	[pɔli'tik]
político	politiek	[pɔli'tik]
político (m)	politicus (de)	[pɔ'litikʉs]
estado (m)	staat (de)	[stāt]
cidadão (m)	burger (de)	['bʉrxər]
cidadania (f)	staatsburgerschap (het)	['bʉrxərsxap]
brasão (m) de armas	nationaal wapen (het)	[natsjɔ'nāl 'wapən]
hino (m) nacional	volkslied (het)	['vɔlkslit]
governo (m)	regering (de)	[re'xɛriŋ]
Chefe (m) de Estado	staatshoofd (het)	['stāts·hōft]
parlamento (m)	parlement (het)	[parlə'mɛnt]
partido (m)	partij (de)	[par'tɛj]
capitalismo (m)	kapitalisme (het)	[kapita'lismə]
capitalista	kapitalistisch	[kapita'listis]
socialismo (m)	socialisme (het)	[sɔʃia'lismə]
socialista	socialistisch	[sɔʃia'listis]
comunismo (m)	communisme (het)	[kɔmʉ'nismə]
comunista	communistisch	[kɔmʉ'nistis]
comunista (m)	communist (de)	[kɔmʉ'nist]
democracia (f)	democratie (de)	[demɔkra'tsi]
democrata (m)	democraat (de)	[demɔ'krāt]
democrático	democratisch	[demɔ'kratis]
Partido (m) Democrático	democratische partij (de)	[demɔ'kratisə par'tɛj]
liberal (m)	liberaal (de)	[libə'rāl]
liberal	liberaal	[libə'rāl]
conservador (m)	conservator (de)	[kɔnsər'vatɔr]
conservador	conservatief	[kɔnsərva'tif]
república (f)	republiek (de)	[repʉ'blik]
republicano (m)	republikein (de)	[repʉbli'kɛjn]
Partido (m) Republicano	Republikeinse Partij (de)	[repʉbli'kɛjnsə par'tɛj]
eleições (f pl)	verkiezing (de)	[vər'kiziŋ]
eleger (vt)	kiezen	['kizən]
eleitor (m)	kiezer (de)	['kizər]
campanha (f) eleitoral	verkiezingscampagne (de)	[vər'kiziŋs·kam'panjə]
votação (f)	stemming (de)	['stɛmiŋ]
votar (vi)	stemmen	['stɛmən]
direito (m) de voto	stemrecht (het)	['stɛm·rɛxt]
candidato (m)	kandidaat (de)	[kandi'dāt]
candidatar-se (vi)	zich kandideren	[zix kandi'derən]
campanha (f)	campagne (de)	[kam'panjə]

219

da oposição oposição (f)	oppositie- oppositie (de)	[ɔpo'zitsi] [ɔpo'zitsi]
visita (f) visita (f) oficial internacional	bezoek (het) officieel bezoek (het) internationaal	[bə'zuk] [ɔfi'jēl bə'zuk] [intərnatsjo'nāl]
negociações (f pl) negociar (vi)	onderhandelingen onderhandelen	['ɔndər'handeliŋən] ['ɔndər'handələn]

244. Política. Governo. Parte 2

sociedade (f) constituição (f) poder (ir para o ~) corrupção (f)	maatschappij (de) grondwet (de) macht (de) corruptie (de)	[mātsxa'pɛj] ['xrɔnt·wɛt] [maxt] [ko'rupsi]
lei (f) legal	wet (de) wettelijk	[wɛt] ['wɛtələk]
justiça (f) justo	rechtvaardigheid (de) rechtvaardig	[rɛxt'vārdəxhɛjt] [rɛxt'vārdəx]
comité (m) projeto-lei (m) orçamento (m) política (f) reforma (f) radical	comité (het) wetsvoorstel (het) begroting (de) beleid (het) hervorming (de) radicaal	[komi'tɛ] ['wɛtsvōrstɛl] [bə'xrɔtiŋ] [bə'lɛjt] [hɛr'vɔrmiŋ] [radi'kāl]
força (f) poderoso partidário (m) influência (f)	macht (de) machtig aanhanger (de) invloed (de)	[maxt] ['mahtəx] ['ānhaŋər] ['invlut]
regime (m) conflito (m) conspiração (f) provocação (f)	regime (het) conflict (het) samenzwering (de) provocatie (de)	[re'ʒim] [kɔn'flikt] ['samənzweriŋ] [provo'katsi]
derrubar (vt) derrube (m), queda (f) revolução (f)	omverwerpen omverwerping (de) revolutie (de)	['ɔmvər'wɛrpən] ['ɔmvər'wɛrpiŋ] [revo'lutsi]
golpe (m) de Estado golpe (m) militar	staatsgreep (de) militaire coup (de)	['stāts·xrɛp] ['militɛrə kup]
crise (f) recessão (f) económica manifestante (m) manifestação (f) lei (f) marcial base (f) militar estabilidade (f)	crisis (de) economische recessie (de) betoger (de) betoging (de) krijgswet (de) militaire basis (de) stabiliteit (de)	['krisis] [ɛko'nomisə rɛ'sɛsi] [bə'tɔxər] [bə'tɔxiŋ] ['krɛjxs·wɛt] ['militɛrə 'bazis] [stabili'tɛjt]

estável	stabiel	[sta'bil]
exploração (f)	uitbuiting (de)	['œʏtbejtiŋ]
explorar (vt)	uitbuiten	['œʏtbejtən]

racismo (m)	racisme (het)	[ra'sismə]
racista (m)	racist (de)	[ra'sist]
fascismo (m)	fascisme (het)	[fa'ʃismə]
fascista (m)	fascist (de)	[fa'ʃist]

245. Países. Diversos

estrangeiro (m)	vreemdeling (de)	['vrēmdəliŋ]
estrangeiro	buitenlands	['bœʏtənlants]
no estrangeiro	in het buitenland	[in ət 'bœʏtənlant]

emigrante (m)	emigrant (de)	[ɛmi'xrant]
emigração (f)	emigratie (de)	[ɛmi'xratsi]
emigrar (vi)	emigreren	[ɛmi'xrerən]

Ocidente (m)	Westen (het)	['wɛstən]
Oriente (m)	Oosten (het)	['ōstən]
Extremo Oriente (m)	Verre Oosten (het)	['vɛrə 'ōstən]

civilização (f)	beschaving (de)	[bə'sxaviŋ]
humanidade (f)	mensheid (de)	['mɛnshɛjt]
mundo (m)	wereld (de)	['werəlt]
paz (f)	vrede (de)	['vredə]
mundial	wereld-	['werəlt]

pátria (f)	vaderland (het)	['vadər·lant]
povo (m)	volk (het)	[vɔlk]
população (f)	bevolking (de)	[bə'vɔlkiŋ]
gente (f)	mensen	['mɛnsən]
nação (f)	natie (de)	['natsi]
geração (f)	generatie (de)	[xenə'ratsi]

território (m)	gebied (het)	[xə'bit]
região (f)	regio, streek (de)	['rexiɔ], [strēk]
estado (m)	deelstaat (de)	['dēlstāt]

tradição (f)	traditie (de)	[tra'ditsi]
costume (m)	gewoonte (de)	[xə'wōntə]
ecologia (f)	ecologie (de)	[ɛkɔlɔ'xi]

índio (m)	Indiaan (de)	[indi'ān]
cigano (m)	zigeuner (de)	[zixønər]
cigana (f)	zigeunerin (de)	[zixøne'rin]
cigano	zigeuner-	[zixønər]

império (m)	rijk (het)	[rɛjk]
colónia (f)	kolonie (de)	[kɔ'lɔni]
escravidão (f)	slavernij (de)	[slavər'nɛj]
invasão (f)	invasie (de)	[in'vazi]
fome (f)	hongersnood (de)	['hɔŋərsnōt]

246. Grupos religiosos mais importantes. Confissões

religião (f)	religie (de)	[re'lixi]
religioso	religieus	[relixiøs]
crença (f)	geloof (het)	[xə'lõf]
crer (vt)	geloven	[xə'lovən]
crente (m)	gelovige (de)	[xə'lovixə]
ateísmo (m)	atheïsme (het)	[ate'izmə]
ateu (m)	atheïst (de)	[ate'ist]
cristianismo (m)	christendom (het)	['kristəndɔm]
cristão (m)	christen (de)	['kristən]
cristão	christelijk	['kristələk]
catolicismo (m)	katholicisme (het)	[katɔli'sismə]
católico (m)	katholiek (de)	[katɔ'lik]
católico	katholiek	[katɔ'lik]
protestantismo (m)	protestantisme (het)	[protɛstan'tismə]
Igreja (f) Protestante	Protestante Kerk (de)	[protɛ'stantə kɛrk]
protestante (m)	protestant (de)	[protɛ'stant]
ortodoxia (f)	orthodoxie (de)	[ɔrtɔdɔk'si]
Igreja (f) Ortodoxa	Orthodoxe Kerk (de)	[ɔrtɔ'dɔksə kɛrk]
ortodoxo (m)	orthodox	[ɔrtɔ'dɔks]
presbiterianismo (m)	presbyterianisme (het)	[prɛsbitəria'nismə]
Igreja (f) Presbiteriana	Presbyteriaanse Kerk (de)	[prɛsbitəri'ãnsə kɛrk]
presbiteriano (m)	presbyteriaan (de)	[prɛsbitəri'ãn]
Igreja (f) Luterana	lutheranisme (het)	[lʉtɛra'nismə]
luterano (m)	lutheraan (de)	[lʉtɛ'rãn]
Igreja (f) Batista	baptisme (het)	[bap'tismə]
batista (m)	baptist (de)	[bap'tist]
Igreja (f) Anglicana	Anglicaanse kerk (de)	[anhli'kãnsə kɛrk]
anglicano (m)	anglicaan (de)	[anhli'kãn]
mormonismo (m)	mormonisme (het)	[mɔrmɔ'nismə]
mórmon (m)	mormoon (de)	[mɔr'mõn]
Judaísmo (m)	Jodendom (het)	['jodəndɔm]
judeu (m)	jood (de)	[jõt]
budismo (m)	boeddhisme (het)	[bu'dismə]
budista (m)	boeddhist (de)	[bu'dist]
hinduísmo (m)	hindoeïsme (het)	[hindu'ismə]
hindu (m)	hindoe (de)	['hindu]
Islão (m)	islam (de)	[is'lam]
muçulmano (m)	islamiet (de)	[isla'mit]

muçulmano	islamitisch	[isla'mitis]
Xiismo (m)	sjiisme (het)	[ɕi'ismə]
xiita (m)	sjiiet (de)	[ɕi'it]

sunismo (m)	soennisme (het)	[su'nismə]
sunita (m)	soenniet (de)	[su'nit]

247. Religiões. Padres

padre (m)	priester (de)	['pristər]
Papa (m)	paus (de)	['paus]

monge (m)	monnik (de)	['mɔnək]
freira (f)	non (de)	[nɔn]
pastor (m)	pastoor (de)	['pastōr]

abade (m)	abt (de)	[apt]
vigário (m)	vicaris (de)	[vi'karis]
bispo (m)	bisschop (de)	['bisxɔp]
cardeal (m)	kardinaal (de)	[kardi'nāl]

pregador (m)	predikant (de)	[prədi'kant]
sermão (m)	preek (de)	[prēk]
paroquianos (pl)	kerkgangers	[kɛrk·'xaŋərs]

crente (m)	gelovige (de)	[xə'lɔvixə]
ateu (m)	atheïst (de)	[ate'ist]

248. Fé. Cristianismo. Islão

Adão	Adam	['adam]
Eva	Eva	['ɛva]

Deus (m)	God (de)	[xɔt]
Senhor (m)	Heer (de)	[hēr]
Todo Poderoso (m)	Almachtige (de)	[al'mahtixə]

pecado (m)	zonde (de)	['zɔndə]
pecar (vi)	zondigen	['zɔndixən]
pecador (m)	zondaar (de)	['zɔndār]
pecadora (f)	zondares (de)	[zɔnda'rɛs]

inferno (m)	hel (de)	[hɛl]
paraíso (m)	paradijs (het)	[para'dajs]

Jesus	Jezus	['jezʉs]
Jesus Cristo	Jezus Christus	['jezʉs 'kristʉs]

Espírito (m) Santo	Heilige Geest (de)	['hɛjlixə xēst]
Salvador (m)	Verlosser (de)	[vər'lɔsə]
Virgem Maria (f)	Maagd Maria (de)	[mãxt ma'ria]
Diabo (m)	duivel (de)	['dœyvəl]

diabólico	duivels	['dœyvəls]
Satanás (m)	Satan	['satan]
satânico	satanisch	[sa'tanis]

anjo (m)	engel (de)	['ɛŋəl]
anjo (m) da guarda	beschermengel (de)	[bə'sxɛrm·'ɛŋəl]
angélico	engelachtig	['ɛŋəlaxtəx]

apóstolo (m)	apostel (de)	[a'pɔstəl]
arcanjo (m)	aartsengel (de)	[ārts'ɛŋəl]
anticristo (m)	antichrist (de)	[anti'krist]

Igreja (f)	Kerk (de)	[kɛrk]
Bíblia (f)	bijbel (de)	['bɛjbəl]
bíblico	bijbels	['bɛjbəls]

Velho Testamento (m)	Oude Testament (het)	['audə tɛsta'mɛnt]
Novo Testamento (m)	Nieuwe Testament (het)	['niuə tɛsta'mɛnt]
Evangelho (m)	evangelie (het)	[ɛvaŋ'heli]
Sagradas Escrituras (f pl)	Heilige Schrift (de)	['hɛjlixə sxrift]
Céu (m)	Hemel, Hemelrijk (de)	['heməl], ['hemǝlrɛjk]

mandamento (m)	gebod (het)	[hə'bɔt]
profeta (m)	profeet (de)	[prɔ'fēt]
profecia (f)	profetie (de)	[prɔ'fetsi]

Alá	Allah	['ala]
Maomé	Mohammed	[mɔ'hamət]
Corão, Alcorão (m)	Koran (de)	[kɔ'ran]

mesquita (f)	moskee (de)	[mɔs'kē]
mulá (m)	moellah (de)	[mula]
oração (f)	gebed (het)	[xə'bɛt]
rezar, orar (vi)	bidden	['bidən]

peregrinação (f)	pelgrimstocht (de)	['pɛlxrims·tɔxt]
peregrino (m)	pelgrim (de)	['pɛlxrim]
Meca (f)	Mekka	['mɛka]

igreja (f)	kerk (de)	[kɛrk]
templo (m)	tempel (de)	['tɛmpəl]
catedral (f)	kathedraal (de)	[katə'drāl]
gótico	gotisch	['xɔtis]
sinagoga (f)	synagoge (de)	[sina'xɔxə]
mesquita (f)	moskee (de)	[mɔs'kē]

capela (f)	kapel (de)	[ka'pɛl]
abadia (f)	abdij (de)	[ab'dɛj]
convento (m)	nonnenklooster (het)	['nɔnən·'klōstər]
mosteiro (m)	mannenklooster (het)	['manən·'klōstər]
mosteiro (m)	klooster (het)	['klōstər]

sino (m)	klok (de)	[klɔk]
campanário (m)	klokkentoren (de)	['klɔkən·'tɔrən]
repicar (vi)	luiden	['lœydən]
cruz (f)	kruis (het)	['krœys]

| cúpula (f) | koepel (de) | ['kupəl] |
| ícone (m) | icoon (de) | [i'kõn] |

alma (f)	ziel (de)	[zil]
destino (m)	lot, noodlot (het)	[lɔt], ['nõtlɔt]
mal (m)	kwaad (het)	['kwãt]
bem (m)	goed (het)	[xut]

vampiro (m)	vampier (de)	[vam'pir]
bruxa (f)	heks (de)	[hɛks]
demónio (m)	demoon (de)	[de'mõn]
espírito (m)	geest (de)	[xẽst]

| redenção (f) | verzoeningsleer (de) | [vər'zunəŋslẽr] |
| redimir (vt) | vrijkopen | [vrɛj'kɔpən] |

missa (f)	mis (de)	[mis]
celebrar a missa	de mis opdragen	[də mis 'ɔpdraxən]
confissão (f)	biecht (de)	[bixt]
confessar-se (vr)	biechten	['bixtən]

santo (m)	heilige (de)	['hɛjlihə]
sagrado	heilig	['hɛjləx]
água (f) benta	wijwater (het)	['wɛj·watər]

ritual (m)	ritueel (het)	[ritʉ'ẽl]
ritual	ritueel	[ritʉ'ẽl]
sacrifício (m)	offerande (de)	[ɔfɛ'randə]

superstição (f)	bijgeloof (het)	['bɛjxəlõf]
supersticioso	bijgelovig	['bɛjxələvəx]
vida (f) depois da morte	hiernamaals (het)	[hir'na·mãls]
vida (f) eterna	eeuwige leven (het)	['ẽwəxə 'levən]

TEMAS DIVERSOS

249. Várias palavras úteis

ajuda (f)	hulp (de)	[hʉlp]
barreira (f)	hindernis (de)	['hindərnis]
base (f)	basis (de)	['bazis]
categoria (f)	categorie (de)	[katexɔ'ri]
causa (f)	reden (de)	['redən]
coincidência (f)	samenvallen (het)	['samənvalən]
coisa (f)	ding (het)	[diŋ]
começo (m)	begin (het)	[bə'xin]
cómodo (ex. poltrona ~a)	comfortabel	[kɔmfɔr'tabəl]
comparação (f)	vergelijking (de)	[vɛrxə'lɛjkiŋ]
compensação (f)	compensatie (de)	[kɔmpən'satsi]
crescimento (m)	groei (de)	[x'rui]
desenvolvimento (m)	ontwikkeling (de)	[ɔnt'wikəliŋ]
diferença (f)	onderscheid (het)	['ɔndərsxɛjt]
efeito (m)	effect (het)	[ɛ'fɛkt]
elemento (m)	element (het)	[ɛle'mɛnt]
equilíbrio (m)	balans (de)	[ba'lans]
erro (m)	fout (de)	['faut]
esforço (m)	inspanning (de)	['inspaniŋ]
estilo (m)	stijl (de)	[stɛjl]
exemplo (m)	voorbeeld (het)	['vōrbēlt]
facto (m)	feit (het)	[fɛjt]
fim (m)	einde (het)	['ɛjndə]
forma (f)	vorm (de)	[vɔrm]
frequente	veelvuldig	[vēl'vʉldəx]
fundo (ex. ~ verde)	achtergrond (de)	['ahtər·xrɔnt]
género (tipo)	soort (de/het)	[sōrt]
grau (m)	graad (de)	[xrāt]
ideal (m)	ideaal (het)	[ide'āl]
labirinto (m)	labyrint (het)	[labi'rint]
modo (m)	manier (de)	[ma'nir]
momento (m)	moment (het)	[mɔ'mɛnt]
objeto (m)	voorwerp (het)	['vōrwərp]
obstáculo (m)	hinderpaal (de)	['hindərpāl]
original (m)	origineel (het)	[ɔriʒi'nēl]
padrão	standaard	['standārt]
padrão (m)	standaard (de)	['standārt]
paragem (pausa)	stop (de)	[stɔp]
parte (f)	deel (het)	[dēl]

partícula (f)	deeltje (het)	['dɛltʃə]
pausa (f)	pauze (de)	['pauzə]
posição (f)	positie (de)	[pɔ'zitsi]
princípio (m)	principe (het)	[prin'sipə]

problema (m)	probleem (het)	[prɔ'blɛm]
processo (m)	proces (het)	[prɔ'sɛs]
progresso (m)	voortgang (de)	['vōrtxaŋ]
propriedade (f)	eigenschap (de)	['ɛjxənsxap]

reação (f)	reactie (de)	[re'aksi]
risco (m)	risico (het)	['rizikɔ]
ritmo (m)	tempo (het)	['tɛmpɔ]
segredo (m)	geheim (het)	[xə'hɛjm]
série (f)	serie (de)	['seri]

sistema (m)	systeem (het)	[si'stɛm]
situação (f)	situatie (de)	[situ'atsi]
solução (f)	oplossing (de)	['ɔplɔsiŋ]
tabela (f)	tabel (de)	[ta'bɛl]
termo (ex. ~ técnico)	term (de)	[tɛrm]

tipo (m)	type (het)	['tipə]
urgente	dringend	['driŋənt]
urgentemente	dringend	['driŋənt]
utilidade (f)	nut (het)	[nʉt]

variante (f)	variant (de)	[vari'ant]
variedade (f)	keuze (de)	['køzə]
verdade (f)	waarheid (de)	['wārhɛjt]
vez (f)	beurt (de)	['børt]
zona (f)	zone (de)	['zɔnə]

250. Modificadores. Adjetivos. Parte 1

aberto	open	['ɔpən]
afiado	scherp	[sxɛrp]
agradável	prettig	['pretəx]
agradecido	dankbaar	['dankbār]
alegre	vrolijk	['vrɔlək]

alto (ex. voz ~a)	luid	['lœʏt]
amargo	bitter	['bitər]
amplo	ruim	[rœʏm]
antigo	eeuwenoude	[ēwə'naudə]
apertado (sapatos ~s)	strak	[strak]

apropriado	passend	['pasənt]
arriscado	riskant	[ris'kant]
artificial	kunstmatig	[kʉnst'matəx]
azedo	zuur	[zūr]

| baixo (voz ~a) | zacht | [zaxt] |
| barato | goedkoop | [xut'kōp] |

227

| belo | prachtig | ['prahtəx] |
| bom | goed | [xut] |

bondoso	vriendelijk	['vrindələk]
bonito	mooi	[mōj]
bronzeado	gebruind	[xə'brœʏnt]
burro, estúpido	dom	[dɔm]
calmo	kalm	[kalm]

cansado	moe	[mu]
cansativo	vermoeiend	[vər'mujənt]
carinhoso	zorgzaam	['zɔrxzām]
caro	duur	[dūr]
cego	blind	[blint]

central	centraal	[sɛn'trāl]
cerrado (ex. nevoeiro ~)	dicht	[dixt]
cheio (ex. copo ~)	vol	[vɔl]
civil	burgerlijk	['bʉrxərlək]

clandestino	ondergronds	['ɔndər'xrɔnts]
claro	licht	[lixt]
claro (explicação ~a)	begrijpelijk	[bə'xrejpələk]
compatível	verenigbaar	[və'rɛnixbār]

comum, normal	gewoon	[xə'wōn]
congelado	diepvries	['dip·vris]
conjunto	gezamenlijk	[xə'zamənlək]
considerável	betekenisvol	[bə'tekənisvɔl]
contente	tevreden	[təv'redən]

contínuo	langdurig	[laŋ'dʉrəx]
contrário (ex. o efeito ~)	tegenovergesteld	['texən·'ɔvərxəstɛlt]
correto (resposta ~a)	juist, correct	[jœʏst], [kɔ'rɛkt]
cru (não cozinhado)	rauw	['rau]
curto	kort	[kɔrt]

de curta duração	kort	[kɔrt]
de sol, ensolarado	zonnig	['zɔnɛx]
de trás	achter-	['axtər]
denso (fumo, etc.)	dicht	[dixt]
desanuviado	onbewolkt	[ɔmbə'wɔlkt]

descuidado	nalatig	[na'latəx]
diferente	anders	['andərs]
difícil	moeilijk	['mujlək]
difícil, complexo	lastig	['lastəx]
direito	rechter	['rɛxtər]

distante	ver	[vɛr]
diverso	verschillende	[vər'sxiləndə]
doce (açucarado)	zoet	[zut]
doce (água)	zoet	[zut]
doente	ziek	[zik]
duro (material ~)	hard	[hart]
educado	beleefd	[bə'lēft]

228

| encantador | vriendelijk | ['vrindələk] |
| enigmático | mysterieus | [mistɛ'røs] |

enorme	enorm	[ɛ'nɔrm]
escuro (quarto ~)	donker	['dɔnkər]
especial	speciaal	[speʃi'ãl]
esquerdo	linker	['linkər]
estrangeiro	buitenlands	['bœʏtənlants]

estreito	smal	[smal]
exato	precies	[prə'sis]
excelente	uitstekend	['œʏtstekənt]
excessivo	overdreven	[ɔvər'drevən]
externo	buiten-	['bœʏtən]

fácil	eenvoudig	[ēn'vaudəx]
faminto	hongerig	['hɔŋərəh]
fechado	gesloten	[xə'slɔtən]
feliz	gelukkig	[xə'lʉkəx]
fértil (terreno ~)	vruchtbaar	['vrʉxtbãr]

forte (pessoa ~)	sterk	[stɛrk]
fraco (luz ~a)	dof	[dɔf]
frágil	breekbaar	['brēkbãr]
fresco	koel	[kul]
fresco (pão ~)	vers	[vɛrs]

frio	koud	['kaut]
gordo	vettig	['vetəx]
gostoso	lekker	['lɛkər]
grande	groot	[xrõt]

gratuito, grátis	gratis	['xratis]
grosso (camada ~a)	dik	[dik]
hostil	vijandig	[vɛ'jandəx]
húmido	vochtig	['vɔhtəx]

251. Modificadores. Adjetivos. Parte 2

igual	eender	['ēndər]
imóvel	onbeweeglijk	[ɔnbə'wēxlək]
importante	belangrijk	[bə'lanxrɛjk]
impossível	onmogelijk	[ɔn'mɔxələk]
incompreensível	onbegrijpelijk	[ɔnbə'xrejpələk]

indigente	straatarm	['strãtarm]
indispensável	onontbeerlijk	[ɔnɔnt'bērlək]
inexperiente	onervaren	[ɔnər'varən]
infantil	kinder-	['kindər]

ininterrupto	onophoudelijk	[ɔnɔp'haudələk]
insignificante	onbelangrijk	[ɔmbə'laŋrɛjk]
inteiro (completo)	heel	[hēl]
inteligente	slim	[slim]

229

interno	binnen-	['binən]
jovem	jong	[joŋ]
largo (caminho ~)	breed	[brēt]
legal	wettelijk	['wɛtələk]
leve	licht	[lixt]

limitado	beperkt	[bə'pɛrkt]
limpo	schoon	[sxōn]
líquido	vloeibaar	['vlujbār]
liso	glad	[xlat]
liso (superfície ~a)	glad	[xlat]

livre	vrij	[vrɛj]
longo (ex. cabelos ~s)	lang	[laŋ]
maduro (ex. fruto ~)	rijp	[rɛjp]
magro	dun	[dʉn]
magro (pessoa)	mager	['maxər]

mais próximo	dichtstbijzijnd	['dixtstbɛj'zɛjnt]
mais recente	vorig	['vɔrəx]
mate, baço	mat	[mat]
mau	slecht	[slɛxt]
meticuloso	accuraat	[akʉ'rāt]

míope	bijziend	[bɛj'zint]
mole	zacht	[zaxt]
molhado	nat	[nat]
moreno	getaand	[xə'tānt]
morto	dood	[dōt]

não difícil	niet moeilijk	[nit 'mujlək]
não é clara	onduidelijk	[ɔn'dœydələk]
não muito grande	niet groot	[nit xrōt]
natal (país ~)	geboorte-	[xə'bōrtə]
necessário	nodig	['nɔdəx]

negativo	ontkennend	[ɔnt'kɛnənt]
nervoso	nerveus	[nɛr'vøs]
normal	normaal	[nɔr'māl]
novo	nieuw	[niu]
o mais importante	belangrijkst	[bə'laŋxrɛjkst]

obrigatório	verplicht	[vər'plixt]
original	origineel	[ɔriʒi'nēl]
passado	vorig	['vɔrəx]
pequeno	klein	[klɛjn]
perigoso	gevaarlijk	[xe'vārlək]

permanente	permanent	[perma'nɛnt]
perto	dicht	[dixt]
pesado	zwaar	[zwār]
pessoal	persoonlijk	[pɛr'sōnlək]
plano (ex. ecrã ~ a)	plat	[plat]

pobre	arm	[arm]
pontual	punctueel	[pʉnktʉ'ēl]

possível	mogelijk	['mɔxələk]
pouco fundo	ondiep	[ɔn'dip]
presente (ex. momento ~)	huidig	['hœʏdəx]

prévio	vorig	['vɔrəx]
primeiro (principal)	voornaamste	[vōr'nāmstə]
principal	hoofd-	[hōft]
privado	privé	[pri've]

provável	waarschijnlijk	[wār'sxɛjnlək]
próximo	dicht	[dixt]
público	openbaar	[ɔpən'bār]
quente (cálido)	heet	[hēt]

quente (morno)	warm	[warm]
rápido	snel	[snɛl]
raro	zeldzaam	['zɛldzām]
remoto, longínquo	verst	[vɛrst]
reto	recht	[rɛxt]

salgado	zout	['zaut]
satisfeito	tevreden	[təv'redən]
seco	droog	[drōx]
seguinte	volgend	['vɔlxənt]
seguro	veilig	['vɛjləx]

similar	gelijkend	[xə'lɛjkənt]
simples	eenvoudig	[ēn'vaudəx]
soberbo	uitstekend	['œytstekənt]
sólido	stevig	['stevəx]
sombrio	somber	['sɔmbər]

sujo	vuil	[vœʏl]
superior	hoogste	['hōxstə]
suplementar	additioneel	[aditsjo'nēl]
terno, afetuoso	teder	['tedər]

tranquilo	rustig	['rʉstəx]
transparente	doorzichtig	[dōr'zihtəx]
triste (pessoa)	treurig	['trørəx]
triste (um ar ~)	droevig	['druvəx]
último	laatst	[lātst]

único	uniek	[ju'nik]
usado	tweedehands	[twēdə'hants]
vazio (meio ~)	leeg	[lēx]
velho	oud	['aut]
vizinho	naburig	[na'bʉrəx]

500 VERBOS PRINCIPAIS

252. Verbos A-B

aborrecer-se (vr)	zich vervelen	[zix vər'velən]
abraçar (vt)	omhelzen	[ɔm'hɛlzən]
abrir (~ a janela)	openen	['ɔpənən]
acalmar (vt)	kalmeren	[kal'merən]
acariciar (vt)	aaien	['ājən]
acenar (vt)	zwaaien	['zwājən]
acender (~ uma fogueira)	aansteken	['ānstekən]
achar (vt)	vinden	['vindən]
acompanhar (vt)	begeleiden	[bəxə'lɛjdən]
aconselhar (vt)	adviseren	[atvi'zirən]
acordar (despertar)	wekken	['wɛkən]
acrescentar (vt)	bijvoegen	[bɛj'fuxən]
acusar (vt)	beschuldigen	[bə'sxʉldəxən]
adestrar (vt)	dresseren	[drɛ'serən]
adivinhar (vt)	goed raden	[xut 'radən]
admirar (vt)	bewonderen	[bə'wɔndərən]
advertir (vt)	waarschuwen	['wārsxjuvən]
afirmar (vt)	verklaren	[vər'klarən]
afogar-se (pessoa)	verdrinken	[vər'drinkən]
afugentar (vt)	wegjagen	['wɛx jaxən]
agir (vi)	optreden	['ɔptredən]
agitar, sacudir (objeto)	schudden	['sxʉdən]
agradecer (vt)	danken	['dankən]
ajudar (vt)	helpen	['hɛlpən]
alcançar (objetivos)	bereiken	[bə'rɛjkən]
alimentar (dar comida)	voederen	['vudərən]
almoçar (vi)	lunchen	['lʉnʃən]
alugar (~ o barco, etc.)	huren	['hʉrən]
alugar (~ um apartamento)	huren	['hʉrən]
amar (pessoa)	liefhebben	['lifhɛbən]
amarrar (vt)	binden	['bindən]
ameaçar (vt)	bedreigen	[bə'drɛjxən]
amputar (vt)	amputeren	[ampʉ'terən]
anotar (escrever)	noteren	[nɔ'tɛrən]
anular, cancelar (vt)	afzeggen	['afzɛxən]
apagar (com apagador, etc.)	uitwissen	['œʏtwisən]
apagar (um incêndio)	blussen	['blʉsən]
apaixonar-se de …	verliefd worden	[vər'lift 'wɔrdən]

aparecer (vi)	verschijnen	[vər'sxɛjnən]
aplaudir (vi)	applaudisseren	[aplaudi'serən]
apoiar (vt)	steunen	['stønən]
apontar para ...	mikken op	['mikən ɔp]

apresentar (alguém a alguém)	voorstellen	['vōrstɛlən]
apresentar (Gostaria de ~)	voorstellen	['vōrstɛlən]
apressar (vt)	haasten	['hāstən]
apressar-se (vr)	zich haasten	[zix 'hāstən]

aproximar-se (vr)	naderen	['naderən]
aquecer (vt)	verwarmen	[vər'warmən]
arrancar (vt)	afrukken	['afrʉkən]
arranhar (gato, etc.)	schrammen	['sxramən]

arrepender-se (vr)	betreuren	[bə'trørən]
arriscar (vt)	riskeren	[ris'kerən]
arrumar, limpar (vt)	schoonmaken	['sxōn·makən]
aspirar a ...	aspireren	[aspi'rɛrən]
assinar (vt)	ondertekenen	['ondər'tekənən]

assistir (vt)	assisteren	[asi'sterən]
atacar (vt)	aanvallen	['ānvalən]
atar (vt)	vastbinden aan ...	['vastbindən ān]
atirar (vi)	schieten	['sxitən]

atracar (vi)	aanleggen	['ānlexən]
aumentar (vi)	toenemen	['tunemən]
aumentar (vt)	vergroten	[vər'xrɔtən]
avançar (sb. trabalhos, etc.)	vorderen	['vɔrdərən]

avistar (vt)	opmerken	['ɔpmɛrkən]
baixar (guindaste)	neerlaten	['nērlatən]
barbear-se (vr)	zich scheren	[zix 'sxerən]
basear-se em ...	zich baseerd op	[zix ba'zērt ɔp]
bastar (vi)	genoeg zijn	[xə'nux zɛjn]
bater (espancar)	slaan	[slān]
bater (vi)	kloppen	['klɔpən]
bater-se (vr)	vechten	['vɛxtən]

beber, tomar (vt)	drinken	['drinkən]
brilhar (vi)	glimmen	['xlimən]
brincar, jogar (crianças)	spelen	['spelən]
buscar (vt)	zoeken	['zukən]

253. Verbos C-D

caçar (vi)	jagen	['jaxən]
calar-se (parar de falar)	verstommen	[vər'stɔmən]
calcular (vt)	tellen	['tɛlən]
carregar (o caminhão)	laden	['ladən]
carregar (uma arma)	laden	['ladən]
casar-se (vr)	trouwen	['trauən]

| causar (vt) | veroorzaken ... | [vəˈrōrzakən] |
| cavar (vt) | graven | [ˈxravən] |

ceder (não resistir)	toegeven	[ˈtuxevən]
cegar, ofuscar (vt)	verblinden	[vərˈblindən]
censurar (vt)	verwijten	[vərˈwɛjtən]
cessar (vt)	ophouden	[ˈɔphaudən]

chamar (~ por socorro)	roepen	[ˈrupən]
chamar (dizer em voz alta o nome)	roepen	[ˈrupən]
chegar (a algum lugar)	bereiken	[bəˈrɛjkən]
chegar (sb. comboio, etc.)	aankomen	[ˈānkɔmən]

cheirar (tem o cheiro)	ruiken	[rœʏkən]
cheirar (uma flor)	ruiken	[rœʏkən]
chorar (vi)	huilen	[ˈhœʏlən]
citar (vt)	citeren	[siˈterən]

colher (flores)	plukken	[ˈplɯkən]
colocar (vt)	plaatsen	[ˈplātsən]
combater (vi, vt)	strijden	[ˈstrɛjdən]
começar (vt)	beginnen	[bəˈxinən]

comer (vt)	eten	[ˈetən]
comparar (vt)	vergelijken	[vɛrxəˈlɛjkən]
compensar (vt)	compenseren	[kɔmpənˈzerən]
competir (vi)	concurreren	[kɔnkjuˈrerən]

complicar (vt)	compliceren	[kɔmpliˈserən]
compor (vt)	componeren	[kɔmpɔˈnerən]
comportar-se (vr)	zich gedragen	[zih xəˈdraxən]
comprar (vt)	kopen	[ˈkɔpən]

compreender (vt)	begrijpen	[bəˈxrɛjpən]
comprometer (vt)	compromitteren	[kɔmprɔmiˈterən]
concentrar-se (vr)	zich concentreren	[zix kɔnsənˈtrerən]
concordar (dizer "sim")	instemmen	[ˈinstɛmən]

condecorar (dar medalha)	onderscheiden	[ˈɔndərˈsxɛjdən]
conduzir (~ o carro)	een auto besturen	[en ˈautɔ bəˈsturən]
confessar-se (criminoso)	bekennen	[bəˈkenən]
confiar (vt)	vertrouwen	[vərˈtrauwən]

confundir (equivocar-se)	verwarren	[vərˈwarən]
conhecer (vt)	kennen	[ˈkɛnən]
conhecer-se (vr)	kennismaken	[ˈkɛnis·makən]
consertar (vt)	op orde brengen	[ɔp ˈɔrdə ˈbrɛŋən]

consultar ...	raadplegen	[ˈrātplexən]
contagiar-se com ...	besmet worden met ...	[bəˈsmɛt ˈwɔrdən mɛt]
contar (vt)	vertellen	[vərˈtɛlən]
contar com ...	rekenen op ...	[ˈrekənən ɔp]

| continuar (vt) | vervolgen | [vərˈvɔlxən] |
| contratar (vt) | huren | [ˈhʉrən] |

controlar (vt)	controleren	[kɔntrɔ'lerən]
convencer (vt)	overtuigen	[ɔvər'tœʏxən]
convidar (vt)	uitnodigen	['œʏtnɔdixən]

cooperar (vi)	coöpereren	[koopə'rerən]
coordenar (vt)	coördineren	[koordi'nerən]
corar (vi)	blozen	['blɔzən]
correr (vi)	rennen	['renən]
corrigir (vt)	corrigeren	[kɔri'dʒɛrən]

cortar (com um machado)	afhakken	['afhakən]
cortar (vt)	afsnijden	['afsnɛjdən]
cozinhar (vt)	klaarmaken	['klār·makən]
crer (pensar)	geloven	[xə'lɔvən]
criar (vt)	creëren	[kre'jerən]

cultivar (vt)	kweken	['kwekən]
cuspir (vi)	spuwen	['spʉwən]
custar (vt)	kosten	['kɔstən]
dar (vt)	geven	['xevən]

dar banho, lavar (vt)	een bad geven	[en bat 'xevən]
datar (vi)	gedateerd zijn	[xeda'tērt zɛjn]
decidir (vt)	beslissen	[bə'slisən]
decorar (enfeitar)	versieren, decoreren	[vər'sirən], [dekɔ'rɛrən]
dedicar (vt)	toewijden	['tuwɛjdən]

defender (vt)	verdedigen	[vər'dedixən]
defender-se (vr)	zich verdedigen	[zih vər'dedixən]
deixar (~ a mulher)	verlaten	[vər'latən]
deixar (esquecer)	vergeten	[vər'xetən]

deixar (permitir)	toestaan	['tustān]
deixar cair (vt)	laten vallen	['latən 'valən]
denominar (vt)	noemen	['numən]
denunciar (vt)	verklikken	[vər'likən]
depender de ... (vi)	afhangen van ...	['afhaŋən van]

derramar (vt)	morsen	['mɔrsən]
derramar-se (vr)	zich verspreiden	[zix vər'ʃprɛjdən]
desaparecer (vi)	verdwijnen	[vərd'wɛjnən]
desatar (vt)	losbinden	[lɔs'bindən]
desatracar (vi)	wegvaren	['wɛxvarən]

descansar (um pouco)	rusten	['rʉstən]
descer (para baixo)	afdalen	['afdalən]
descobrir (novas terras)	ontdekken	[ɔn'dɛkən]
descolar (avião)	opstijgen	['ɔpstɛjxən]

desculpar (vt)	excuseren	[ɛkskʉ'zerən]
desculpar-se (vr)	zich verontschuldigen	[zih vərɔnt'sxʉldəxən]
desejar (vt)	wensen	['wɛnsən]
desempenhar (vt)	spelen	['spelən]

| desligar (vt) | uitdoen | ['œʏtdun] |
| desprezar (vt) | minachten | ['minaxtən] |

235

destruir (documentos, etc.)	vernietigen	[vər'nitixən]
dever (vi)	moeten	['mutən]
devolver (vt)	terugsturen	[te'rʉx·stʉrən]

direcionar (vt)	de weg wijzen	[də wɛx 'vɛjzən]
dirigir (~ uma empresa)	beheren	[bə'herən]
dirigir-se	toespreken	['tusprekən]
(a um auditório, etc.)		
discutir (notícias, etc.)	bespreken	[bə'sprekən]

distribuir (folhetos, etc.)	verspreiden	[vər'sprɛjdən]
distribuir (vt)	uitdelen	['œytdelən]
divertir (vt)	amuseren	[amʉ'zerən]
divertir-se (vr)	plezier hebben	[plɛ'zir 'hɛbən]

dividir (mat.)	delen	['delən]
dizer (vt)	zeggen	['zexən]
dobrar (vt)	verdubbelen	[vər'dʉbələn]
duvidar (vt)	twijfelen	['twɛjfelən]

254. Verbos E-J

elaborar (uma lista)	samenstellen, maken	['samənstelən], ['makən]
elevar-se acima de ...	uittorenen	['œyttɔrənən]
eliminar (um obstáculo)	verwijderen	[vər'wɛjdərən]
embrulhar (com papel)	inpakken	[in'pakən]

emergir (submarino)	opduiken	['ɔpdœykən]
emitir (vt)	verspreiden	[vər'sprɛjdən]
empreender (vt)	ondernemen	['ɔndər'nemən]
empurrar (vt)	duwen	['dʉwən]

encabeçar (vt)	aanvoeren	['ānvurən]
encher (~ a garrafa, etc.)	vullen	['vʉlən]
encontrar (achar)	vinden	['vindən]
enganar (vt)	bedriegen	[bə'drixən]

ensinar (vt)	leren	['lerən]
entrar (na sala, etc.)	binnengaan	['binənxān]
enviar (uma carta)	sturen	['stʉrən]
equipar (vt)	uitrusten	['œytrystən]

errar (vi)	zich vergissen	[zih vər'xisən]
escolher (vt)	kiezen	['kizən]
esconder (vt)	verbergen	[vər'bɛrxən]
escrever (vt)	schrijven	['sxrɛjvən]

escutar (vt)	luisteren	['lœysterən]
escutar atrás da porta	afluisteren	['aflœysterən]
esmagar (um inseto, etc.)	verpletteren	[vər'pletərən]
esperar (contar com)	verwachten	[vər'waxtən]

| esperar (o autocarro, etc.) | wachten | ['waxtən] |
| esperar (ter esperança) | hopen | ['hɔpən] |

espreitar (vi)	gluren	['xlʉrən]
esquecer (vt)	vergeten	[vər'xetən]
estar	liggen	['lixən]

estar convencido	overtuigd worden	[ɔvər'tœɣxt 'wɔrdən]
estar deitado	liggen	['lixən]
estar perplexo	verbouwereerd zijn	[vərbau'wɛrērt zɛjn]

estar sentado	zitten	['zitən]
estremecer (vi)	huiveren	['hœɣvərən]
estudar (vt)	studeren	[stʉ'derən]
evitar (vt)	ontlopen	[ɔnt'lɔpən]

examinar (vt)	onderzoeken	['ɔndər'zukən]
exigir (vt)	eisen	['ɛjsən]
existir (vi)	existeren	[ɛksis'tɛrən]
explicar (vt)	verklaren	[vər'klarən]

expressar (vt)	uitdrukken	['œɣdrykən]
expulsar (vt)	uitsluiten	['œɣtslœɣtən]
facilitar (vt)	verlichten	[vər'lixtən]
falar com ...	spreken met ...	['sprekən mɛt]

faltar a ...	verzuimen	[vər'zœɣmən]
fascinar (vt)	charmeren	[ʃʌr'mɛrən]
fatigar (vt)	vermoeien	[vər'mujən]
fazer (vt)	doen	[dun]

fazer lembrar	herinneren aan ...	[hɛ'rinərən ān]
fazer piadas	grappen maken	['xrapən 'makən]
fazer uma tentativa	proberen	[prɔ'berən]
fechar (vt)	sluiten	['slœɣtən]
felicitar (dar os parabéns)	feliciteren	[felisi'terən]

ficar cansado	vermoeid raken	[vər'mujt 'rakən]
ficar em silêncio	zwijgen	['zwɛjxən]
ficar pensativo	peinzen	['pɛjnzən]
forçar (vt)	verplichten	[vər'plixtən]
formar (vt)	vormen	['vɔrmən]

fotografar (vt)	foto's maken	['fotɔs 'makən]
gabar-se (vr)	opscheppen	['ɔpsxepən]
garantir (vt)	garanderen	[xaran'derən]
gostar (apreciar)	bevallen	[bə'valən]

gostar (vt)	houden van	['haudən van]
gritar (vi)	schreeuwen	['sxrēwən]
guardar (cartas, etc.)	bewaren	[bə'warən]
guardar (no armário, etc.)	opbergen	['ɔpbɛrxən]
guerrear (vt)	oorlog voeren	['ōrlɔx 'vurən]

herdar (vt)	erven	['ɛrvən]
iluminar (vt)	verlichten	[vər'lixtən]
imaginar (vt)	zich indenken	[zix 'indənkən]
imitar (vt)	imiteren	[imi'terən]
implorar (vt)	smeken	['smekən]

importar (vt)	importeren	[impɔr'terən]
indicar (orientar)	aanwijzen	['ãnwɛjzən]
indignar-se (vr)	verontwaardigd zijn	[vərɔnt'wãrdixt zɛjn]

infetar, contagiar (vt)	besmetten	[bə'smetən]
influenciar (vt)	beïnvloeden	[bə'invludən]
informar (fazer saber)	melden	['meldən]
informar (vt)	informeren	[infɔr'merən]

informar-se (~ sobre)	informeren naar ...	[infɔr'merən nãr]
inscrever (na lista)	opschrijven	['ɔpsxrɛjvən]
inserir (vt)	inlassen	[in'lasən]
insinuar (vt)	zinspelen	['zinspelən]

insistir (vi)	aandringen	['ãndriŋən]
inspirar (vt)	inspireren	[inspi'rerən]
instruir (vt)	onderwijzen	['ɔndər'vɛjzən]
insultar (vt)	beledigen	[bə'ledəxən]

interessar (vt)	interesseren	[interə'serən]
interessar-se (vr)	zich interesseren voor ...	[zix interə'serən võr]
intervir (vi)	tussenbeide komen	[tʉsən'bɛjdə 'kɔmən]
invejar (vt)	afgunstig zijn	['afxʉnstəx zɛjn]

inventar (vt)	uitvinden	['œytvindən]
ir (a pé)	gaan	[xãn]
ir (de carro, etc.)	rijden	['rɛjdən]
ir nadar	gaan zwemmen	[xãn 'zwɛmən]

ir para a cama	gaan slapen	[xãn 'slapən]
irritar (vt)	irriteren	[iri'terən]
irritar-se (vr)	zich ergeren	[zih 'ɛrxərən]
isolar (vt)	isoleren	[izɔ'lerən]

jantar (vi)	souperen	[su'perən]
jogar, atirar (vt)	gooien	['xõjən]
juntar, unir (vt)	verenigen	[və'rɛnixən]
juntar-se a ...	lid worden	[lid 'wɔrdən]

255. Verbos L-P

lançar (novo projeto)	opstarten	['ɔpstartən]
lavar (vt)	wassen	['wasən]
lavar a roupa	de was doen	[də was dun]
lavar-se (vr)	een bad nemen	[en bat 'nemən]

lembrar (vt)	herinneren	[hɛ'rinərən]
ler (vt)	lezen	['lezən]
levantar-se (vr)	opstaan	['ɔpstãn]
levar (ex. leva isso daqui)	wegdragen	['wɛxdraxən]

libertar (cidade, etc.)	bevrijden	[bə'vrɛjdən]
ligar (o radio, etc.)	aanzetten	['ãnzɛtən]
limitar (vt)	beperken	[bə'pɛrkən]

limpar (eliminar sujeira)	schoonmaken	['sxōn·makən]
limpar (vt)	reinigen	['rɛjnixən]
lisonjear (vt)	vleien	['vlɛjən]
livrar-se de …	zich bevrijden van …	[zix bəv'rɛjdən van]
lutar (combater)	strijden	['strɛjdən]
lutar (desp.)	worstelen	['wɔrstələn]
marcar (com lápis, etc.)	markeren	[mar'kerən]
matar (vt)	doden	['dɔdən]
memorizar (vt)	memoriseren	[memɔri'zɛrən]
mencionar (vt)	vermelden	[vər'mɛldən]
mentir (vi)	liegen	['lixən]
merecer (vt)	verdienen	[vər'dinən]
mergulhar (vi)	duiken	['dœʏkən]
misturar (combinar)	mengen	['mɛŋən]
morar (vt)	leven	['levən]
mostrar (vt)	tonen	['tɔnən]
mover (arredar)	verplaatsen	[vər'plātsən]
mudar (modificar)	veranderen	[və'randərən]
multiplicar (vt)	vermenigvuldigen	[vər'menix·'vʉldixən]
nadar (vi)	zwemmen	['zwɛmən]
negar (vt)	ontkennen	[ɔnt'kɛnən]
negociar (vi)	onderhandelen	['ɔndər'handələn]
nomear (função)	aanstellen	['ānstɛlən]
obedecer (vt)	gehoorzamen	[xə'hōrzamən]
objetar (vt)	weerspreken	[wēr'sprekən]
observar (vt)	waarnemen	['wārnemən]
ofender (vt)	beledigen	[bə'ledəxən]
olhar (vt)	kijken	['kɛjkən]
omitir (vt)	weglaten	['wɛxlatən]
ordenar (mil.)	bevelen	[bə'velən]
organizar (evento, etc.)	organiseren	[ɔrxani'zerən]
ousar (vt)	durven	['dʉrvən]
ouvir (vt)	horen	['hɔrən]
pagar (vt)	betalen	[bə'talən]
parar (para descansar)	stoppen	['stɔpən]
parecer-se (vr)	gelijken	[xə'lɛjkən]
participar (vi)	deelnemen	['dēlnemən]
partir (~ para o estrangeiro)	vertrekken	[vər'trɛkən]
passar (vt)	passeren	[pa'serən]
passar a ferro	strijken	['strɛjkən]
pecar (vi)	zondigen	['zɔndixən]
pedir (comida)	bestellen	[bə'stɛlən]
pedir (um favor, etc.)	verzoeken	[vər'zukən]
pegar (tomar com a mão)	vangen	['vaŋən]
pegar (tomar)	nemen	['nemən]
pendurar (cortinas, etc.)	ophangen	['ɔphaŋən]

penetrar (vt)	penetreren	[pene'trɛrən]
pensar (vt)	denken	['dɛnkən]
pentear-se (vr)	het haar kammen	[ət hãr 'kamən]

perceber (ver)	opmerken	['ɔpmɛrkən]
perder (o guarda-chuva, etc.)	verliezen	[vər'lizən]
perdoar (vt)	vergeven	[vər'xevən]
permitir (vt)	toestaan	['tustãn]

pertencer a ...	toebehoren aan ...	['tubəhorən ãn]
perturbar (vt)	storen	['storən]
pesar (ter o peso)	wegen	['wexən]
pescar (vt)	vissen	['visən]

planear (vt)	plannen	['planən]
poder (vi)	kunnen	['kʉnən]
pôr (posicionar)	plaatsen	['plãtsən]
possuir (vt)	bezitten	[bə'zitən]

predominar (vi, vt)	overheersen	[ɔvər'hērsən]
preferir (vt)	prefereren	[prəfe'rerən]
preocupar (vt)	bezorgd maken	[bə'zɔrxt 'makən]
preocupar-se (vr)	bezorgd zijn	[bə'zɔrxt zɛjn]
preocupar-se (vr)	bezorgd zijn	[bə'zɔrxt zɛjn]

preparar (vt)	klaarmaken	['klãr·makən]
preservar (ex. ~ a paz)	bewaren	[bə'warən]
prever (vt)	voorzien	[võr'zin]
privar (vt)	ontnemen	[ɔnt'nemən]

proibir (vt)	verbieden	[vər'bidən]
projetar, criar (vt)	ontwerpen	[ɔnt'wɛrpən]
prometer (vt)	beloven	[bə'lovən]
pronunciar (vt)	uitspreken	['œytsprekən]

propor (vt)	voorstellen	['võrstɛlən]
proteger (a natureza)	beschermen	[bə'sxɛrmən]
protestar (vi)	protesteren	[prɔtɛ'sterən]
provar (~ a teoria, etc.)	bewijzen	[bə'wɛjzən]

provocar (vt)	provoceren	[prɔvɔ'ʃɛrən]
publicitar (vt)	adverteren	[advɛr'tɛrən]
punir, castigar (vt)	bestraffen	[bə'strafən]
puxar (vt)	trekken	['trɛkən]

256. Verbos Q-Z

quebrar (vt)	breken	['brekən]
queimar (vt)	verbranden	[vər'brandən]
queixar-se (vr)	klagen	['klaxən]
querer (desejar)	willen	['wilən]

| rachar-se (vr) | barsten | ['barstən] |
| realizar (vt) | verwezenlijken | [vər'wezənləkən] |

recomendar (vt)	aanbevelen	['āmbəvelən]
reconhecer (identificar)	herkennen	[hɛr'kɛnən]
reconhecer (o erro)	erkennen	[ɛr'kɛnən]
recordar, lembrar (vt)	zich herinneren	[zix hɛ'rinərən]
recuperar-se (vr)	zich herstellen	[zix hɛr'ʃtɛlən]
recusar (vt)	weigeren	['wɛjxərən]
reduzir (vt)	verminderen	[vɛr'mindərən]
refazer (vt)	overdoen	['ɔvərdun]
reforçar (vt)	versterken	[vər'stɛrkən]
refrear (vt)	bedwingen	[bə'dwiŋən]
regar (plantas)	begieten	[bə'xitən]
remover (~ uma mancha)	verwijderen	[vər'wɛjdərən]
reparar (vt)	herstellen	[hɛr'stɛlən]
repetir (dizer outra vez)	herhalen	[hɛr'halən]
reportar (vt)	rapporteren	[rapɔr'terən]
repreender (vt)	uitvaren tegen	['œʏtvarən 'texən]
reservar (~ um quarto)	reserveren	[rezɛr'verən]
resolver (o conflito)	regelen	['rexələn]
resolver (um problema)	oplossen	['ɔplɔsən]
respirar (vi)	ademen	['adəmən]
responder (vt)	antwoorden	['antwōrdən]
rezar, orar (vi)	bidden	['bidən]
rir (vi)	lachen	['laxən]
romper-se (corda, etc.)	breken	['brekən]
roubar (vt)	stelen	['stelən]
saber (vt)	weten	['wetən]
sair (~ de casa)	uitgaan	['œʏtxān]
sair (livro)	verschijnen	[vər'sxɛjnən]
salvar (vt)	redden	['rɛdən]
satisfazer (vt)	bevredigen	[bə'vredixən]
saudar (vt)	verwelkomen	[vər'wɛlkɔmən]
secar (vt)	drogen	['drɔxən]
seguir ...	volgen	['vɔlxən]
selecionar (vt)	selecteren	[selɛk'terən]
semear (vt)	zaaien	['zājən]
sentar-se (vr)	gaan zitten	[xān 'zitən]
sentenciar (vt)	veroordelen	[və'rōrdələn]
sentir (~ perigo)	aanvoelen	['ānvulən]
ser diferente	verschillen	[vər'sxilən]
ser indispensável	onmisbaar zijn	[ɔn'misbār zɛjn]
ser necessário	nodig zijn	['nɔdəx zɛjn]
ser preservado	geconserveerd zijn	[xəkɔnsər'vērt zɛjn]
ser, estar	zijn	[zɛjn]
servir (restaurant, etc.)	bedienen	[bə'dinən]
servir (roupa)	passen	['pasən]

Português	Holandês	Pronúncia
significar (palavra, etc.)	betekenen	[bə'tekənən]
significar (vt)	beduiden	[bə'dœydən]
simplificar (vt)	simplificeren	[simplifi'sɛrən]
sobrestimar (vt)	overschatten	[ɔvər'sxatən]
sofrer (vt)	lijden	['lɛjdən]
sonhar (vi)	dromen	['drɔmən]
sonhar (vt)	dromen	['drɔmən]
soprar (vi)	blazen	['blazən]
sorrir (vi)	glimlachen	['xlimlahən]
subestimar (vt)	onderschatten	['ɔndər'sxatən]
sublinhar (vt)	onderstrepen	['ɔndər'strepən]
sujar-se (vr)	vies worden	[vis 'wɔrdən]
supor (vt)	veronderstellen	[verɔndər'stɛlən]
suportar (as dores)	verdragen	[vər'draxən]
surpreender (vt)	verbazen	[vər'bazən]
surpreender-se (vr)	verbaasd zijn	[vər'bāst zɛjn]
suspeitar (vt)	verdenken	[vər'dɛnkən]
suspirar (vi)	zuchten	['zʉxtən]
tentar (vt)	proberen	[prɔ'berən]
ter (vt)	hebben	['hɛbən]
ter medo	bang zijn	['baŋ zɛjn]
terminar (vt)	beëindigen	[be'ɛjndəxən]
tirar (vt)	afnemen	['afnemən]
tirar cópias	kopieën maken	[kɔ'piɛn makən]
tirar uma conclusão	een conclusie trekken	[en kɔnk'lʉzi 'trɛkən]
tocar (com as mãos)	aanraken	['ānrakən]
tomar emprestado	lenen	['lenən]
tomar nota	opschrijven	['ɔpsxrɛjvən]
tomar o pequeno-almoço	ontbijten	[ɔn'bɛjtən]
tornar-se (ex. ~ conhecido)	worden	['wɔrdən]
trabalhar (vi)	werken	['wɛrkən]
traduzir (vt)	vertalen	[vər'talən]
transformar (vt)	transformeren	[transfɔr'merən]
tratar (a doença)	behandelen	[bə'handələn]
trazer (vt)	brengen	['brɛŋən]
treinar (pessoa)	trainen	['trɛjnən]
treinar-se (vr)	zich trainen	[zix 'trɛjnən]
tremer (de frio)	rillen	['rilən]
trocar (vt)	wisselen	['wisələn]
trocar, mudar (vt)	verwisselen	[vər'wisələn]
usar (uma palavra, etc.)	gebruiken	[xə'brœykən]
utilizar (vt)	gebruiken	[xə'brœykən]
vacinar (vt)	inenten	['inɛntən]
vender (vt)	verkopen	[vɛr'kɔpən]
verter (encher)	gieten	['xitən]
vingar (vt)	wreken	['wrekən]

| virar (ex. ~ à direita) | afslaan | ['afslān] |
| virar (pedra, etc.) | omkeren | ['ɔmkerən] |

virar as costas	wegdraaien	['wɛxdrājən]
viver (vi)	bestaan	[bə'stān]
voar (vi)	vliegen	['vlixən]
voltar (vi)	terugkeren	[te'rʉx·kerən]

votar (vi)	stemmen	['stɛmən]
zangar (vt)	boos maken	[bōs 'makən]
zangar-se com ...	boos zijn	[bōs zɛjn]
zombar (vt)	uitlachen	['œʏtlaxən]

www.ingramcontent.com/pod-product-compliance
Lightning Source LLC
Chambersburg PA
CBHW071328090426
42738CB00012B/2821